제자의 길

Discipleship: Living for Christ in the Daily Grind
by J. Heinrich Arnold

Copyright © 1994, 2011 by The Plough Publishing House
Korean edition copyright © 2022 by Poeima, an imprint of Gimm-Young Publishers, Inc.
All rights reserved

제자의 길

요한 하인리히 아놀드 지음 | 원마루 옮김

1판 1쇄 인쇄 2022. 9. 13. | **1판 1쇄 발행** 2022. 9. 22. | **발행처** 포이에마 | **발행인** 고세규 |
편집 이예림 | **디자인** 조은아 | **마케팅** 백미숙 | **홍보** 장예림 | **등록번호** 제300-2006-190호 |
등록일자 2006. 10. 16. | 서울특별시 종로구 북촌로 63-3 우편번호 03052 | 마케팅부
02)3668-3260, 편집부 02)730-8648, 팩스 02)745-4827

값은 뒤표지에 있습니다. ISBN 979-11-5809-095-1 03230 | 독자의견 전화 02)730-8648 |
이메일 masterpiece@poiema.co.kr | 좋은 독자가 좋은 책을 만듭니다. | 포이에마는 독자
여러분의 의견에 항상 귀를 기울이고 있습니다.

요한 하인리히 아놀드
원마루 옮김

제자의 길

J. Heinrich
Arnold

DISCIPLESHIP

그리스도를
따르는 삶

포이에마
POIEMA

일러두기

1. 본문의 성경 인용은 대한성서공회에서 펴낸 새번역판을 따랐으며, 독일어 성경을 즐겨 사용한 저자의 의도를 존중하여, 우리말 성경과 차이가 나는 부분은 따로 표기하였습니다.

2. 서체를 달리한 부분은 저자가 브루더호프 공동체 구성원들에게 실제로 작성한 편지입니다.

제자도는 행위가 아니다.
하나님께 자리를 내드려 우리 안에 사시게 하는 것이다.

요한 하인리히 아놀드

DISCIPLESHIP

서문

《제자의 길》은 냉정한 책이다. 저자 하인리히 아놀드는 진실과 거짓, 구원과 죄, 이타심과 이기심, 빛과 어둠, 하나님과 사탄 사이에서 선택하라며 마치 양날의 검처럼 나를 찔렀다. 처음엔 그런 직설적인 대치가 불편했고, 약간의 반항심마저 일었다. 내가 원하는 것은 따스하고 위로를 주고 격려하며 내면의 평화와 화합을 주는 복음이었다.

그러나 아놀드는 복음이 주는 평화와 세상이 주는 평화는 다르다는 것을 내게 일깨워주었다. 복음이 주는 위로와 세상이 주는 위로도 달랐다. 복음은 '모든 것은 자유'라는 세상의 태도와는 아무런 상관이 없다. 복음은 선택을, 그것도 철저한 선택을 요구한다. 칭찬과 축하를 받지 못할 수도 있는 선택 말이다.

그렇다고 아놀드의 글이 무자비하거나 고집불통인 것은 아니다. 광신적이거나 독선적이지도 않다. 오히려 사랑으로 가득하다. 거칠지만 진짜인 사랑이다. 예수님의 깨어진 심장에서 흘러나오는 사랑이다. 아놀드의 글이 사람의 마음을 치유하는 이유는 사상이나 학설, 이론이 아닌 예수 그리스도를 향한 친밀한 지식에 뿌리를 내리고 있기 때문이다. 아놀드의 모든 제안과 충고, 배려의 중심에는 예수 그리스도가 있다. 진정으로 예수 그리스도가 중심이 되는 책이다.

하인리히 아놀드는 자기 이름을 걸고 말하지 않는다. 예수님의 이름으로 말한다. 바울이 디모데에게 한 말을 확실히 깨달은 것이다. "나는 하나님 앞과, 산 사람과 죽은 사람을 심판하실 그리스도 예수 앞에서, 그분의 나타나심과 그분의 나라를 두고 엄숙히 명령합니다. 그대는 말씀을 선포하십시오. 기회가 좋든지 나쁘든지, 꾸준하게 힘쓰십시오. 끝까지 참고 가르치면서, 책망하고 경계하고 권하십시오"(딤후 4:1-2).

아놀드는 예수 그리스도께 깊이 뿌리를 내리고 있기 때문에 우리의 영적 여정에 아주 지혜롭고 신중하며 도전적인 안내자가 되어준다. 그것뿐만이 아니다. 아놀드는 단순히 오래전에 살았던 그리스도가 아니라, 오늘날 믿음의 공동체의 삶 속에 살아 있는 그리스도에게 뿌리를 내리고 있다.

아놀드는 경건한 체하는 지나치게 감상적인 지도자가 아니다. 아놀드가 하는 모든 말은 제자도가 살아 있는 공동체에서 직접 겪은 경험으로부터 나온 것이다. 공동체에서 우리는 단련되고 정화된다. 용서와 치유가 무엇인지 배우고, 누가 우리의 이웃인지를 배운다. 이렇게 공동체는 진정한 사랑의 학교이다. 아놀드는 평생을 공동체에서 살았기 때문에 공동체의 삶이 무엇을 요구하고 어떤 보상을 주는지 잘 알고 있었다. 무엇보다도 복음이 말하는 그리스도를 공동체에서 직접 만날 수 있음을 알았다.

이런 책이 나와주어서 고맙다. 이 책은 인기 없는 치유의 말을 감행하려는 사람이 흔치 않은 시대에 나온 예언적인 책이다.

이 책의 독자들이 진리와 직면하는 일을 두려워하지 않기를 기도한다. 이 책을 통해 접하는 하나님의 말씀은 여러분에게 진정한 격려와 순수한 위로, 변하지 않는 희망과 참된 용기를 줄 것이다.

헨리 나우웬

차례

들어가는 글

"이 책은 이런 책이 아니다"라고 설명하는 게 더 쉬운 책들이 있다. 이 책은 기도서나 묵상집이 아니다. 그렇다고 하나님과 동행하는 법을 다루는, 누구나 기분 좋게 하는 칼럼도 아니며, 자기계발이나 영적 성장 안내서도 아니다. 이 책은 그저 제자도(겸손하게 순종하며 열린 마음으로 그리스도를 따르는 것)에 관한 책이다. 제자도 외에 다른 방식으로는 이해할 수 없는 메시지를 전하는 사람에 의해 쓰인 책이다.

요한 하인리히 아놀드Johann Heinrich Arnold(1913-1982)는 놀라운 방식으로 제자도를 실천한 사람들 속에서 성장했다. 그가 여섯 살 때, 그의 부모인 에버하르트와 에미는 베를린의 상류층 집을 떠나 독일 중부의 마을 자네츠로 옮겼다. 그곳에서 친구 몇 명과 함께 산상수훈과 사도행전 2, 4장에 기초해 모든 소유를 함께 나누는 공동체를 시작했다. 당시는 엄청난 격변기였다. 1차 세계대전 후 사람들 사이에 퍼진 불안감은 저명한 편집자이자 신학자이며 연설가였던 아놀드의 아버지를 믿음의 도약으로 이끌었다. 수많은 사람이 완고한 사회적·종교적 관습과는 다른 새로운 삶의 방식을 찾아 나섰다. 이때는 아놀드의 인격이 형성되는 시기였다. 작은 공동체를 스쳐 갔던 젊은 무정부주의자들, 방랑자들, 교사들, 장인들, 자유사상가들은 아놀드에게 깊은 영향을 끼쳤다. 그들은 기독교의 무미건조한 위선을 단번에 던져버렸고, 자네츠에서 발견한 헌신과 기쁨의 삶에 깊이 매료되었다.

열한 살 되던 해, 아놀드는 그리스도를 따르라는 부르심을 느꼈다. 청년이 된 그는 독일어로 '브루더호프Bruderhof' 또는 '형제들의 처소'로 알려진 교회 공동체에 종신 서원을 했다. 1938년에는 말씀의 종으로 선택받았고, 1962년부터 세상을 떠날 때까지 브루더호프 운동의 장로로 섬겼다.

아놀드가 돌보던 회중은 전형적인 교회라고 볼 수 없었고, 그도 전통적 의미의 목사는 아니었다. 그는 카리스마 있는 성격도 아니었으며 어떤 신학적 훈련도 받은 적이 없었다. 자신에게 맡겨진 공동체의 내적·외적 안녕을 깊이 돌본 진정한 '제엘조르거Seelsorger', 즉 영적 안내자였다. 무엇보다도 그는 일과 휴식, 공동 식사, 사업 회의, 그리고 예배를 통해 동등하게 일상을 나누며 형제자매들을 섬기던 사람이었다.

이 책은 아놀드를 알고 지내던 브루더호프 구성원들이 몇 년에 걸쳐 자료를 모아 편집한 것이다. 자료가 방대해 골라내는 게 쉽지 않았다. 자료는 출판된 글에서부터 개인적 편지, 예배기록, 브루더호프 운동을 대표해 회보에 쓴 글까지 다양했다. 이 책의 목적은 아놀드의 증언을 담백하게 전달하는 데 있다.

아놀드의 말투는 직설적이고 즉흥적이다. 원고를 준비해서 말한 적이 거의 없고, 아주 빠르게 또 어떤 때는 사뭇 공격적으로 이슈의 핵심을 건드렸다. 그가 너무 무뚝뚝하다고 느끼는 사람도 있었다. 그러나 바로 그런 꾸밈없는 태도 때문에 많은 사람이 그의 증언에 쉽게 다가갈 수 있었다. 그에게 믿음은 논리나 신학 용어가 아닌, 행동의 문제였다. "우리는 말에 지쳐 있습니다. 말만 여기저기 내뱉고 있습니다. 형제애와 사랑을 누가 말로 반대하겠습니까?"

아놀드는 개인의 삶과 공동체 삶의 모든 영적인 측면을 다루어야 했다. 그러나 그의 글 전반에는 일관되게 흐르는 것이 있다. 우주의 중심인 그리스도와 그분의 십자가이다. 아놀드는 그리스도를 개인적으로 만나지 않고, 그분의 회개와 사랑의 메시지에 도전받지 않으면 살아 있는 믿음의 삶은 불가능하다고 거듭 주장했다. 예를 들어 어떤 사람이 겪는 고난이 환경 탓인지 아니면 본성 탓인지는 그에게 중요하지 않았다. 일상에서 어려움이 아무런 예고 없이 찾아와 번거롭게 하는 것도 별문제가 아니었다. 그는 모든 문제를 철저히 그리스도의 명령에 기초해 다뤘다. 공동체 내부의 문제뿐 아니라 정치적 사건, 사회적 이슈나 흐름같이 공동체를 뛰어넘는 사안에 대해서도 마찬가지였다.

이렇게 매사에 그리스도를 중심에 두는 태도는 죄를 직면하는 특별한 용기를 주었다. 그는 복음의 요구에 무관심할 수 없었다. 자신 안의 악과 싸우듯이 다른 사람의 내면에 존재하는 악과도 싸웠지만, 그 싸움은 절대 사람에 맞선 것이 아니었다.

죄에 맞선 싸움이었다. 그래서 그는 때론 너무 '감정적'이라는 비판을 받기도 했다. 하지만 그리스도를 사랑한다는 사람이 교회의 명예가 위태로운데 어떻게 초연할 수 있단 말인가? "하나님이 공격당할 때, 형제자매들이 부당한 취급을 받을 때, 교회가 상처를 받았을 때 격하게 반응하거나 흥분하는 것이 잘못이라고 보지 않습니다. 저는 잔인함을 방관하는 태도와 하나님의 일을 파괴하는 모든 것과 평생 싸울 것입니다."

이 때문에 그는 날카롭게 회개를 촉구하기도 했다. "그리스도의 말씀이 검이 되어 우리를 도려내시도록 준비가 되었습니까? 아니면 거듭 가로막으며 마음을 굳게 하고 있습니까? 하나님의 길이 우리 때문에 얼마나 자주 가로막히는지 모릅니다. 주님께 자비와 사랑을 달라고, 아프더라도 당신의 말씀으로 우리를 찔러달라고 간청해야 합니다."

이렇게 강력하게 회개를 강조하는 그 열정으로 아놀드는 긍휼히 여기는 마음과 용서를 위해 애썼다. "용서받으려면 다른 사람을 용서하라. 일곱 번씩 일흔 번이라도 용서하라"라는 예수님의 명령을 진지하게 받아들인 사람이 바로 아놀드였다. 자신에게 상처를 주거나 신의를 저버린 사람에게도 신뢰를 거두지 않았다. 완전한 용서의 힘을 믿었기 때문이다. 그는 내면 깊숙이 하나님을 신뢰했기에 그 믿음으로 사람에 대한 두려움을 극복할 수 있었다.

역설적이게도 그는 깊은 회개를 주장하여 조롱과 거부를 당했고 겸손함 때문에 무시당하기도 했다. 교회의 죄에 결코 눈을 감지 않았지만, 죄를 지은 사람 위에 군림하여 그들을 가혹하게 다루는 율법주의는 거부했다. 자신이 직접 겪은 고통에 힘입어 타인의 고통을 선뜻 자신의 것으로 여겼다.

브루더호프 공동체의 장로였던 아놀드는 매일 쏟아지는 편지들을 읽고 또 읽으며 기도하는 마음으로 생각한 뒤 겸손하게 답장을 썼다. 조언과 위로, 권면, 혹은 엄한 책망도 마다하지 않았지만, 자신을 신뢰하여 찾아오는 사람을 절대 비판하거나 업신여기지 않았다. 해마다 수백 명의 사람이 찾아왔지만, 그는 사람들이 자신의 죄와 교만 너머에 있는 그리스도를 바라보도록 도왔다.

아놀드는 자신이 모든 해답을 줄 수 없다는 것을 알았다. 생각해봐야 한다거나, 기도하면서 생각해보면 좋겠다, 또는 어떻게 해야 할지 모르겠다고 답하기도 했다. 누군가 어려운 성경 구절이나 성경에서 모순이 있는 부분 또는 신비로운 구절을 설명해달라고 오면 "이 말씀을 많이 생각해봤지만, 완전히 이해하지는 못합니다. 하나님을 신뢰하고 이 문제를 놔둡시다. 그러면 어느 순간 깨달을 것입니다"라며 굳이 해석하려고 하지 않았다. 폭넓게 독서했고 구약과 신약을 잘 알았지만, 그에게 교육이란 마음의 교육이었고, 지식이란 영혼의 지식이었다. 또한 하나님의 섭리에 대한 이해는 하나님과 예수님, 그리고 교회에 대한 사랑에서 비롯된다는 것을 깨달았다.

무엇보다 아놀드는 들을 줄 아는 사람이었다. 형제자매의 말을 새겨들었고 친구나 낯선 사람들의 비판도 흘려듣지 않았다. 무엇보다도 하나님의 말씀에 귀를 기울였다. "저는 형제를 통해 말씀하시는 하나님의 음성을 마음으로 깊이 듣고 싶습니다. 이 시대에 예수님을 고백하고 싶습니다. 당신과 함께 영적으로 가난해지고 싶습니다. 겸허하게 교회가 가라는 곳으로 가고, 하나님의 뜻대로 따르고 싶습니다. 저는 일치된 형제애, 흩어진 사람들을 모으는 형제애를 갈망합니다."

아놀드의 글은 여러 사람의 영향을 받았다. 아버지 에버하르트 아놀드Eberhard Arnold를 포함해 독일의 목사였던 요한 크리스토프Johann Christoph, 크리스토프 프리드리히 블룸하르트Christoph Friedrich Blumhardt, 그리고 실재하는 하나님 나라에 대한 그들의 비전에도 영향을 받았다. 마이스터 에크하르트Meister Eckhart의 신비주의도 반영되어 있다. 또한 아놀드는 디트리히 폰 힐데브란트Dietrich von Hildebrand와 프리드리히 폰 가게른Friedrich von Gagern의 책을 자주 읽고 인용했다. 인용 자체가 중요한 게 아니다. 이 모든 것이 아놀드의 증언 중에 가장 이목을 집중시키는 부분인 비전에 대한 깊이와 넓이를 더해주었다는 사실이다. 왜냐하면 이것은 사소한 일상으로부터 우리를 계속 위로 끌어올려주고, 우리가 자주 외면해온 위대한 실재를 감지할 수 있도록 눈을 열어주기 때문이다. 그의 말을 직접 들어보자.

"예수님의 위대한 비전을 조금이나마 볼 수 있다면, 우리의 좁은 삶 너머를 볼 수만 있다면, 얼마나 위대한 선물이겠습니까! 분명 우리의 시야는 아주 제한되어 있습니다. 그러나 우리는 그분께 이 좁은 세상과 자기중심적 생각에서 건져달라고 간구할 수 있습니다. 거두어야 할 열매들과 다가올 세대를 포함해 모든 나라와 사람을 추수하라는 도전을 느끼게 해달라고 예수님께 기도해야 합니다."

1994년 7월
헬라 에를리히, 크리스토퍼 짐머만

1부

제자

내면의 삶

자신이 기독교인이라고 하는 수많은 사람을 보면, 이 시대의 기독교인이란 일요일 아침에 교회에 가는 게 전부인 것만 같습니다. 예외가 있겠지만 현실을 인정해야 합니다. 교회는 청년들에게 해줄 말이 없고, 예배와 설교를 지루해하는 청년들은 결국 다른 것을 쫓아갑니다. 그러나 뭔가 내면의 삶에 문제가 있음을 희미하게나마 압니다. 그들은 그런 일로 목사나 신부를 찾아가지는 않더라도 여전히 도움의 손길을 구하고 정신과 의사도 찾아갑니다. 속사람이 변하면 모든 것이 변하는 게 진리입니다. 그러나 그 일은 사람이 아니라 하나님을 통해서 가능합니다.

예수 그리스도께서는 모든 사람이 온전히 변해야 하고 그 변화는 우리 내면에서 시작되어야 한다고 가르치셨습니다. 오순절에 베드로와 사도들도 똑같이 가르쳤습니다. 사람들이 "우리가 어떻게 해야 합니까?"라고 묻자 베드로는 "믿어라, 회개하라, 그리고 예수의 이름으로 세례를 받아라"라고 말했습니다(행 2:37-38). 사람들이 그 말씀에 반응했을 때 내면의 변화가 일어났고, 그 변화는 실제적이며 경제적인 영역으로 옮겨갔습니다. 사람들은 자신이 가진 모든 것을 사도들 앞에 내놓았고 더이상 아무것도 소유하지 않았습니다. 모든 사람이 자발적으로 소유물을 포기했지만 모든 것을 서로 나눴기 때문에 필요한 것이 부족해 고통받는 사람이 없었습니다.

내면의 변화가 만드는 새로운 사회가 우리 시대에도 올 것이라 믿습니다. 하나님께서 우리 내면에 들어오실 때 일어나는 변화는 눈에 보이는 삶에도 영향을 줄 것입니다. 만약 우리 기독교가 일요일 아침에만 필요한 종교라면 속 빈 강정에 지나지 않습니다.

하나님의 형상으로 창조되었다는 말은 무슨 뜻입니까? 하나님은 첫 사람에게 숨을 불어넣으셔서 모든 인류가 하나님 마음 안에 있는 풍성함, 다시 말해 사랑, 기쁨, 유머, 분노, 고통, 순결, 그리고 일치를 경험할 수 있게 하셨습니다. 이 모든 것들이 우리에게 친근하여 종종 왜곡된 방법으로 드러날지라도, 하나님의 일부가 우리 안에 있다는 것을 알 수 있습니다.

하나님의 형상은 아이들 안에서 가장 순수하게 살아 있습니다. 우리 어른들만 소인배처럼 아주 꽉 막힌 삶을 삽니다. 우리는 하나님을 아랑곳하지 않고 자기 자신만 생각합니다. 그러나 하나님은 그보다 더 큰 것을 위해 우리를 창조하셨습니다. 하나님이 주신 정신과 영혼, 마음의 풍요로움을 우리 중 누구도 온전히 경험하지 못했다고 생각합니다. 그러나 그분의 자녀인 우리는 다른 피조물이 경험할 수 없는 그런 풍요로움을 경험할 수 있습니다. 그분은 우리를 사랑하셔서 하나밖에 없는 아들을 보내셨습니다. 고린도 사람에게 보내는 첫 번째 편지에서 바울은 교회가 "천사도 심판한다"(고전 6:3)라고 적었습니다. 이 말은 부르심의 깊은 의미가 무엇인지, 하나님의 형상으로 창조된 것이 무엇을 뜻하는지 어렴풋이 깨닫게 해줍니다.

하나님은 하늘과 땅, 우주의 별들을 창조하셨습니다. 또한 매우 신비로운 것을 창조하셨는데, 그건 바로 인간의 영혼입니다. 하나님은 이 영을 창조하고 그것을 우리 안에 두셨습니다. 우리 안에 살기 원하시기 때문입니다. 하나님은 사람의 손으로 지은 성전에 살지 않는다고 성경은 말합니다(행 17:24). 우리 자신이 그분의 성전이 되어야 합니다(고전 6:19).

제 아버지는 어리석음이 가장 큰 죄라고 말씀하시곤 했습니다. 생각의 단순함이 아니라 영적인 우둔함, 그러니까 죽은 양심으로 하나님의 말씀에 반응하지 않는 태도를 말씀하신 겁니다.

오늘날 마음의 풍요가 뭔지 아는 사람은 거의 없습니다. 마음은 위대한 것들을 경험하라고 창조되었는데도 우리 대부분은 자신의 어리석음과 우둔함이 극복되면 어떤 변화가 생길지 알지 못합니다. 바울은 이렇게 말합니다.

아버지께서 그분의 영광의 풍성하심을 따라 그분의 성령을 통하여 여러분의 속 사람을 능력으로 강건하게 하여주시고, 믿음으로 말미암아 그리스도를 여러분의 마음속에 머물러 계시게 하여주시기를 빕니다. 여러분이 사랑 속에 뿌리를 박고 터를 잡아서, 모든 성도와 함께 여러분이 그리스도의 사랑의 너비와 길이와 높이와 깊이가 어떠한지를 깨달을 수 있게 되고, 지식을 초월하는 그리스도의 사랑을 알게 되기를 빕니다. 그리하여 하나님의 온갖 충만하심으로 여러분이 충만하여지기를 바랍니다(엡 3:16-19).

이 문장의 뜻을 완전히 파악한다면 복음 전체를 이해할 수 있습니다. 우리 내면은 하나님으로 온전하게 채워지지 못했습니다. 혹여 아니라고 한다면 오만입니다. 바울은 이런 기도로 우리를 일깨우고 영감을 줍니다!

하나님은 이스라엘 사람들에게 말씀하십니다. "너희는 귀를 기울이고, 나에게 와서 들어라. 그러면 너희 영혼이 살 것이다"(사 55:3). 온 존재를 하나님께로 돌이키고 그분의 말씀을 기대하며 믿는 것은 매우 중요합니다. 모든 일은 우리가 그분에게 응답을 구하느냐 구하지 않느냐에 달려 있습니다. 만약 오랫동안 하나님의 목소리를 듣지 못한다면 우리와 하나님 사이를 무엇인가가 가로막고 있기 때문입니다. 형제들에게 사랑이 부족할 수도 있고, 배우자와 사이가 안 좋을 수도 있습니다. 이런 상황이라면 우리의 기다림은 헛됩니다.

물론 겨우 5분 침묵하고서 하나님의 응답이 바로 있기를 바랄 수는 없습니다. 예수님이 종종 얼마나 오래 기다리셔야 했는지 생각해보십시오! 하지만 우리가 그리스도 안에 머물면 머물수록 그분과의 관계는 깊어지고 그분께서는 더 속히 응답하실 것이며, 당신의 일에 더 신속히 우리를 사용하실 것입니다. 여기 그분을 위해 완전히 준비된 사람이 있다는 걸 아시기 때문입니다.

___ 마이스터 에크하르트*는 듣는 마음, 하나님 한 분만의 음성을 듣는 마음을 강조합니다. 하나님은 우리가 모든 것에서 벗어나 침묵을 지키고 당신에게로 돌이켜 귀 기울이는 마음만을 바란다고 말씀하셨습니다. 이것은 맘몬Mammon, 음란, 남의 불행을 즐기는 마음, 악의, 거짓말, 불신, 증오, 세속적인 정신 그리고 하나님과는 상관없는 모든 것에서 벗어나는 것을 의미합니다.

건강하고 행복하며, 경제적으로 안정적일 때 신앙은 미지근해지기 십상입니다. 때로 건강을 위협하는 것이나 고민거리, 고통을 주는 문제들을 하나님께 내어드릴지도 모릅니다. 그런데 이런 문제로 기도하지 않을 수 없는 상황에 처하더라도 사람들은 내면 가장 깊은 곳의 속사람은 여전히 숨깁니다.

불행한 순간마다 하나님을 찾는다는 건 우리의 깊은 존재가 하나님을 향해 굶주리고 목말라한다는 것을 보여줍니다. 두려움을 하나님께 가져가야 합니다. 질병과 고뇌도 하나님께 가져

---

* 독일의 신비주의자, 1260-1328.

가야 합니다. 그것만으로 충분하지 않습니다. 내면 깊은 곳의 속사람을, 우리의 마음과 영혼을 드려야 합니다. 이렇게 그분 앞에 자신을 낮출 때, 자신을 완전히 내어드릴 때, 더 이상 저항하지 않고 전 존재와 전인격을 온전히 드릴 때, 주님이 우리를 도우실 수 있습니다. 주님은 먼저 우리를 파산으로 이끄신다음 참된 생명으로 채워주십니다.

___ 하나님의 위대함을 깨닫고 그분을 위해 사는 것이 가장 중요합니다. 성경을 읽으십시오. 최소한 하루에 두세 장은 읽어야 합니다. 그러면 여호와, 만군의 주의 위대함이 보이기 시작하고 개인의 행복을 추구하는 일이 얼마나 덧없는지 알게 됩니다.

___ 사탄이 누군가를 미워하라고 부추기면 속으로 침묵하십시오. 마음속 깊은 곳에서는 증오를 원하지 않는다는 걸 당신은 잘 압니다. 얼마나 힘들어하시는지 저도 압니다. 하지만 내적으로 완전히 고요해지십시오. 하나님이 당신을 사랑하며 돕고 싶어 하신다는 사실을 믿으십시오. 자꾸만 의심이 들어 믿음이 흔들리더라도 그렇게 하십시오. 그러면 두려움은 서서히 극복될 것입니다.

지금의 감정을 다른 감정으로 이기려고 하면 더 큰 혼란만 겪을 뿐입니다. 당신은 당신의 감정을 바로잡을 수는 없지만 하나님을 신뢰할 수는 있습니다. 주님은 우리 마음 아주 깊은 곳까지 아시고, 문제를 바로잡아주십니다. 그분만을 믿으십시오.

___ 내면의 고요함을 어떻게 찾아야 할지 모르겠다면 예수님의 다음 말씀을 기억하십시오. "너는 기도할 때에, 골방에 들어가 문을 닫고서, 숨어서 계시는 네 아버지께 기도하여라. 그리하면 숨어서 보시는 너의 아버지께서 너에게 갚아주실 것이다"(마 6:6). 아주 중요한 말씀입니다. 당신의 감정과 삶을 흥분시키는 일에서 벗어나 하나님만 추구한다면 마음의 평화를 얻게 될 것입니다.

___ 오래 기도한다고 무조건 좋은 것은 아닙니다. 예수님은 긴 기도를 경고하십니다. 긴 기도는 기독교적이기보다는 이교도적입니다.

기도가 더 살아 숨 쉬게 하십시오! 억지로가 아니라 아주 자유롭게 하십시오. 기도가 당신에게 살아 숨 쉬는 것이 될 때, 성령의 불이 활활 타올라 생명을 가져다줄 것입니다!

___ 개인의 기도 없이는 살 수 없습니다. 기도는 물만큼이나 꼭 필요합니다. 우리 모두 하나님 앞에 침묵하는 시간이 필요합니다. 예수님은 사람들에게 보이려고 기도하지 말라고 하셨습니다. 기도할 때는 문을 닫아야 하며 그것에 관해 다

른 사람에게 말해서도 안 됩니다(마 6:1-6). 개인의 은밀한 기도는 절대적으로 필요하고, 교회 전체의 공동 기도만큼이나 중요합니다.

우리는 원하는 것만 기도하려고 할 뿐 특정한 순간에 하나님께서 무엇을 원하는지는 통 관심이 없습니다. 기도가 그분의 일을 향해 있고, 하나님께서 원하시는 것을 구하려는 선한 영에 우리 마음이 감동되어 있다면 하나님은 더 빨리 응답하실 거라고 저는 생각합니다. 이렇게 말해봅시다. 하나님은 매일 우리가 필요하십니다. 그분은 당신의 뜻을 행동에 옮길 사람을 원하십니다. 그렇기 때문에 우리가 원하는 것을 위해 기도하지 말고, 그분이 원하는 일을 할 수 있는 힘을 달라고 기도해야 합니다.

하나님은 당신의 뜻이 이뤄지기를 기도하는 사람들이 필요합니다. 아무도 이 일에 관심이 없다면, 그분은 이 땅에서 당신의 일을 미완성인 채로 내버려두어야 합니다. 그러나 그분의 뜻을 갈망하며 묻고 찾는 사람이 있다면, 주님께서는 당신의 일을 하실 수 있습니다. 모든 것이 저절로 이루어지기에 우리가 할 일은 없다고 생각하는 것은 잘못입니다. 예수님은 하나님의 뜻이 하늘에서 이루어진 것처럼 땅에서도 이루어지도록 기도하라고 가르치셨습니다(마 6:10).

개인의 삶에도 하나님의 뜻이 이루어지길 기도해야 합니다. 악한 영은 우리더러 나쁜 길을 가라고 자꾸 부추기기 때문에 우리는 매일매일 돌이키고 마음을 새롭게 해달라고 기도해야 합니다. 그러나 자기만을 위해 기도해서는 안 됩니다. 온 세상을 위해, 모든 인류와 나라를 위해 기도해야 합니다.

___ 자기중심적인 기도는 잘못입니다. 기도의 목적이 예수님의 뜻에 합한다면 옳은 기도입니다. 이기심이나 자기 영광이 섞이지 않았다면 잘못된 게 아닙니다.

예수님의 이름으로 좋은 직업을 구하거나 백만 원을 달라며 이기적인 요청을 하는 것은 예수님의 길과는 완전히 다릅니다. 예수께서 "너희가 내 이름으로 구하는 것은, 내가 무엇이든지 다 이루어주겠다"(요 14:13)라고 말씀하실 때 '무엇'은 하나님 아버지와 그 아들을 영광스럽게 하는 것입니다.

기도의 삶 가운데 우리는 하나님의 영에 귀를 기울여야 합니다. 하나님이 하실 말씀은 우리가 하고 싶은 말보다 훨씬 더 중요합니다. 그러므로 하나님이 우리 각자의 마음에 말씀하실 거라는 믿음으로 함께하는 공동의 침묵은 우리 삶에 언제나 소중합니다.

우리의 기도가 바로 응답되지 않더라도 응답 받은 것임을 늘 믿어야 합니다. 다니엘은 자신과 이스라엘의 죄를 용서해달라고 며칠 동안 전심으로 기도했지만, 3주가 지나서야 응답 받았습니다. 그리고 천사가 환상 중에 나타나 이야기했습니다.

다니엘아, 두려워하지 말아라. 네가 이 일을 깨달으려고 하나님 앞에서 스스로 겸손하여지기로 결심한 그 첫날부터, 하나님은 네가 간구하는 말을 들으셨다. 네가 간구하는 말에 응답하려고 내가 왔다. 그러나 페르시아 왕국의 천사장이 스무하루 동안 내 앞을 막았다. 내가 페르시아에 홀로 남아 있었으므로, 천사장 가운데 하나인 미가엘이 나를 도와주었다 (단 10:12-13).

하나님은 처음부터 다니엘의 기도를 **들으셨지만** 어둠의 힘이 기도에 응답하려는 천사를 가로막았습니다.

십자가가 승리했는데도 오늘날 여전히 어둠의 힘이 작용하고 있습니다. 다니엘의 기도처럼 우리의 기도도 바로 응답 받지 못할 때가 있습니다. 그러나 하나님은 기도를 들으십니다. 이것을 굳게 믿어야 합니다.

___ 모든 것을 예수님께 드리십시오. 모든 것을 그분께 드리면 드릴수록 그분의 영이 더욱 당신을 채우십니다. 가장 신실한 성도들도 하나님께서 시험하고자 하실 때 내면의 메마른 시기를 겪게 됩니다. 하지만 하나님은 위대한 사랑으로 넘치게 채우십니다. 그러니 내면의 메마름을 느끼더라도 절망하지 마십시오.

회개

회개를 촉구하면서 복음서는 시작됩니다(막 1:1-4). 회개는 모든 것이 바뀐다는 의미입니다. 높은 것은 내려와야 하고, 낮은 것은 올라가야 합니다. 모든 것을 하나님의 시각으로 바라봐야 합니다. 우리의 전 존재가 새로워져야 하고, 이기적인 생각은 멈춰져야 합니다. 하나님이 우리 생각과 감정의 중심이 되어야 합니다.

예수 그리스도는 사람들을 구원하러 오셨지만, 먼저 회개하고 당신을 따르라고 부르셨습니다. 많은 그리스도인이 구원의 약속에 매료되어 있지만, 철저히 회개하려고는 하지 않습니다. 종종 예수님의 가장 큰 적이 믿지 않는 사람이 아니라 종교인이라는 사실은 비극입니다. 예수 시대에도 그분을 가장 미워했던 사람은 그분을 십자가에 매단 군인이 아니라, 회개의 메시지를 싫어했던 바리새인과 서기관이었습니다.

세례 요한은 유다 광야에 나타나 사람들에게 회개하고 마음과 생각을 바꾸라고 촉구했습니다. 그는 자기를 찾아온 사람의 비위를 맞추지 않았습니다. 그저 그들이 얼마나 하나님으로부터 멀어졌는지를 일깨웠을 뿐입니다(마 3:7-9). 회개를 촉구한 사람은 세례 요한만이 아닙니다. 성경을 보면 예수님은 처음부터 끝까지 회개를 가르치셨습니다.

사람들은 세례 요한이 "회개하여라. 하늘나라가 가까이 왔다"(마 3:2)라고 외치자 싫어했습니다. 회개의 진정한 의미를 깨닫지 못한 탓입니다. 회개는 자학도 아니고 다른 사람에게 정죄 받는 것도 아닙니다. 회개란 타락한 인류의 부패와 돈을 숭배하는 맘몬주의에서 벗어나 하나님 나라의 방식에 순응하는 것을 의미합니다. 진정한 회개를 경험한 사람이라면 그것이 마음을 밀랍처럼 녹여버리고 자신의 죄를 그대로 드러내 충격을 준다는 것을 잘 압니다. 그러나 그것만이 중심이 되어서는 안 됩니다. 십자가 위에서 사랑으로 자신을 드러내시고, 화해를 이루시는 하나님이 회개하는 마음의 중심이 되어야 합니다.

___ 우리는 모두 어렵고 고통스러운 회개의 시간을 거쳐야 합니다. 그 시간을 벌이 아니라 은혜로 받아들이시기를 간절히 바랍니다. 자신을 괴롭히지 마세요. 그리스도는 당신에게 자유를 주고 싶어 하신다는 것도 기억하세요.

___ 회개가 정말 무엇을 뜻하는지 아시나요? 마음이 확 바뀌어서 다른 사람이 알아볼 정도로 변하는 것이 회개입니다. 찰스 디킨스의 소설 《크리스마스 캐럴》을 보면 성탄절 아침에 스크루지 영감을 만난 사람들은 그가 전날 저녁과 완전히 다른 사람이 되어 나타난 것을 단번에 알아봤습니다. 그런

회개를 경험하시길 바랍니다.

예수님과 그분의 죽음의 힘을 믿으면 우리가 얼마나 악하든 또 악했든 용서받을 수 있습니다. 그러나 그분의 선함을 이용해서는 안 됩니다. 그분은 모든 죄, 사탄과 맺은 모든 타협을 심판하실 겁니다. 예를 들어 예수님은 음란을 아주 강하게 경고하시면서 여자를 음탕하게 흘깃 쳐다보지도 말라고 하십니다. 그분의 날카로움을 받아들입시다.

살다 보면 저마다 하나님께서 가까이 찾아오시는 때가 있습니다. 각 교회도 그렇게 하나님의 때와 시간을 경험합니다. 요한계시록을 보면 하늘에 계신 예수님께서 요한을 통해 일곱 교회가 깨달아야 할 것을 보이시고 왜 회개해야 하는지도 말씀하십니다(계 2-3장). 물론 격려도 하십니다. 분명 그 순간은 각 교회에게 중요한 하나님의 시간이었습니다.

하나님은 끝없이 선하십니다. 그분은 한 번, 두 번, 세 번, 네 번, 심지어 다섯 번째까지도 다시 오실 것이지만, 그러지 않으실 수도 있습니다. 그분께 순종할지 아닐지는 우리에게 달려 있습니다.

제아무리 자신을 통제하는 의지가 강하고 위장을 잘해도 하나님은 우리 모두의 마음속 깊은 곳까지 꿰뚫어 보십니다. 오직 우리 자신을 그분의 빛 아래 기꺼이 내려놓을 때 새로워질 기회가 찾아옵니다. 그러나 그렇게 하기를 거부할 때는 삶의 모든 것이 위태로워집니다.

한 사람이 진정으로 회개한다는 것은 정말 놀라운 일입니다 (눅 15:7-10). 하나님은 회개하는 영혼에게 아주 가까이 오십니다! 돌 같은 마음이 살아 숨 쉬고 모든 감정과 생각, 느낌이 변합니다. 회개의 선물을 받으면 세상을 보는 눈이 달라집니다.

우리는 새 생명을 받아야 합니다. 변해야 합니다. 그러나 우리를 변화시킬 분은 하나님입니다. 그분은 우리가 원하거나 상상하는 방법과 전혀 다르게 우리를 변화시키실지도 모릅니다. 내적 성장이나 개인적 변화에 대한 우리만의 계획은 끝이 나야 합니다. 고상한 지위를 포기하고 인간적인 갈망을 희생해야 합니다. 하나님의 새로운 미래에 순응하려면 우리는 **그분**에 의해 변해야 합니다.

___ 저는 예수님이 당신에게 순결한 마음과 온전한 평화를 주실 거라고 분명히 믿습니다. 그분에게 가까이 갈수록 처음에는 죄로 인해 심판 받는 것 같지만, 결국에는 깊은 기쁨과 평화가 찾아옵니다. 하나님을 찾는 것이 오히려 고뇌 거리가 되어서는 안 됩니다. 그분은 신실한 마음으로 찾는 당신을 지켜보십니다. 희망과 용기를 가지세요.

___ 회개는 마음을 하나님께로 열어줍니다(고후 7:8-13). 그 순간은 아주 고통스럽지만 훗날 돌아보면 그것이 오히려 어두운 과거를 환히 비춘 빛줄기였다며 감사할 것입니다. 회개하라고 해서 죄책감 때문에 비굴하게 지내라는 말이 아닙니

다. 하나님과 당신 곁에 있는 사람에게 마음을 부드럽게 열어야 한다는 말입니다.

___ 진정으로 회개하시길 간구합니다. 그것만이 쓰라린 마음과 싸우는 일에 걸 수 있는 유일한 희망입니다. 하나님이 녹일 수 없을 만큼 단단하게 굳은 마음은 없습니다. 저를 포함해 하나님을 향해 굳은 마음을 한 번이라도 안 가져본 사람은 없기에 이렇게 말씀드리는 겁니다. 아, 우리 모두를 향한 하나님의 갈망과 불타는 사랑을 당신이 경험할 수만 있다면 얼마나 좋을까요! 그러면 우리를 이 위대한 사랑에서 멀어지게 한 모든 것을 훌훌 털어버리게 될 겁니다. 그렇게 하는 게 아무리 고통스럽더라도요.

하나님의 사랑은 물과 같아서 가장 낮은 곳을 찾아 흐릅니다. 우리 힘으로는 자신을 낮출 수 없습니다. 하나님의 전능함과 사랑, 순결과 진실의 빛 안에서만 우리는 '만물의 찌꺼기' 같은 진정한 자신의 모습을 보게 됩니다(고전 4:13).

어두운 죄로 인해 하나님과 멀어지는 공포를 한 번이라도 경험하면 예수께서 뜻하는 회개의 의미를 알게 됩니다. 그러나 회개는 죄를 인식하는 것에서 그치지 않습니다. 회개란 하나님 나라로 돌아서는 것입니다. 그동안의 잘못을 되돌리기 위해 세상을 뛰어다닐 준비가 되어 있다는 뜻입니다. 물론 모든 것을 되돌릴 수는 없다는 걸 압니다. 결국 회개는 죄를 용서하시고 자유를 주시는 그분께 자신을 드리는 것입니다.

   ___ 죄를 깨달으셨다니 아주 감사한 일입니다. 이제는 부디 자신에 집착하고 과거와 우울한 감정에 골몰하시는 걸 멈추시길 기도합니다. 그러지 않으면 더욱 우울해질 뿐입니다. 그건 회개가 아닙니다. 당신의 내면이 해와 별, 달을 비추는 투명한 연못이라고 생각해보십시오. 연못 바닥의 진흙을 휘저으면 물은 흐려지고, 휘저으면 휘저을수록 물은 더욱 탁해집니다. 조용히 그리고 굳세게 악에 맞서십시오. 그러면 물은 다시 맑아지고 당신과 세상을 향한 그리스도의 사랑이 비치는 게 보일 것입니다.

회심

요한복음 3장은 우리가 물과 성령으로 거듭나야 한다고 말합니다. 그러나 이것은 니고데모가 그랬듯, 인간적으로 이해할 수 있는 말이 아닙니다. 거듭남은 비밀이고, 신비이며, 기적입니다. 하지만 하나님 아버지가 예수님을 보내셨다는 것을 믿고 성령의 힘을 믿는다면 예수님은 우리를 거듭나게 하실 수 있습니다. 모든 것은 믿음에 달려 있습니다.

예수님을 한두 해만 따르겠다고 결심할 일이 아닙니다. 평생 따라야 합니다. 예수님께서는 "누구든지 손에 쟁기를 잡고 뒤를 돌아다보는 사람은 하나님 나라에 합당하지 않다"(눅 9:62)라고 말씀하셨습니다. 예수님을 향한 믿음을 지키면 주님은 우리를 깨끗하게 씻기시고, 하나님과 형제자매와 하나가 되게 하시며 영원한 생명을 주실 것입니다.

예수님을 따르고 싶은 사람은 "내 마음에 오셔서 나를 깨끗하게 해주세요"라고 할 뿐만 아니라 "주님이 제게 맡기시는 일은 무엇이든 하겠습니다"라고 말할 준비가 되어 있어야 합니다. 예수님은 "수고하고 무거운 짐을 진 사람은 모두 내게로 오너라"(마 11:28)라고 말씀하십니다. 만약 예수님께 가까이 가고 싶다면, 마음속에 예수님이 들어오시길 원한다면, 자신만의 뜻을 포기하고 그분이 당신을 다스리시도록 맡겨야 합니다.

제자도는 모든 것을, 자기 안에 긍정적으로 보이는 것까지도 내려놓기를 요구합니다. 바울이 유대의 율법을 기꺼이 버린 것처럼 우리도 훌륭한 자아상과 자신만의 의, 친절함을 모두 포기하고 예수 그리스도를 위해 그런 것들을 아무것도 아닌 것으로 여겨야 합니다.

그리스도를 따르는 삶은 급진적이며 우리에게 도전을 줍니다. 그분은 많은 수의 사람이 아닌 헌신된 마음을 원하십니다. 그분은 경제적 안정이나 다른 종류의 안정을 약속하지 않습니다. 자신을 위해서는 어떤 것도 구하지 않고 하나님과 형제들에게 망설임 없이 자신을 주고 싶어 하는 사람을 찾으십니다.

그리스도를 따르겠다는 결단은 매우 깊은 개인적 차원에서 시작되어야 합니다. 그러나 어떤 사람이 말했듯이 "오직 예수님과 나만 남는다"라는 뜻은 절대 아닙니다. 제자도는 언제나 형제자매와 관련되어 있습니다. 그래서 예수님은 두 계명을 함께 말씀하십니다. "네 마음을 다하고, 네 목숨을 다하고, 네 뜻을 다하여, 주 너의 하나님을 사랑하여라"(마 22:37), "네 이웃을 네 몸과 같이 사랑하여라"(마 22:39). 이 두 명령을 떼어놓을 수는 없습니다. 개인의 종교적 체험은 내면 깊숙한 곳에서 일어나야 하지만, 그것이 독단적이거나 이기적인 경험이 되어선 안 됩니다.

믿음의 본질이 더 명확해져야 합니다. 성경을 통째로 받아들인다고 해도 예수님을 만나지 않는다면 아무 소용이 없습니다. 아무리 확신이 있다고 하더라도 예수님의 인격, 즉 그분의 존재와 본성을 깊이 느끼고 경험하지 않으면 아무 도움이 되지 않습니다. 한 사람 한 사람이 예수님을 직접 만나야 합니다.

예수님이 우리를 위해 죽으셨다는 사실을 깊이 깨닫는다면 우리는 완전히 변할 것입니다. 이것은 혁명입니다. 죄 가운데 있는 우리를 깨뜨리고 새로운 존재로 만들어서 죄의 노예가 되지 않게 할 것입니다.

진정한 회심은 고난받는 그리스도와 함께 고난받을 준비를 하는 것을 뜻합니다. 저는 이것 없이는 진정한 회심이 가능하다고 믿지 않습니다.

제자도는 완전한 헌신입니다. 제자도는 사랑이라는 큰 뜻을 위해 온 마음과 생각, 시간과 에너지, 재물을 포함한 삶 전체, 즉 모든 것을 내어주라고 요구합니다. 미적지근한 믿음보다는 차라리 믿음이 없는 것이 낫습니다.

예수님은 "그 열매로 그 나무를 안다"(마 12:33)라고 말씀하시는데, 이는 삶의 열매로 우리가 위선적인지 아닌지 알 수 있다는 뜻입니다. "나더러 '주님, 주님' 하는 사람이라고 해서, 다 하늘나라에 들어가는 것이 아니다. 하늘에 계신 내 아버지의 뜻을 행하는 사람이라야 들어간다"(마 7:21). 하나님의 뜻을 행한다는 말은 회개의 열매를 맺는다는 뜻입니다. 예수님은 또한 "나는 참 포도나무요, 내 아버지는 농부이시다. 내게 붙어 있으면서도 열매를 맺지 못하는 가지는, 아버지께서 다 잘라버리시고, 열매를 맺는 가지는 더 많은 열매를 맺게 하시려고 손질하신다"(요 15:1-2)라고 말씀하십니다. 그저 회심하고 세례를 받고 '구원을 받으면' 아무런 유혹 없이 살 수 있느냐, 그게 아니라는 뜻입니다. 좋은 열매를 맺으려면 거듭 회개하고 다시 깨끗해져야 합니다.

가지는 혼자서 열매를 맺을 수 없고 포도나무에 붙어 있어야 합니다(요 15:4). 마찬가지로 그 누구도 예수님과 개인적 관계가 없으면 열매를 맺을 수 없습니다. 그런 관계가 없으면 내적으로 죽은 것이라 아무 열매도 맺지 못하게 됩니다. 열매를 못 맺으면 포도나무에서 잘려 불에 던져지고 타버립니다(요 15:6). 포도나무에 붙어 있는 것, 예수님에게 머무르는 것, 그것은 아주 큰 도전입니다.

믿음

하나님은 어떤 분이고, 어떻게 그분을 찾을 수 있을까요? 하나님의 빛은 이미 우리 각자의 마음속 깊은 곳에 들어와 있습니다. 덕, 정의, 순결, 신의를 깊이 바랄 때, 종종 이 빛을 느끼게 됩니다. 그러나 그런 갈망이 믿음으로 변할 때 비로소 우리는 하나님을 발견하게 됩니다.

초대 그리스도인들은 하나님은 어디에나 계시기 때문에 사람이 하나님을 찾으면 만날 것이라고 했습니다. 그분을 찾는 데는 건너지 못할 경계도 없고, 극복할 수 없는 장애물도 없습니다. 니고데모를 생각해보십시오. 처음에 니고데모는 나이가 들어서도 변화할 수 있다는 걸 믿지 않았습니다(요 3:1-15). 그런데 그도 믿음을 발견했습니다. 우리는 믿음을 찾지 못할 거라고 변명할 수 없습니다. 문을 두드리면, 열립니다.

하나님은 당신을 찾는 사람에게, 하나님이 오실 거라는 믿음을 가진 모든 사람의 마음에 찾아오십니다. 우리가 찾아야 하고 그분이 우리에게 오시는 걸 기다려야 합니다. 그저 무심하게 산다고 오시는 게 아닙니다. 먼저 찾아야 합니다. 그래야만 만날 수 있습니다.

사람들이 예수님을 만나고 그분을 그리스도로 아는 것은 믿음의 기적입니다. 예수님을 만난 우물가의 한 여인에게 사마리아 사람들이 "우리가 그 말씀을 직접 들어보고, 이분이 참으로 세상의 구주이심을 알았기 때문이오"(요 4:42)라고 대답한 걸 보면 그런 기적이 일어났음을 알 수 있습니다. 이런 믿음이 교회와 새로운 것에 목마른 사람들 사이에 살아 있다면 얼마나 좋을까요!

사마리아인에게 예수님은 그저 굶주리고, 지치고, 목마른 사람이었을 뿐입니다. 사람들은 그분이 누구신지 전혀 알아차릴 수 없었습니다. 그분을 단번에 알아보지 못했다고 누구를 비난할 수 있을까요? 우리도 한 번 만난 사람을 세상의 구원자로 받아들이지는 않을 것입니다.

예수님은 겉보기에 구원자라고 할 만한 구석이 하나도 없었습니다. 그분은 초라한 사람이었고, 작은 마을에서 자랐고, 종교 지도자들과 부딪쳤으며, 수치스러운 죽음을 겪었습니다. 따라서 어떤 사람이 그런 분을 믿는다면 그건 기적입니다. 사마리아인처럼 "이분은 그리스도이고, 세상의 구원자"(요 4:42)라고 말할 수 있을 때 우리의 마음이 열려서 빛으로 채워집니다.

___ 푸른 새싹이 돋아나듯 믿음이 당신 마음에서 자라는 것 같군요. 그 싹을 지키고 돌보십시오. 육체와 자신, 그리고 어떤 형태의 죄에도 넘겨주지 마십시오. 자신과 주변 사람들, 그리고 하나님에게 당신 삶의 새로운 장이 열렸다는 걸

보여주십시오.

믿음과 선한 양심은 서로 완벽히 맞물려 있습니다. 양심에 귀기울이지 않으면 믿음은 난파되고 맙니다. 믿음을 잃으면 순결하고 살아 있는 양심을 지닐 가능성마저 잃습니다. 그래서 사도들은 믿지 않은 사람들의 양심이 깨끗하지 않다고 한 것입니다(딛 1:15). 믿음이 없으면 양심이 붙들 데가 없기 때문에 그렇게 될 수밖에 없습니다.

한번은 우리가 예수님을 '너무 지나치게' 존경한다고 비판하는 사람들을 만난 적이 있습니다. 예수님의 말씀에 관해 이야기하고 있었는데 한 사람이 제게 "예수가 그렇게 말해서 믿는 겁니까, 아니면 그게 진리이기 때문입니까?"라고 묻더군요. 나는 둘 다 맞다고 했습니다. 예수님이 말씀하셨고, 그분의 말씀이 진리이기 때문이라고요. 그때 한 마디 덧붙이지 못한 게 늘 아쉽습니다. "이해 못하더라도 여전히 믿을 것입니다. 예수님이 말씀하셨기 때문입니다." 그 사람들은 어린아이 같은 믿음에 소름 끼쳐 했습니다.

그리스도의 수치스러운 고난과 철저한 겸손 때문에 괴로워해본 적이 없는 사람은 그분을 믿는다는 게 무엇을 뜻하는지 알지 못합니다.

성경은 "하나님께서 세상을 이처럼 사랑하셔서 외아들을 주셨으니, …세상을 심판하시려는 것이 아니라, 아들을 통하여 세상을 구원하시려는 것이다"(요 3:16-17)라고 말합니다. 그러나 성경은 세상이 믿지 않기 때문에 심판을 받을 거라고도 합니다. 우리는 '세상을 이처럼 사랑하셔서'라는 말의 진정한 의미에 압도되어야 합니다. 그러면 그분을 믿지 않는 것이 얼마나 끔찍한 일인지 깨닫게 됩니다. 개인적 문제와 공동체가 겪는 도전, 궁극적으로 온 세상의 문제를 품을 수 있는 새로운 믿음과 신념이 생기도록 우리를 각성시켜달라고 하나님께 요청해야 합니다.

___ 베드로는 예수님을 위해 죽을 준비가 됐다고 했지만 예수님을 세 번이나 부인했습니다. 어떤 시험도 견딜 수 있다는 장담은 누구도 할 수 없습니다. 그런 일은 하나님의 능력으로만 가능한 것입니다. 그분만이 우리에게 힘을 주십니다.

사람들이 외로워하고 확신이 없는 이유는 하나님이 자기를 완전히 이해하신다는 걸 때로 깊이 믿지 않는 탓입니다. 바울은 우리가 서로 사랑하면 그분이 우리를 온전히 알듯 우리도 그분을 알게 될 거라고 적습니다(고전 13:12). 요한의 말도 매우 중요합니다. 하나님은 우리가 그분을 사랑하기도 전부터 우리를 사랑하셨습니다(요일 4:19). 우리를 온전히 이해하는 위대한 사랑이 우리의 비좁은 마음에 들어와야 하고, 우리는 이 사랑을 꼭 붙들어야 합니다.

우리는 혼돈에 빠진 시대를 살고 있고, 미래에는 더 끔찍한 일이 벌어질 겁니다. 어떤 상황이 오든 희망은 오직 하나이며 붙들 것도 하나뿐인데, 그건 바로 예수님과 그분의 나라입니다. 삶이나 죽음 속에서나 기쁨이나 심판 속에서나 예수님은 언제나 우리의 구세주이십니다.

바울이 경고한 대로 거짓되고 위험한 가르침들이 퍼져 있고 그리스도인들 사이에도 만연합니다(골 2:4-23). 그러므로 하나님의 아들이자 사람의 아들이신 예수님을 단순하게, 어린아이 같이 믿고 그 믿음의 반석 위에 형제애의 삶을 지어갑시다.

왜 오늘날 믿음을 찾지 못하는 사람이 많을까요? 몇 가지 이유가 있습니다. 어떤 사람은 현 상황에 만족하고 위대한 문화와 문명의 시대에 사는 것을 자랑스러워합니다. 그리고 인류와 창조 세계의 고통을 보는 눈이 멀어 있습니다. 하나님의 시각을 잃었습니다.

어떤 이는 절망합니다. 불의한 맘몬주의를 보고, 억압받는 사람과 함께 고통스러워합니다. 그러나 그렇게 연민하면서도 우리 모두 책임져야 할 인류의 죄는 보지 못합니다. 혹여 죄를 보더라도 특정 계급이나 국가의 죄에만 매여 있지, 사람 모두의 죄를 감지하지는 못합니다. 창조물은 보면서도 정작 창조주를 빼먹습니다. 그들 또한 하나님의 시각을 잃었습니다.

어떤 사람들은 인간의 죄와 책임, 연약함을 보면서도 억압받는 사람에게 무정하고 그들을 위한 인내심도 없을뿐더러 고통에도 동참하지 않습니다. 하나님의 시각을 잃었기에 창조물 전체의 탄식 소리를 듣지 못합니다. 그들은 진정한 믿음이 없거나 설령 있더라도 인류의 고통을 위한 것이 아니라 자기 자신의 영혼만을 위한 믿음을 지녔을 뿐입니다.

먼저 하나님을 찾아야 믿음을 찾을 수 있습니다. 일단 하나님을 찾으면 그때부터 우리는 그분의 시각으로 사람들의 어려움을 보게 될 것입니다. 그리고 그분이 어려움을 극복해주실 것을 믿게 됩니다. 우리 시대에도 여전히 하나님이 세상을 사랑하심을 알아야 합니다. 심판의 밤이 우리의 문명을 지나가는 때에도 우리는 하나님이 여전히 인간과 그분의 창조물을 사랑하신다는 말씀을 믿어야만 합니다. 믿음의 메시지는 사랑의 메시지입니다.

의심

__ 예수님이 존재한다는 사실은 남뿐만 아니라 자기 자신에게도 증명할 수 없습니다. 믿음은 내적 경험이어야 합니다. 그런데 믿음의 대상을 지적으로 증명하려는 노력은 믿음을 실제 경험하는 일을 막고 맙니다. 저는 예수님의 존재를 증명할 수 없으며, 제게는 살아 있는 믿음밖에 없습니다. 도마는 예수님이 정말 죽음에서 살아났다는 것을 믿지 않았습니다. 그는 "내 손을 그의 옆구리에 넣어보지 않고서는 믿지 못하겠소"(요 20:25)라고 말했습니다. 그리고 나서 결국 예수님을 봤고, 믿었습니다. 그러나 예수님은 이렇게 말씀하셨

습니다. "나를 보지 않고도 믿는 사람은 복이 있다"(요 20:29).

하나님의 사랑과 그분의 친밀함을 의심하는 것은, 이미 자신의
생명을 주님께 드린 사람을 죽음으로 모는 일입니다. 자신 안
에 있는 악을 인정하는 것은 괜찮습니다. 그러나 하나님의 위
대한 자비는 심지어 심판의 때에도 절대 의심해서는 안 됩니
다. 의심은 고통을 낳고 마치 지옥에 사는 것과 같게 만듭니다.
우리의 믿음은 거듭 새로워지고 깊어져야 합니다.

자기가 너무 큰 죄인이라고 생각하면서 예수님이 자신을 도
울 수 있다는 것을 의심하는 사람은 사탄에게 얽매이는 사람
입니다. 십자가의 승리를 의심하고 성령님이 마음에 들어오시
지 못하도록 방해하기 때문입니다. 이런 의심은 거부되어야 합
니다. 복음은 예수님이 세상 전체의 모든 죄를 짊어지셨다며
"구하여라, 그리하면 하나님께서 너희에게 주실 것이다. 찾아
라, 그리하면 너희가 찾을 것이다. 문을 두드려라, 그리하면 하
나님께서 너희에게 열어주실 것이다"(마 7:7)라고 말합니다.

살아 계신 그리스도는 온 만물을 하나님과 화해시키려 십자
가에서 죽으셨습니다. 이 화해는 인간의 이해를 뛰어넘습니다.
그러나 우리는 이 화해가 모두에게 가능하며, 회개하고 화해를
이루라는 부르심을 받았음을 압니다.

___ 당신이 겪는 마음의 고통에 대한 해결책은 오직 하나님
에 대한 믿음뿐입니다. 자칫 이론적으로 들릴지 모르지만,

오직 믿음만이 빛이 뚫고 들어갈 수 있는 유일한 통로입니다. 예수님이 제자들에게 기도를 가르치시는 산상수훈을 생각해보십시오. 예수님은 골방에 들어가 문을 닫고서 기도하면 숨어서 보시는 하나님이 갚아주실 거라고 말씀하십니다(마 6:6). 하나님이 당신의 기도를 들으신다고 믿으십시오. 하나님의 은혜를 찾고 누리게 될 것입니다. 믿음이 있는 곳에 악으로부터의 속죄가 있습니다.

___ 예수님은 염려하지 말라고 주의를 주십니다(눅 12:22-26). 걱정은 결국 아버지를 덜 신뢰한다는 뜻입니다. 걱정과 근심에서 해방되십시오. 마음을 편안하게 하고 단순하게 하나님과 예수님을 신뢰하십시오(요 14:1).

언제나 작은 것 때문에 의심하게 된다고 적으셨지요. 그런 일을 허용하지 마십시오. 하나님은 우리에게 위대한 것을 보여주려고 하십니다. 그분은 처음부터 계셨고 말씀이신 그리스도와 함께 계셨습니다. 모든 것이 그분을 통해 창조되었습니다. 모든 일을 하나님의 창조와 영원이라는 거대한 곡선 안에서 생각하십시오.

그리스도를 따르려고 했지만 실패하는 바람에 용기를 잃은 분들을 모두 위로하고 싶습니다. 우리 안에서는, 우리의 힘으로는 그분을 따를 재간이 없습니다. 우리 모두 무력합니다. 그러나 그건 우리의 헌신이 온전하지 않은 탓입니다. 나를 완전히 비우고 모든 것을 하나님께 드릴 때 그분이 일하실 수 있습니다. 자신의 허영만을 채우려고 일한다면 매번 실패할 수밖에 없습니다. 하나님은 우리가 교회와 개인으로서 얼마나 처참하게 실패했고, 그분의 길을 막았는지를 거듭 보여주십니다. 제자도는 행위가 아닙니다. 하나님께 자리를 내드려 우리 안에 사시게 하는 것입니다.

교리주의

___ 하나님께서 우리에게 넓은 마음을 주시기를 바랍니다. 모든 사람 안에, 온갖 영들과 섞이지 않으면서도 하나님이 일하신다는 믿음이 깃들기를 바랍니다. 모든 사람을 사랑하되 그 사랑이 어떤 어둠하고도 섞이지 않고, 모든 사람을 용서하고 이해하되 진리의 한 글자라도 배신하지 않도록 수정같이 투명한 믿음을 주시기를 원합니다.

우리는 전체의 그리스도, 즉 그분의 공의하심과 십자가 위에서 보여주신 사랑 모두를 받아들여야 합니다. 그리스도의 사랑은 세상 죄를 짊어지는 어린양의 사랑입니다(요 1:29). 그러나 하나님의 사랑과 일치, 정의로 통치하는, 다가올 날을 위해 하나님은 영원한 심판도 선언하십니다(요 5:29-30). 이 말씀을 바꾸거나 약하게 만들면 그분의 뜻을 잘못 전달하는 꼴입니다.

___ 이걸 믿는다고 하거나 저걸 믿는다고 하면 교리적이라고 말씀하시는군요. 그러나 그런 개념은 순전히 신학적일 뿐입니다. 잘못은 교회들에 있습니다. 교회는 수많은 사람에게

어떤 믿음은 단지 교리일 뿐이라는 막연한 인상을 주지만, 사실 믿음을 교리로 만든 건 바로 그런 교회들입니다.

우리는 하나님의 기적을 전혀 의심하지 않습니다. 예수님의 탄생과 예수님을 통해 하나님이 오신다는 기적을 확실히 믿습니다. 하지만 동시에 이런 생각을 강요하고 다른 사람의 양심을 짓누르고 싶지 않으며 어떤 신학적 논쟁도 거부합니다. 나사렛 예수가 하나님에게서 직접 오셨고 옛날이나 지금이나 하나님과 한 분이라는 사실을 의심하지 않습니다. 그러나 교리 차원의 논쟁은 하고 싶지 않습니다. 우리는 모든 교리주의를 거부합니다. 교리주의는 살리지 않고 죽이기 때문입니다. 우리는 오직 성령을 소망하고 믿을 뿐입니다.

그리스도의 탄생은 오늘도 끊임없이 다시 이루어집니다. 두세 사람이 그분의 이름으로 모인 곳에, 마리아의 믿음으로 그분이 받아들여지는 곳에 살아 계신 그리스도가 함께하십니다. 성령을 믿으면 말씀이 우리 마음에 육신이 되어서 당신이 하나님의 아들임을 증명할 것입니다.

그리스도가 육신이 된다는 것은 현실입니다. 그러나 당신이 그 사실을 믿지 않기 때문에 부당한 상황이 계속되는 교회에 여전히 참여하는 겁니다. 당신은 사회의 불의를 질타하면서도, 하나님의 사랑이 육신으로 오지 않고 물질적인 세계가 영적 경험과 따로 떨어진 그런 교회에 여전히 참여하고 있습니다. 여기에서 믿음과 실제 경험이 심하게 어그러집니다. 당신은 우리의 믿음을 교리주의적이라고 합니다. 그러나 육신의 삶과 경제적 측면까지 변화시키지 않는 종교 생활이야말로 교리주의적이며 속사람에게 위험한 것입니다.

우리는 옳은 의미로 '좁아져야' 합니다. 여기서 '좁다'는 말은 **오직** 그리스도만을 위해 산다는 뜻입니다. 그렇다고 우리 삶이 지나치게 종교적으로 보여야 한다는 뜻은 아닙니다. 십자가에 못 박힌 채 두 팔을 활짝 펼쳐 모든 사람을 찾는 그리스도만큼 넓은 마음을 지닌 이는 없습니다. 마음속에 오직 그리스도를 위해 살 결단이 되었는지가 중요합니다. 이런 결단이 생기면 아무것이나 다 받아들이는 세상적 의미의 넓은 마음이 아닌 진정한 의미의 넓은 마음을 갖게 됩니다.

___ 중요한 것은 사랑과 솔직함, 나눔같이 우리에게 소중한 것들, 그리고 압제에 대항하고, 이기심과 싸우고, 아이들을 이해하고, 사적 재산으로부터의 자유를 찾는 일에 일치를 이루는 것입니다. 이런 것들 때문에 우리가 함께 사는 겁니다. 우리는 다른 것은 말고 예수님을 따르고, 그분의 발자국을 따르길 원합니다. 그분의 나라가 이 땅 위에 이루어지기를 바랍니다.

사회의 죄로부터 자유로운 삶을 원한다고요? 하지만 예수님조차도 불의한 맘몬을 사용하는 사회의 '죄'에서 자유롭지 못하셨습니다(마 17:27). 개인이 짓는 죄와 타락한 창조물이 저지르는 집단적 죄는 다릅니다. 우리는 사회의 집단적 죄에서 분리될 수 없습니다. 만약 그럴 수 있다면 홀로 살면서 다른 사람과의 모든 관계를 끊어야 할 겁니다. 아무런 관계를 맺지 않는 것보다는 사회적 관계라도 맺는 게 더 낫습니다.

"왜 우리는 이런 파멸적 세상에 참여하는 대신, 세상을 되찾아 하나님의 능력 아래 붙들어놓는 일을 도울 수는 없는 것인가?"라고 적어주셨는데 어떤 뜻에서 그런 말씀을 하십니까? 세상과 완전히 동떨어져 살지 않고서 그게 가능할까요? 원하시는 대로 한번 해보십시오. 결국 수많은 원칙만 남게 되고 처절한 외로움과 비정함만을 느끼게 될 것입니다.

___ 원칙 자체가 사랑을 메마르게 하는 것은 아니지만, 제 경험에 비춰보면 원칙은 자주 재앙을 불러일으킵니다. 제가 아는 어떤 사람은 돈과 우체국, 여권 사용을 거부했습니다. 그리고 세금을 내지 않아서 여러 번 감옥을 들락날락했습니다. 그는 자신의 원칙이라면 아주 철저한 사람이었지만 결국은 예수님을 향한 믿음과 그의 모든 원칙마저 잃었습니다.

___ 종교적 형식이 두렵다고 하셨는데, 그러면 하나님은 어디에 계십니까? 그분 안에서 모든 것이 창조되었고 그분 없이 생겨난 것은 없습니다. 하나님은 눈에 보이는 모든 아름다운 것에 형식을 주셨습니다. 모든 형식을 없애려는 당신의 열망은 반反 그리스도적입니다. 자신에게 세례가 주어지도록 하셨고 주의 만찬 또는 기념의 식사를 제정하신 분은

예수님 아니십니까?

형식만인 기독교는 끔찍합니다. 그러나 당신은 그 두려움 때문에 오히려 극단으로 가고 있습니다. 결혼도 형식이고, 공동 식탁과 공동 재산도 형식입니다. 모든 형식을 그저 두려워할 수만은 없습니다. 그렇게 하면 그리스도인의 삶을 아예 살 수 없게 될 겁니다.

___ 너무 바쁜 나머지 형제자매들을 사랑하거나 그 사랑을 자주 표현할 시간이 없어 사람들이 상처받고 있다면, 재산을 통용하거나 공동체로 살고 한 믿음을 지키려고 하는 게 다 무슨 도움이 되겠습니까? 아무리 옳고 진실된 원칙이더라도 그것의 노예가 되는 건 경계해야 합니다. '옳은' 원칙 자체는 위험합니다. 영혼을 파괴하기 때문입니다. '옳은' 원칙 때문에 겟세마네의 고난이 생겨났습니다. 그런 원칙은 하나님과 그분의 선하심, 그분의 은혜가 있어야 할 자리를 너무 쉽게 빼앗아버립니다. 서로를 향한 우리의 사랑, 하나님의 긍휼한 마음과 은혜가 커져서 그런 원칙들을 가려야 합니다.

헌신

이중생활에 익숙한 사람들이 많습니다. 그들의 삶은 갈라져 있고, 엄청난 긴장 속에 있습니다. 이런 모습은 종교인들 사이에서도 찾아볼 수 있는데, 어쩌면 그들이 더 그럴 수 있습니다. 그러나 예수님은 한결같은 마음을 철저히 지키셨습니다. 예수님께서는 값진 진주를 사려면 다른 모든 보석을 팔아야 한다고 요구하셨습니다(마 13:45-46). 한 눈으로는 다른 것을 보면서 또 다른 눈으로 예수님을 따르려고 해서는 안 됩니다. 이것을 깊이 묵상해보면 각자가 지닌 분열된 두 마음과 맞서야 함을 깨닫게 됩니다. 우리는 모든 갈라진 마음을 버려야 합니다. 자신은 물론 이웃과 더불어 한마음, 한 영혼이 되기를 바랍니다(약 1:1-5). 이것은 삶과 죽음의 문제입니다. 하나된 마음과 정신을 찾지 못하면 갈라진 마음이 우리를 더욱 갈기갈기 찢어놓고 말 것입니다.

＿＿ 예수님을 위해 죽음의 고통을 당하더라도 우리의 확신을 굳게 지켜야 합니다. 《후터라이트 공동체의 역사》*를 보면, 재세례파 삶의 길로 개종한 열여섯 살 된 방앗간 주인 아들

이야기가 나옵니다. 그 아이가 잡혀 교수형을 당하게 되었을 때 부자인 한 귀족이 아이에게 만약 신앙을 버린다면 양자로 삼아 기르겠다고 제안했습니다. 그러나 아이는 끝내 하나님을 향한 믿음을 지키고 교수형을 당했습니다. 제자도가 정말 우리가 원하는 길이라면, 그게 아무리 힘든 길이고 우리가 연약하고 부족하더라도 그런 희생을 감수해야 합니다.

인간적 신실함의 힘으로 하나님과 약속을 맺을 수는 없습니다. 하나님의 신실함에 기대야 합니다. 초대 기독교 순교자들과 과거 사람들이 받았던 박해를 혼자 견뎌낼 수 있을 정도로 강한 사람은 없습니다. 그러나 하나님은 신실하십니다. 우리 자신을 그분에게 드리면 하나님의 천사가 우리를 위해 싸울 겁니다.

그분을 위해 죽임을 당하더라도 예수님에 대한 첫사랑을 간직한 채 모든 것을 드릴 준비가 되어 있습니까?(계 2:4-5) 오늘 우리는 집과 가정이 있지만 내일은 어떻게 될지 모릅니다. 이 시대는 아주 불확실합니다. 브루더호프의 역사를 보면, 우리는 이 나라에서 저 나라로 옮겨다녀야 했습니다. 이 공동체가 인간의 안전을 제공할 수는 없습니다. 예수님은 제자들에게 박해와 고난을 받을 거라고 약속하셨습니다(요 15:20). 우리라고

---

* *The Chronicle of the Hutterian Brethren*, Vol. I(Vienna, 1923; 영문 번역판, Rifton, NY: 1987), 16세기 후터라이트와 재세례파의 역사(64-65쪽 참조). 존 호퍼, 김복기 옮김,《후터라이트 공동체의 역사》(KAP, 2008).

더 나은 걸 보장할 수는 없습니다. 예수님만이 유일한 피난처입니다.

예수님은 우리에게 완전한 사랑의 길을 가르치셨고, 우리를 박해하는 사람까지도 사랑하고 그들을 위해 기도하라고 가르치셨다는 것을 잊지 맙시다. 예수님의 제자들인 우리에게는 좋은 날들만 약속되어 있지 않습니다. 박해받을 준비를 해야 합니다. 역사에 걸쳐 사람들이 자신의 확신 때문에 죽임을 당했습니다. 우리는 지금까지 보호받은 것을 감사해야 합니다. 그러나 믿음 때문에 고통당할 준비도 해야 합니다.

그리스도를 향한 그리스도인의 헌신은 상황에 따라 바뀔 수 없습니다. 이것을 아주 분명히 해야 합니다. 예를 들어 우리 교회의 성도들에게 주어진 교회 공동체의 더 큰 보호가 언제 사라질지 모릅니다. 박해 끝에 우리 중 단 한 사람만 살아남는다고 할지라도 그 사람은 헌신의 약속을 끝내 지켜야 합니다.

하나님을 온 마음과 영혼, 존재로 사랑하고 그분의 영광과 하나님 나라를 위해 살면 그분을 "반석이신 나의 주님"이라고 확신 있게 고백하게 됩니다(시 28:1). 적들이 존재하고 그들이 우리에 대해 뭐라고 말해도 그리 중요하지 않습니다. 우리는 마음에 울리는 하나님의 목소리를 듣고 믿음을 지키게 될 것입니다.

끝까지 믿음을 지켜야 합니다. 기독교인에게 가장 위험한 시기는 신앙생활이 중간쯤 왔을 때입니다. 처음 믿을 때는 하나님을 특별히 가깝게 느낍니다. 그런데 수년이 지나면 미지근한 태도가 생깁니다. 우리가 헌신해 있다면 이 시간을 잘 통과하도록 하나님께서 우리를 이끄실 겁니다. 물론 여전히 조심해야 합니다. 그러나 두려워하지 맙시다. 하나님 앞에 진실하면 어떤 것도 우리를 그분의 평화에서 갈라놓을 수 없습니다.

육적 본성

유혹*

때로 우리가 너무 세속적으로 변하지 않았는지를 생각해봅니다. 스포츠, 사업 문제, 돈 걱정이 지나칠 정도로 내 마음을 채우고 있지는 않습니까? 이것들은 분명 눈길을 빼앗는 '세상적'인 것 또는 유혹입니다. 심지어 자연의 아름다움이나 인간적 사랑의 기쁨처럼 하나님이 우리에게 주신 선물조차 진정 그리스도를 경험하는 일을 대신할 위험이 있습니다.

히브리서를 보면 예수님도 유혹을 받았다고 분명히 적혀 있습니다(히 2:18). 예수님이 광야에서 시험을 받았을 때 사탄이 다가와 성경 말씀을 인용해 시험했습니다. 세 번째 유혹 후에야 예수님은 그를 알아보고 "사탄아, 물러가라"(마 4:1-10)라고 말씀하셨습니다.

---

* 이 장은 저자의 책《생각이 당신을 괴롭힐 때Freedom from Sinful Thought》(대장간, 2021)를 참조했다.

예수님이 유혹을 받으셨다는 말이 한때는 모독적으로 들렸습니다. 그러나 지금은 그분도 다른 사람들처럼 유혹받았다는 사실을 의심하지 않습니다. 복음서들이 그렇게 말합니다. 그럼에도 예수님이 절대 죄를 짓지 않으신 것은 분명합니다(히 4:15).

유혹이 끝나고 죄가 시작되는 곳은 어디입니까? 만약 우리가 악한 생각 때문에 괴롭고 유혹을 느낀다면 그 자체는 죄가 아닙니다. 예를 들어 불결한 생각이 떠올랐지만 그걸 거부했다면 죄가 아닙니다. 그러나 성적인 환상을 즐기려고 음란한 잡지를 산다면 그것은 죄입니다.

유혹이 찾아왔을 때 어떤 태도를 보이느냐가 중요합니다(약 1:13-15). 예수님은 사탄에게 유혹받을 때마다 그에 대해 대답하셨습니다. 모든 유혹에 대한 답, 그것이 바로 우리가 기도해야 할 것입니다.

우리는 결코 유혹에서 완전히 자유로워질 수 없고, 그걸 기대해서도 안 됩니다. 예수님도 그러지 않으셨습니다. 그러나 유혹에서 우리를 보호해주시고 꾀는 자가 다가올 때마다 옳은 답을 달라고 기도해야 합니다.

___ 이건 아무리 신랄하게 말해도 부족합니다. 만약 외모나 머리 스타일을 관능적으로 과시하거나, 다른 사람이 불결한 눈길로 보도록 유혹하려고 옷을 입는 것은 교회의 징계를 받을 죄입니다. 예수님은 산상수훈에서 다른 사람을 부정한 눈으로 보는 것을 죄라고 말씀하십니다. 하지만 의도적으로

다른 사람을 유혹에 빠지게 하면 똑같은 죄를 짓는 거나 매한가지입니다.

바울은 악한 생각에 맞서는 믿는 자의 싸움을, "모든 생각을 사로잡아서 그리스도께 복종시킨"(고후 10:5) 승리한 전투라고 묘사합니다. 바울은 사람들의 마음속에 논쟁거리와 장애물이 있는 것이 당연하다고 여기고 그것들은 사로잡아서 그리스도에게 복종시켜야 한다고 말합니다. 이는 우리가 모두 싸워야 할 전투입니다. 유혹을 받는다고 놀라서는 안 됩니다. 삶의 일부이기 때문입니다.

이런 생각들을 사로잡아 그리스도에게 복종시킬 수 있다는 바울의 확신은 대단합니다. 물론 언제나 쉽게 승리를 얻는 것은 아닙니다. 이런 선과 악의 싸움은 인류가 끊임없이 치러오고 있음도 인정해야 합니다. 인류의 타락 이후, 특히 그리스도가 죽임을 당하고 오순절에 성령이 내려온 이후에도 계속되어 온 싸움입니다. 악한 생각 탓에 괴로워하는 사람이 있다면 자신의 마음속에서 이뤄지는 것보다 훨씬 큰 영적 전투가 벌어지고 있음을 기억해야 합니다. 이 전투는 교회 전체의 싸움보다도 훨씬 더 거대합니다.

적이라는 존재가 실존한다는 걸 알면 더는 미적지근한 태도를 고수할 수 없습니다. 그러나 그리스도 또한 매우 실재적인 존재입니다. 진정한 마음의 자유를 찾으려면 그분을 경험해야 합니다.

히브리서를 보면 예수님도 우리처럼 시험을 당하셨습니다 (히 4:15). 예수님은 죄를 짓지 않으셨지만, 우리가 겪는 유혹과 어려움을 이해하십니다. 우리를 이해하시는 대제사장, 왕, 주인이 있다는 것을 우리 모두는 알아야 합니다. "예수께서는 육신으로 세상에 계실 때에, 자기를 죽음에서 구원하실 수 있는 분께 큰 부르짖음과 많은 눈물로써 기도와 탄원을 올리셨습니다"(히 5:7). 우리 모두는 과거에 죄를 지은 사람들로서, 하나님 앞에 나아가 그분이 우리는 물론이고 우리가 기도하는 사람들을 구하실 수 있다는 믿음으로, '큰 부르짖음과 많은 눈물로' 기도하는 마음이 간절해야 합니다.

일부러 악한 생각을 품으면, 예를 들어 다른 사람에게 권력을 휘두를 생각을 하거나, 불결한 생각 또는 증오심 같은 악한 생각을 품으면 언젠가는 행동에 옮기기 마련입니다. 그러나 정말로 원하지 않는 상상과 생각에 시달리고 있는데, 순결한 마음을 위해 무엇이든지 드릴 준비가 되어 있다면 그건 완전히 다른 이야기입니다. 의지만으로는 절대 순결해질 수 없습니다. 우리의 내면이 악한 생각으로 뒤엉켜 있다면 그 악은 우리에게 더 큰 힘을 휘두르게 될 수도 있습니다. 그러나 하나님은 우리보다 더 깊이 보신다는 것을 잊어서는 안 됩니다. 원하지 않는 악한 생각에 자꾸만 깊이 빠지더라도 하나님은 우리가 그걸 원하지 않는다는 것을 아시고 도와주실 것입니다.

예수님조차도 사탄에게 유혹받으셨습니다. 그러나 아버지를 완전히 신뢰함으로 악을 이겼습니다. 여러분도 유혹을 받을 때 무엇보다도 중요한 건 예수님과 십자가의 힘을 완전히 신뢰하느냐 않느냐입니다. 예수님을 전적으로 믿지 않는다면 패배할 수밖에 없습니다.

하나님께 버림받는다는 느낌은 무시무시한 고통입니다. 그리고 하나님의 아들인 예수님이 죽음을 맞으며 그런 경험을 했다면 그건 우리가 이해조차 할 수 없는 깊은 두려움이었을 겁니다. 그런데도 예수님은 이렇게 울부짖었습니다. "아버지, 내 영혼을 아버지 손에 맡깁니다"(눅 23:46).

우리는 여기서 최고의 믿음을 발견합니다. 예수님은 버림받음을 경험했지만, 그분과 우리의 아버지를 향한 신뢰와 믿음을 빼앗지는 못했습니다. 여전히 예수님은 당신의 영혼을 아버지의 손에 맡겼습니다.

만약 우리가 사탄의 속임수와 화살 때문에 품은 악한 느낌과 생각, 상처를 치유받기를 원한다면 예수님이 하나님께 보였던 그런 신뢰를 가져야 합니다. 아직 아무것도 느끼지 못하더라도 나 자신과 내가 지닌 것을 망설임 없이 완전히 그분에게 드릴 수 있어야 합니다. 결국 우리가 가진 것은 죄뿐입니다. 그래도 신뢰하며 그분 앞에 죄를 내려놓아야 합니다. 그러면 하나님은 우리를 용서하시고 깨끗이 씻어주시며 끝내 마음의 평화를 주시고 우리는 말로 이루 표현하지 못할 사랑으로 인도될 것입니다.

우울증이나 예수님과 상관없는 그 무엇이 우리 마음을 지배하려고 위협할 때 예수님께 나아가야 합니다. 그곳에 승리와 평화가 있습니다. 십자가에서라면 우리가 인생에서 겪게 될 모든 일로부터 승리하게 될 거라고 저는 확신합니다.

죄

떳떳한 양심이 무엇인지 더 이상 모르는 사람이 많고, 매일 이 시대의 죄에 눌린 채 살고 있는 사람이 숱합니다. 어릴 때부터 순결한 양심을 지키고자 마음을 써야 합니다. 일단 양심에 찔려 사는 것에 익숙해지면 하나님과의 관계는 물론이고 다른 사람과의 사랑마저도 모두 잃게 되기 때문입니다.

크게 부르짖고 눈물 흘리며 싸울 정도로 진지하게 죄를 받아들이는 사람이 얼마나 될까요?(히 5:7) 예수님은 그렇게 하셨습니다. 어느 누구도 예수님처럼 싸운 사람은 없습니다. 사탄은 그런 예수님의 마음을 훔치려 안절부절못했습니다. 예수님은 누구보다 힘겹게 싸웠기 때문에 우리의 분투를 잘 이해하십니다. 이 점을 확신하셔도 좋습니다. 그래도 우리는 싸워야 합니다. 예수님은 누구든지 당신을 따르려거든 당신이 그랬듯이 십자가를 지라고 말씀하십니다(마 16:24). 예수님처럼 싸우라고, 죽음에 이르기까지 싸우라고 모두에게 도전하고 싶습니다.

사도 바울은 자신이 가장 큰 죄인이라고 말합니다. 경건한 척하는 게 아닙니다. 바울의 진심입니다. 바울은 초대교회를 박해했고 수많은 순교자들의 죽음에 책임이 있으며 스스로도 자신이 하나님의 적이라는 걸 알았습니다.

오순절 때 예루살렘에 있던 사람들도 자신을 죄인으로 여겼습니다. 스스로를 좋은 사람이라고 생각하지 않았습니다. 그들은 "마음이 찔렸고"(행 2:37), 성령이 임했을 때 받을 자격이 없다고 느꼈습니다. 사실은 자신들이 그리스도를 살해한 것이라고 여겼습니다. 하지만 그걸 인정했기 때문에 하나님이 그들을 쓰실 수 있었습니다. 하나님께 쓰임 받기를 원한다면 사랑에 대해 말하거나 설교하기 전에 자신도 사실은 죄인이라는 것을 먼저 인정해야 합니다.

죄는 육적 본성의 문제만은 아닙니다. 우리는 육적 본성과 싸워야 하지만, 어떤 사람은 너무 더 나아가서 사탄의 죄에 빠집니다. 스스로 찬양받기를 원하고 오직 하나님께만 속한 영광을 가로채려는 게 사탄의 죄입니다. 사람들의 영혼과 몸을 통제해서 숭배받으려는 권력욕이며 궁극적으로는 하나님이 되고 싶은 욕망입니다. 이것은 적그리스도의 길입니다.

사탄의 죄에 자신을 내어주면 우리의 육적 본성의 죄인 부정, 맘몬주의, 위선, 시기, 증오, 잔인함 그리고 결국엔 살인까지도 그 모습을 드러낼 것입니다.

—— 형제님의 삶에 대해 자세히 적어주시고, 모든 죄를 고백해주셔서 감사합니다. 힘들었던 어린 시절에 대해서 써주신 걸 읽으면서 제 마음도 아주 아팠습니다. 반대로 제가 어린 시절 얼마나 축복받았는지 생각하니 부끄러웠습니다. 하나

님께서는 분명히 저에게 더 많은 것을 요구하실 것입니다.

형제님의 과거 이야기를 들으니 예수님의 이 말씀이 생각납니다. "건강한 사람에게는 의사가 필요하지 않으나, 병든 사람에게는 필요하다. 나는 의인을 부르러 온 것이 아니라, 죄인을 불러서 회개시키러 왔다"(눅 5:31-32). 이 말씀을 잊지 마시고 어려운 일을 겪거나 유혹의 시간이 찾아오더라도 꼭 붙드십시오.

형제님, 우리는 복음 전체를 온전히 경험해야 합니다. 죄인을 위해 죽임당하신 예수님의 엄청나고도 위대한 사랑뿐만 아니라 회개하지 않는 사람들에게 하신 날카로운 비유와 무서운 말씀도 들어야 합니다. "바깥 어두운 데로 쫓겨나서, 거기서 울며 이를 갈 것이다"(마 8:12).

요한계시록 22장 12-15절은 복음 전체의 정수를 담고 있습니다. 선한 일을 한 사람들에게 주어진 보상과 자기 겉옷을 어린양의 피로 깨끗이 씻은 사람에게 주어지는 은총을 말하고 있습니다. 그러나 다음에는 날카로운 경고가 따라옵니다. "개들과 마술쟁이들과 음행하는 자들과 살인자들과 우상 숭배자들과 거짓을 사랑하고 행하는 자는 다 바깥에 남아 있게 될 것이다"(계 22:15).

마음을 악에 내어주면 마귀가 들어와 우리를 지배하게 됩니다. 우상을 만들 때마다 그렇습니다. 고대 유대인들에게는 금송아지가 신이었습니다. 오늘날은 맘몬, 즉 돈이 신이 되었습니다.

그래서 하나님의 첫 번째 계명이 "네 마음을 다하고, 네 목숨을 다하고, 네 뜻을 다하고, 네 힘을 다하여, 너의 하나님이신 주님을 사랑하여라"(막 12:30)입니다. 물론 하나님을 진실로 신뢰하지 않고서 이 명령을 따른다는 건 불가능합니다. 그분은 좋은 것만 주시며 그분의 뜻을 따른다면 언제나 형통하게 하신다는 것을 믿지 않고서는 불가능한 일입니다.

첫 번째 계명만큼 중요한 예수님의 두 번째 계명은 "네 이웃을 네 몸같이 사랑하여라"(막 12:31)입니다. 사탄은 언제나 이웃을 신뢰하지 말라고 속삭일 텐데, 그때 이 말을 들으면 분열과 불신, 죄가 우리의 관계 속으로 들어옵니다. 이곳 미국에서는 특히 인종주의에서 그런 일이 일어나는 것을 목격합니다. 미국만이 아닙니다. 세계 곳곳에서 벌어지는 전쟁에서, 상대방을 증오하는 사람의 마음속에서 이런 일이 벌어집니다.

하나님 앞에서는 아무것도 숨길 수 없습니다. 다른 사람에게 자신의 죄를 숨길 수는 있겠지만, 결국에는 은밀한 생각을 포함해 모든 것이 빛 가운데 드러나기 마련입니다(히 4:13).

악한 생각이 죄인지 아닌지는 여러분이 그것을 즐기는지 아니면 단호하게 대처하는지에 달려 있습니다. 마르틴 루터는 악한 생각은 머리 위를 나는 새처럼 온다고 했습니다. 우리가 어떻게 할 수 있는 것이 아닙니다. 그러나 새들이 머리 위에 둥지를 틀도록 허용하면 그때부터 책임은 우리에게 있습니다.

___ 부디 앞으로 일생 동안 몰인정함과 잔인함, 특히 아이들

과 아프고 약한 이들을 향한 잔인한 태도를 돌이키시길 간청합니다. 예수님의 제자들이 자신들을 거부한 마을에 불이 내려 파괴되길 바랐을 때 예수님은 뭐라고 하셨습니까? 예수님은 제자들의 몰인정함과 어린아이 같지 않은 마음에 놀라시고 이렇게 꾸짖으셨습니다. "너희들은 자신이 어떤 영에 속해 있는지 모른다. 사람의 아들은 사람의 생명을 파괴하러 온 것이 아니라 살리러 왔다"(눅 9:55-56, 독일어 성경). 언제나 예수님을 생각하십시오. 그러면 마음이 변할 겁니다.

___ 왜 교회에 와서 거짓말을 하셨는지 이해하지 못하겠습니다. 아나니아와 삽비라가 예루살렘 교회의 일원이 되면서 부정하게 돈을 따로 떼어놓았을 때 베드로는 이렇게 물었습니다. "그런데 어찌하여 이런 일을 할 마음을 먹었소? 그대는 사람을 속인 것이 아니라 하나님을 속인 것이오"(행 5:4). 베드로는 또 그 돈을 가지고 교회에서 멀찌감치 떨어져 지낼 수도 있었다고 말했습니다.

하나님과 우리에게 거짓말을 하면서 왜 양심이 무거운 채로 교회의 일원이 되려고 하십니까? 이에 대해 해명하셔야 할 겁니다. 사람은 언젠가 죽고 그 뒤에는 하나님의 심판을 받아야 합니다. 지금은 피하려고 해도 나중에는 직면해야 합니다. 우리는 강요하지 않을 겁니다. 성경은 이렇게 말합니다. "우리가 진리에 대한 지식을 얻은 뒤에도 짐짓 죄를 짓고 있으면, 속죄의 제사가 더 이상 남아 있지 않습니다.

남아 있다고 예상할 수 있는 것은 무서운 심판과 반역자들을 삼킬 맹렬한 불뿐입니다"(히 10:26-27).

또한 "하나님의 은혜에서 떨어져 나가는 사람이 아무도 없도록 주의하십시오"(히 12:15)라고 말합니다. 하나님을 농락하는 건 당신의 자유인지는 몰라도, 그러면 우리는 당신과 아무런 상관이 없으며 오직 하나님 한 분께 직접 대답하셔야 합니다. 아직도 돌아설 기회는 있습니다!

"그러므로 그리스도 예수 안에 있는 사람들은 정죄를 받지 않습니다. 그것은, 그리스도 예수 안에서 생명을 누리게 하는 성령의 법이 당신을 죄와 죽음의 법에서 해방하여주었기 때문입니다"(롬 8:1-2). 모든 죄가 극복된다니 정말 기쁜 일입니다. 그런데 실제 경험해보면 죄가 모든 곳에서 극복되는 건 아닌데, 그건 우리가 예수 그리스도가 아닌 낡은 본성 안에서 사는 탓입니다. 우리에게 이런 육적 본성이 없다고 생각하는 건 환상입니다. 우리는 낡은 본성을 가지고 이 세상에 왔고, 가장 선한 의도로도 이런 사실을 바꿀 수는 없습니다. 하지만 자신을 아무런 조건 없이 드릴 때 **예수 그리스도**가 바꾸실 수 있습니다.

"육신을 따라 사는 사람은 육신에 속한 것을 생각하나…"(롬 8:5). 우리가 거듭 경험하는 일입니다. 육신을 따라 사는 사람은 증오와 시기, 질투를 품습니다. 마치 그리스도가 오시지 않은 것처럼, 그분이 십자가에서 돌아가시지 않았고 그분의 희생이 헛된 것처럼 말입니다. 옆에서 지켜보기에 너무나 고통스러운 행태입니다. 바울은 이렇게 말합니다. "육신에 속한 생각은 하나님께 품는 적대감입니다. 그것은 하나님의 법을 따르지 않으며, 또 복종할 수도 없습니다. 육신에 매인 사람은 하나님을 기쁘게 해드릴 수 없습니다"(롬 8:7-8). 아무리 강조해도 지나치지 않은 말입니다. 자신의 욕망을 극복하지 않으면 악한 의도가 없더라도 실은 하나님을 대적하고 마는 꼴입니다. 하나님의 법에 순종하지 않기 때문입니다. 불순결과 증오, 시기와 속임수 같은 죄와 함께 사는 사람도 마찬가지입니다. 그렇게는 하나님을 기쁘게 해드리지 못합니다.

　바울은 로마서 8장에서 낮고 육적인 본성에 대해 말하는데, 거기에는 음식과 안락함에 대한 욕망과 성욕이 포함됨을 분명히 알아야 합니다. 이 모든 것이 성령에 복종되어야 합니다. 물론 음식과 집이 필요하고, 결혼 생활 안에서 성을 인정합니다. 그러나 그리스도가 아니라 이런 것들이 우리를 지배한다면 그때는 죄를 짓는 것입니다. 하나님은 우리가 매일 음식이 필요하다는 것을 아십니다. 그러나 그것에 지배당해서는 안 되며, 좋은 음식에만 의존하거나 그것으로 아이들과 우리의 버릇을 망쳐서는 안 됩니다. 물론 음식은 단순한 예입니다. 우리가 만약 **그리스도가 아닌 다른 것**을 위해 산다면, 그것이 종교적인 생각이나 독서 같은 정신적인 것이더라도, 육신의 삶을 사는 겁니다. 자기 고행적인 철학에 집착하는 일 역시 육체적일 수 있습니다. 그리스도 대신 자신 자신을 중요하게 여기고 자만심에 바람을 잔뜩 불어넣기 때문입니다.

모든 것은 자신을 온전히 그리스도에게 드렸는지 아닌지에 달려 있습니다. 바울은 "그리스도의 영이 없으면, 그리스도의 사람이 아닙니다"(롬 8:9)라고까지 적습니다. 그러나 우리 힘으로는 그 영을 가질 수 없습니다. 자신을 그분에게 드릴 때만 받을 수 있습니다. 복음서는 "구하여라, 그리하면 하나님께서 너희에게 주실 것이다. …문을 두드리는 사람에게 열어주실 것이다"(마 7:7-8)라고 합니다. 다른 말로 하면, 찾고 구하는 사람은 대가 없이 생명수를 얻을 것입니다.

연약함을 극복하려고 여러 해 동안 안간힘을 쓰지만 실패하는 사람들을 보면 깊은 연민을 느낍니다. 하지만 그들이 죄가 있다는 것도 인정해야 합니다. 변명할 여지가 없습니다. 그들은 자신을 그리스도에게 믿음으로 드리지 않기 때문입니다. 바울은 이렇게 적습니다. "그러므로 그리스도 예수 안에 있는 사람들은 정죄를 받지 않습니다. 그것은, 그리스도 예수 안에서 생명을 누리게 하는 성령의 법이 당신을 죄와 죽음의 법에서 해방하여주었기 때문입니다"(롬 8:1-2). 이 가능성은 누구에게나 열려 있습니다. 우리는 하나님으로부터 도망쳐 숨고는 "우리는 너무 약해요" 또는 "변하고 싶지만, 그렇게 할 수 없어요"라고 말할 수 없습니다. 결국 이 변명은 아무런 근거가 없습니다. 바울은 계속 적어나갑니다. "그러므로 형제자매 여러분, 우리는 빚을 지고 사는 사람들이지만, 육신에 빚을 진 것이 아닙니다. 우리는 육신을 따라 살아야 할 존재가 아닙니다. 여러분이 육신을 따라 살면, 죽을 것입니다. 그러나 여러분이 성령으로 몸의 행실을 죽이면, 살 것입니다"(롬 8:12-13).

아주 강력한 말입니다. 참으로 어느 누가 육신에 빚을 지지 않았다고 말할 수 있을까요? 그런 죄로부터의 자유는 그리스도를 향한 절대적 헌신에 달려 있습니다. 우리는 모든 형태의 죄와 결별해야 합니다. 그렇게 되면 질투와 시기, 불순결과 거짓말 같은 죄는 우리 안에서 승리할 수 없습니다.

자기는 도저히 할 수 없다고 생각해서 죄와 결별하지 않는 사람들이 있지만, 그건 진실이 아닙니다. 예수 그리스도와 성령은 언제나 곁에 계십니다. 그리고 어떤 영혼이든 하나님께 진심으로 부르짖으면 성령이 대신하여 하나님께 간구하십니다. 그러니 어떤 이유로든 죄짓는 일을 멈추지 못한다는 핑계를 댈 수 없습니다. 예수님만큼이나 죄인을 향한 깊은 연민과 사랑을 지닌 분은 없습니다. 그러나 예수님은 죄를 용납하지 않으십니다. 우리 모두 그리스도 예수 안에서 죄에서 자유로워지도록 간구합시다.

자기 연민과 자만은 서로 깊이 연결되어 있으며, 십자가와 아무 상관이 없습니다. 모두 나, 나, 나 자신만을 걱정합니다. 그런 생각에서 돌아서지 않으면 죄에 대한 완전한 승리를 경험하지 못합니다. 초대교회 때는 사탄이 이렇게 소리쳤다고 합니다. "우리의 힘을 도둑질하는 자가 누구냐?" 그러면 믿는 사람들은 승리의 환희에 차서 이렇게 소리쳤습니다. "그리스도, 십자가에 못 박히신 그리스도!"* 이것이 우리의 선언이 되어야 합니다.

"서로 사랑하라"(요 13:34)는 예수님의 가장 중요한 계명 중 하나입니다. 우리가 순종해야 할 다른 계명들도 있습니다. 돈을 사랑해서는 안 되고, 간음해서는 안 되고, 몸을 더럽혀서는 안 됩니다. 피해야 할 다른 죄들도 많습니다. 그러나 그리스도의 가장 위대한 계명은 사랑입니다. 사랑이 없는 것이 가장 큰 죄라고 생각합니다.

하나님은 모든 형태의 사랑 없음을 심판하시지만, 특히 어떤 사람을 바보로 만드는 경멸의 행위를 심판하십니다. 그리스도는 "자기 형제나 자매에게 성내는 사람은, 누구나 심판을 받는다. …또 바보라고 말하는 사람은 지옥 불 속에 던져질 것이다"(마 5:22)라고 말씀하십니다. 자기 형제에게 화를 내거나 비웃지 않았던 사람이 어디 있습니까? 다른 사람을 깎아내린 적이 없는 사람이 어디 있습니까? 그리스도는 우리에게 완전한 사랑으로 살라고 도전하십니다.

—— 저는 제 형제자매에게 지나치게 거칠게 굴거나 화를 낸 일로 양심의 가책을 느낍니다. 예수님에게서 친절하고 부드러워지는 법을 배워야 합니다. 그렇다고 물에 물 탄 듯 싱거

---

* 에버하르트 아놀드, 황의무 옮김, 《초대 그리스도인의 육성》(대장간, 2020), 20쪽.

워져서는 안 됩니다. 긍휼히 여기는 마음에는 언제나 소금
처럼 그리스도의 짠맛이 담겨 있어야 합니다.

'세상에 있지'만 '세상의 것이 아니다'라는 생각은 머리로만 이
해할 것이 아닙니다(요 17:15-16). 살아 있는 동안 우리가 세상에
있는 것은 분명합니다. 그러나 우리는 '세상의 일부'가 될 수는
없습니다. 어떤 사람은 춤이 '세상의 것'이라거나 '육신의 것'
이라고 말합니다. 어떤 사람은 짧은 옷이 세상적이라고 합니
다. 또 어떤 사람은 술이 세상적이라고 하거나, 특정 음악이나
자동차가 세상적이라고 합니다. 세상적이라고 할 만한 것들은
많습니다. 성령 안에서 살면 포기해야 할 세상적인 것들이 뭔지
자연스럽게 알게 됩니다. 우리가 육신적인 것을 원하지 않게 되
기를, 하지만 세상적인 것들을 막으려고 율법과 규칙을 만들지
는 않게 되기를! 어떤 것이 성령에 속한 것이고, 어떤 것이 세상
의 영에 속한 것인지 하나님이 보여주시기를 간구합니다.
　우리가 가진 게 율법뿐이라면 살인하지 않으면서도 마음으
로는 어떤 사람을 계속 미워할 수 있고, 피를 흘리게 하지 않더
라도 다른 사람을 향한 악한 생각을 계속 품을 수 있습니다. 율
법만으로는 충분하지 않습니다. 바울이 말했듯이 율법은 우리
의 마음을 변화시킬 수 없습니다(롬 7:22-25). 우리 안에 사셔야
할 분은 오직 예수님입니다. 그분을 통해 우리는 원수를 사랑
할 수 있고, 그분을 통해 우리는 하나님의 생각을 마음에 가득
채울 수 있습니다.

____ 예수님을 따르겠다는 뜻을 확고히 해야 합니다. 자신이 너무 약해서 죄를 극복할 수 없다는 말은 사실이 아닙니다. 그건 마귀의 거짓말입니다. 예수님 안에서는 죄를 극복할 수 있습니다. 예수님이 십자가에서 돌아가신 이유가 바로 그것입니다. 온전히 그분을 위해 사십시오.

"의에 주리고 목마른 사람은 복이 있다. 그들이 배부를 것이다. 자비한 사람은 복이 있다. 하나님이 그들을 자비롭게 대하실 것이다. 마음이 깨끗한 사람은 복이 있다. 그들이 하나님을 볼 것이다"(마 5:6-8). 마음을 깨끗하게 하는 것이 가장 어려운 일일 것입니다. 의에 주리고 목마르거나 긍휼히 여김을 받고 자비를 얻는 일은 더 쉽습니다. 하지만 우리 힘으로 자신의 마음을 깨끗하게 만들 수는 없습니다.

어린아이만이 순결한 마음을 지닙니다. 그래서 예수님은 우리에게 어린아이처럼 되라고 하십니다(마 18:3). 그러나 아무리 힘써도 음란과 질투, 허영 같은 것이 끊임없이 마음속에 들어온다는 것을 우리는 잘 압니다. 그래서 우리는 그리스도에 의해 거듭 깨끗하게 씻겨야 합니다.

고백

____ 과거의 죄 때문에 눌려 있고 그 죄들을 고백하고 싶은 마

음이 간절한 분들을 깊이 이해합니다. 그러나 고백 자체가 도움이 되는 것은 아닙니다. 사람들은 정신과 의사에게 자신의 고통과 죄를 털어놓으려고 비싼 돈을 지불하고, 정신과 의사들은 사람들이 양심을 잠잠히 누르는 길을 찾도록 돕습니다. 그러나 정신 의학만으로는 진정한 평화를 가져올 수 없습니다.

죄를 고백했는데도 자유를 찾지 못했다고 적으셨군요. 믿음으로 죄를 고백해야만 평화를 얻을 수 있습니다. 하나님과 세상의 죄를 위해 죽임 당하신 예수 그리스도의 십자가를 믿으며 고백해야 합니다. 그러지 않고 고백하는 것은 짐을 다른 사람에게 떠맡기는 일뿐이며 그 짐은 나중에 다시 돌아옵니다. 살아 있는 믿음으로 죄를 고백한 사람만이 평화를 발견할 수 있습니다. 그런 믿음을 얻으시길 기원합니다.

고백에 대해 말하자면 의식적으로 저지른 모든 죄를 고백해야 합니다. 그렇다고 사소한 일을 죄다 찾느라고 잠재의식까지 파헤치라는 뜻이 아닙니다. 하나님께서 우리의 양심을 통해 무언가 잘못되었다고 말씀하실 때, 그것을 고백하고 분명하게 밝혀서 용서받을 수 있어야 합니다. 그러나 자신이 중심되는 고백은 안 됩니다. 예수님을 찾으려고 고백하는 것이지, 우리 자신을 찾으려는 게 아니기 때문입니다.

___ 어떤 악한 생각을 고백해야 하는지 물으시는군요. 대부

분의 사람들은 "사탄아, 내 뒤로 물러가라"(마 16:23)라고 말해야 할, 그런 악한 생각을 품을 때가 있습니다. 이런 태도로 악한 생각을 마주하면 그것을 고백할 필요가 없습니다. 물론 최대한 빨리 잊어야 합니다. 악한 생각을 물리치려고 한동안 싸워야 할 때가 있지만 꼭 고백해야 할 필요가 있는 건 아닙니다. 그러나 악한 생각에 굴복하고 받아들이면 그때는 고백해야 합니다. 그런 생각에 너무 오랫동안 매달리지 말라고 충고해주고 싶습니다.

── 저는 하나님을 두려워하며 드리는 개인적인 고백의 신성함을 떠받듭니다. 그리고 자기 죄를 고백한 사람에게 꼬리표를 붙이는 건 옳지 않다고 생각합니다. 하지만 예를 들어 교회의 성도가 간음같이 심각한 죄를 저지른 것을 고백했는데, 제가 비밀을 지키고 침묵한다면 죄를 짓고 하나님을 배신하는 일일 겁니다.

영적 자만

성경은 우리가 육신과 맞서 싸워야 한다고 말합니다. 사람들은 보통 '육신' 하면, 성욕이나 음식과 술을 지나치게 먹고 마시는 걸로 이해합니다. 그러나 그런 뜻만은 아닙니다. 분명히 성적인 부정과 사치스러운 삶의 방식은 육적이지만, 자아나 영적 자만같이 그리스도에 속하지 않는 다른 모든 것도 육적입니다.

우리 안에 있는 육적인 것, 특히 자만이 죽게 해달라고 하나님께 요청해야 합니다. 우리가 잘난 체하면 하나님이 다가오실 수 없습니다. 자만은 육신의 가장 나쁜 형태입니다. 우리 마음에 하나님이 거하실 자리를 남기지 않기 때문입니다.

예수님은 거짓된 경건인 다른 사람에게 '영적'으로 보이거나 '좋게' 보이려는 태도를 날카롭게 경고하십니다. 그런 인정을 받으려는 모든 사람은 천국에서 받을 상을 얻지 못합니다. 다른 사람의 존경을 받는 사람은 이미 상을 받은 셈입니다. 사랑의 행위를 하면서 남에게 보이려는 사람도 마찬가지입니다. 그리스도는 오른손이 하는 일을 왼손이 알지 못하게 하라고 말씀하십니다(마 6:3).

우리 모두의 내면에는 다른 사람의 마음에 들고 싶고, 존경이나 명예를 받고 싶은 욕망이 있습니다. 그러나 예수님은 그런 유혹에 빠지지 말라고 경고하시고, 경건함을 뽐내지 말라고 말씀하십니다. 하나님은 감춰진 것을 보시고 상을 주십니다.

자신이 뭔가 특별하다고 생각하거나 다른 사람에게 보여줄 것이 있다고 생각하는 순간 하나님께 받은 것을 모조리 잃을 위험에 처합니다. 하나님을 어떻게 경험했든 상관없이 우리 자신은 여전히 영적으로 가난합니다. "그러나 너희, 부요한 사람들은 화가 있다. …너희, 지금 배부른 사람들은 화가 있다"(눅 6:24-25)라는 예수님의 말씀에는 진실이 담겨 있습니다. 살아 있는 하나님 대신 나만의 진실을 붙드는 순간 종교적인 경험은 손바닥 위의 차가운 돌처럼 식어버립니다. 아무리 깊고 풍부한 영적 체험이라도 그것 자체가 목적이 된다면 죽은 것입니다.

___ 형제님, 형제님은 자신의 일을 자랑하며 다른 형제자매들은 안중에도 없이 거짓 겸손을 보이며 살아왔습니다. 거짓 겸손은 최악의 영적 자만입니다. 형제님이 재능 있고, 힘 있고, 똑똑하고, 많은 일을 할 수 있다는 것은 분명하지만, 그건 하나도 중요하지 않습니다. 그런 은사 때문에 우리가 더불어 사는 게 아니니까요. 하나같이 영원하지 않고 사라지고 말 것들입니다. 영원히 남는 것은 겸손과 사랑, 예수님이 산상수훈에서 말씀하시는 썩지 않는 '천국의 보화'인 사랑입니다.

사람들은 세례 요한이 먹지 않았을 때 경멸하더니 이번엔 예수님께서 먹고 마신 걸 두고 경멸했습니다(마 11:18-19). 형제자매의 트집을 잡으려고 이 잡듯이 살피면 자칫 공동체를 완전히 파괴하게 될 수도 있습니다. 우리 자신에게 기대하지 않는 것은 다른 사람에게도 기대하지 말아야 합니다.

___ 친애하는 자매님, 자기 주장을 고집하고 늘 옳게 보이려 하는 일을 이제 멈추십시오. 만약 자매님이 겸손하게 듣는 귀를 가졌다면 일은 달라졌을 것입니다. 말할 때는 다른 사

람에게 마음을 열어야 합니다. 서로에게 마음을 나누고, 상대방의 목소리에 귀 기울입시다. 결국은 우리 모두가 걸림돌이라는 것을 인정해야 합니다. 오직 하나님만이 선하십니다.

___ 이 사람은 위대하고, 저 사람은 하찮고, 또 약하거나 강하고…. 이렇게 사람을 판단하는 것은 도무지 그리스도인답지 않은 태도입니다. 사도들이 강한 사람이었다고 생각하시나요? 그들은 마음이 가난한 사람이었습니다(고전 2:1-5). 예수님을 세 번이나 부인한 베드로는 두말할 것 없는 겁쟁이였으며 그의 이야기는 여러 세기에 걸쳐 전해오고 있습니다. 그러나 베드로는 자신의 배신이 복음서마다 기록되는 것을 부끄러워하지 않았습니다. 평생 회개했는데도 말입니다. 당신은 위대해지고 강해지길 원하지만, 그러면서 사실은 형제자매들에게 불의를 행하고 있습니다.

예수님이 사람들에게 다가가실 때는 그 사람 마음속에 있는 것을 보십니다. 예수님은 죄인을 긍휼히 여기시지만, 절대 죄를 좋은 것이라 말씀하지 않으시고 심판하십니다. 마음에 있는 모든 비판적인 생각과 시기심, 증오를 씻어내야 합니다. 그리고 사람을 구분 짓는 일을 멈추십시오. 깊은 사랑으로 당신을 생각합니다.

___ 자만과 질투에서 절대 자유로워지지 못한다는 두려움을 떨쳐내십시오. 자유로워질 수 있습니다. 먼저 예수님은 당

신의 어떤 죄보다 더 위대한 분임을 알아야 합니다. 그러면 예수님이 그 죄를 사하실 수 있습니다. 자신에게 이렇게 물어보십시오. "예수님이 나를 완전히 주관하시는데, 내 안의 무엇이 가로막고 있는 걸까?" 예수님이 당신의 마음을 채우시려면 먼저 마음이 비어 있어야 합니다. 팔복(마태복음 5장 3절 이하에 있는 예수님의 산상수훈)을 읽어보십시오. "마음이 가난한 사람은 복이 있다"라고 시작하지 않나요? 그 말은 예수님 앞에서 완전히 마음을 비우고 무력해지라는 뜻입니다.

___ 나의 자만 탓에 하나님에게서 떨어져나왔다는 걸 인정하는 만큼 깊은 평화를 느끼게 될 겁니다. 형제님의 해박한 지식 속에 꿈틀거리는 자만이 사실은 가장 큰 적입니다. 형제님, 자신이 사실은 얼마나 가난하고 불쌍한 사람인지, 자신의 죄 때문에 얼마나 가여운 사람이 되어버렸는지를 깨달을 수만 있다면 얼마나 좋을까요! 진정한 회개를 경험하기를 바랍니다.

___ 이건 제가 아무리 강하게 이야기해도 부족합니다. 심판을 받아 새 삶을 얻으려는 게 아니라 높아지기 위해 하나님의 말씀을 듣는 당신의 영적 자만은 예수님의 길과는 정반대입니다. 종교적 허영심을 포기하십시오. 그건 죽음을 가져올 뿐입니다.

___ 지금 당신이 빠져 있는 죄의 뿌리에는 독선과 자만이 자리하고 있습니다. 다른 사람의 작은 잘못을 보는 자신이 영적으로 우월하다고 생각하니까요. 그 반대가 되어야 마땅합니다. 우리는 그리스도인으로서 낮아져야 합니다. 그리고 많은 용서를 받은 사람이 더 많이 사랑한다는 걸 기억해야 합니다(눅 7:47). 자만은 독이 있는 뿌리 같아서 사랑의 단물만 빨아들이고 예수님과 우리 형제들로부터 멀어지게 합니다. 우리가 겸손하다면 그 뿌리는 우리 마음에서 양분과 물을 찾을 수 없어 끝내 죽고 말 것입니다.

바울이 살던 시대에는 선한 뜻이 아니라 시기와 다툼으로 그리스도를 전파하는 사람들이 있었습니다(빌 1:15). 끔찍한 일이었습니다. 인간적 명예욕 때문에 일어난 일입니다. 겸손해집시다. 그리고 인간적 명예는 하나님에게만 속한 명예를 빼앗아 간다는 걸 인정합시다. 오직 하나님만을 높이고, 우리 자신을 위한 명예는 절대 받아들이지 말아야 합니다.

중요한 것은 하나님이 우리 안에서 일하시며 우리의 의지와 행동에 영감을 주신다는 사실입니다. 그분이 일하시게 하려면 우리 자신을 그분에게 내어드리고 모든 자기 영광과 명예를 포기해야 합니다.

자아

오직 자기 생각에 빠져서 맴도는 사람은 기독교가 객관적인 내용을 지녔음을 잊는 꼴입니다. 기독교라는 대의를 위해서는 자기 자신과 좁다란 자아를 완전히 잊어야 합니다.

우리는 자신을 중심에 두면서 하나님을 아주 작게 만들어버리고 맙니다. 우리 없이도 그분은 존재함을 인정하는 게 중요합니다. 하나님의 큰 뜻은 우리의 존재보다 훨씬 더 위대합니다. 이를 위해 쓰임 받는다는 건 대단한 일이지만, 우리가 없더라도 그분의 큰 뜻은 계속 존재할 것입니다.

아무 변화도 경험하지 않으려면 자기 자신만을 계속 바라보면 됩니다. 그러나 밖을 바라보고 자기를 잊으면 잊을수록 하나님이 주시는 변화를 더욱 경험하게 됩니다. 마치 거울을 보듯이 자기 자신을 끊임없이 쳐다보길 원하는 애처로운 이들이 있는데, 그들은 그 탓에 종종 쓸데없이 긴장하고 하나님이 하시는 말씀을 잘 듣지 못합니다.

자신에 대해 속죄하거나 자기만의 힘으로 더 나은 사람이 될 수 없습니다. 우리가 할 수 있는 일이라곤 그저 자신을 완전히 하나님에게 드리는 것입니다. 남김없이 온전히 드릴 때 그분이 도우십니다. 이것이 우리의 신앙이고 우리의 믿음이며 우리의 경험입니다. 자기 속죄는 말도 안 됩니다(롬 5:6-8). 그리고 심리학과 정신의학의 한계를 인정해야 합니다. 그것을 완전히 거부할 순 없겠지만, 한계가 있는 것은 분명합니다. 하나님이 훨씬 더 위대하십니다.

＿ 자신을 솔직하게 들여다보면, 자만과 음란, 이기심 등 온 갖 종류의 악을 보게 됩니다. 자기 자신을 보지 마십시오. 그리스도를 바라보십시오. 그분 안에서 완전한 인격을 발견할 수 있습니다.

＿ 자기 자신과 죄에 대한 공포에서, 죄를 지을지 모른다는 두려움에서 돌아서십시오. 하나님과 그분의 교회에 마음을 여십시오. 그렇게 끊임없는 공포 속에서 살아야 할 만큼 하나님은 무자비한 분이 아니십니다.

자신을 분석하고 판단해서 스스로를 속박하고 계시군요. 물론 영혼을 자유롭게 해주는 자기 심판이 존재하기는 합니다. 바울은 스스로 살피는 사람은 심판받지 않을 거라고 말합니다(고전 11:31). 그러나 끔찍한 우울증을 불러오고 하나님에게서 멀어지게 하는 자기 심판도 존재합니다. 두 심판이 서로 다른 점은 우리를 모든 죄에서 자유롭게 하시는 예수 그리스도를 향한 어린아이 같은 믿음이 있느냐 없느냐의 차이입니다. 이런 믿음으로 자신을 살피면 은총이 따를 겁니다. 하지만 지금 자신을 심판하는 방식은 정신적으로 더욱 아프게 만들 수도 있고, 완전히 끔찍한 상황으로 몰고 갈 수도 있습니다.

이런저런 죄에 빠지기 쉬운 약점을 지녔는지는 모르지만,

누구나 그런 경향을 어느 정도는 지니며 모두가 그것을 버려야 합니다. 중요한 건 그리스도가 당신의 죄를 위해 죽으셨음을 믿는 것입니다. 어린아이 같은 마음으로 다음 말씀을 읽어보십시오.

"예수께서 육신으로 세상에 계실 때에, 자기를 죽음에서 구원하실 수 있는 분께 큰 부르짖음과 많은 눈물로써 기도와 탄원을 올리셨습니다. 하나님께서는 예수의 경외심을 보시어서, 그 간구를 들어주셨습니다. 그는 아드님이시지만, 고난을 당하심으로써 순종을 배우셨습니다. 그리고 완전하게 되신 뒤에, 자기에게 순종하는 모든 사람에게 영원한 구원의 근원이 되셨습니다"(히 5:7-9).

이 말씀을 정말 믿는다면 치유를 경험할 수 있습니다.

__ 예수님이 매일 우리를 위해 얼마나 많은 일을 하시는지 생각해보면 우리는 거듭 신실하게 그분을 찾게 될 겁니다. 예수님께 보답으로 드릴 게 하나도 없다고 생각하시는군요. 자신의 이기심과 부족한 사랑은 인정해야 한다고 해도, 우울해하는 건 옳지 않습니다. 초대 그리스도인들은 세상에는 하나님께 인도하는 슬픔이 존재하지만, 반대로 사탄에게 인도하는 슬픔도 존재한다고 말했습니다. 이 말을 깊이 새겨보면 사랑을 방해하는 온갖 우울함에서 벗어나게 될 겁니다.

__ 사랑을 받으려고만 하는 욕심을 버리십시오. 기독교와

정반대되는 생각입니다. 성 프란체스코는 "사랑받기보다는 사랑하게 해주십시오"라고 기도했습니다. 사랑받는 길만을 찾는 한 절대 평화를 얻을 길이 없습니다. 늘 질투할 이유를 찾아내겠지만, 질투의 진짜 뿌리는 자기 사랑입니다. 사랑받고 싶어서 낙심하는 것입니다. 당신은 **변화될 수 있습니다.** 절망할 이유가 하나도 없습니다. 이웃을 내 몸처럼 사랑하는 법을 배우셔야 합니다.

순결

___ 예수님은 "마음이 깨끗한 사람은 복이 있다"(마 5:8)라고 하십니다. 이것이 청춘 남녀의 관계에 관해 묻는 당신의 질문에 유일한 답입니다. 유혹자에 맞선 싸움은 어디서나 계속됩니다. 예수님은 여자를 정욕의 눈으로 보느니 차라리 눈을 빼어버리라고 하십니다(마 5:27-29). 이런 태도만이 순결한 마음을 줄 수 있습니다. 우리만의 노력으로 마음을 깨끗하게 할 수 없지만, 그런 태도를 지닐 수 있고, 그러면 하나님은 우리가 이기도록 도우실 것입니다.

순결한 마음은 하나님의 선물이며, 교회는 이를 지키기 위해 싸워야 합니다. 우리는 물질이나 살인의 영만큼이나 정욕을 대적해야 합니다(고전 6:9-11). 순결은 하나님의 뜻이며, 교회의 모든 결혼과 성도 각자의 삶은 이것의 증거가 돼야 합니다. 순결은 축복입니다. 결혼한 사람이든 미혼자이든 순결한 삶에는 놀라운 은혜가 따릅니다.

사람을 악으로 몰고 가는 음란한 영의 군대를 얕잡아보면 안 됩니다. 음란에 빠지면 사탄의 지배에 우리를 내어주는 꼴이고, 하나님의 경이로운 경험인 성은 도리어 생명을 파괴하는 끔찍한 경험이 되고 맙니다. 이것은 매춘뿐만 아니라 자기 몸에 음란한 짓을 저지르면서 만족해하는 사람에게도 적용되는 진실입니다. 수음에 탐닉하면서 아무런 해도 없을 거라고 생각해서는 안 됩니다. 하나님과 자신을 상하게 하고, 악한 영이 자기와 함께 살도록 허용하게 됩니다. 그것의 잔인함을 손끝만치도 모른 채 말입니다. 그러면 결국 악한 기운이 그에게서 뿜어져 나올 것입니다.

텔레비전과 잡지, 영화에서 노골적으로 음란한 장면을 보여주는 것은 공공연한 범죄이며 우리는 이에 대항해야 합니다. 아이들과 청년들의 영혼을 망치기 때문입니다. 모든 것이 허용되고 있으며(예를 들어 동성애가 어떻게 합법이 됐는지 생각해봅시다) 그 결과 젊은이들의 순결에 끔찍한 해악을 끼쳤습니다. 사람의 양심에 있는 무언가가 죽임을 당했습니다.

정욕은 결국 살인에 이릅니다. 낙태가 합법이 된 후 얼마나 많은 낙태가 이뤄졌는지 생각해보십시오. 자궁에 있는 아이를 죽인 죄 때문에 고통스러워하는 소녀들과 여성들이 겪는 정신적인 고통을 생각해보십시오. 그 때문에 정신 쇠약에 걸린 사람의 수는 미처 셀 수도 없습니다. 예수님만이 이 모든 문제의 답입니다. 우리는 점점 더 어두워져가는 세상에서 한마음으로 예수님을 증거해야 합니다.

성적인 충동을 만족시킬 때 그 사람은 하나님의 형상대로 만들어진 자신의 영혼을 해칩니다. 숭고한 목적을 위해 만들어진 것을 반대로 이용하는 것은 신성모독입니다. 왕족이 노예로 몰락하듯 자신의 몸을 성적으로 학대함으로써 고귀한 하나님의 형상으로 지어진 고귀한 운명을 망가뜨리는 일입니다.

___ 친애하는 형제님, 개인적 순결을 위한 싸움에 인생 전체를 속박할 이유는 없습니다. 그러나 음란으로 이끄는 모든 은밀한 유혹을 떨쳐야 합니다. 내면의 속박이 여기에서 옵니다. 예수님은 그 속박에서 형제님을 완전히 풀어줄 수 있습니다. 철저히 그분에게 의존할 수밖에 없다는 걸 알면 그때 희망이 찾아옵니다.

___ 친애하는 자매님, 성적인 자극을 일으키는 것들이 자매님을 둘러싸고 있음을 경고하고 싶습니다. 성욕과 성의 힘이라는 문제를 피해 갈 사람이 없다는 건 놀라운 일이 아니며, 자매님도 예외가 아니지요. 그러나 부디 선물로 받은 순결, 즉 완전한 정숙과 성적 순결의 빛을 귀히 여기십시오. 남성들과 지나치게 가벼운 관계를 맺어서 자매님의 삶에 작은 그림자라도 드리워지는 일이 없도록 하십시오. 이 말을 사랑하는 사람의 충고로 받아들이기를 바랍니다.

___ 친애하는 형제님, 악에, 특히 성적 영역에서의 악에 저항하지 않으셨다고요. 예수님을 위해 분명한 태도를 보이는 건 매우 중요합니다. 물론 그렇게 하는 게 쉬운 일이 아니

며, 특히 대학 생활에서는 정말 어려운 일이라는 걸 압니다. 그러나 시대가 타락할수록 확고한 기질을 지키고, 다수가 동의해도 "아니오"라고 말할 수 있어야 합니다. 이 일에 용기 내시길 바랍니다.

___ 순결한 마음을 구하셔야 합니다. 그러면 음란한 형상이나 공상, 또는 다른 것들이 유혹해도 죄를 짓지 않게 됩니다. 이런 것들과 결별해야 한다는 걸 잘 아시고, 그것들을 즐기고 있었다는 것도 인정하시는군요. 그것은 죄입니다. 무관심과 무감각은 유혹에 맞서 싸울 힘을 빼놓을 뿐입니다. 결국 당신의 삶이 예수님에게 기초를 두었는가 아닌가가 중요합니다. 오직 그분 안에서만 순결한 마음을 찾게 되실 겁니다.

신뢰

그리스도를 온전히 믿고 신뢰하기가 왜 그렇게 어려울까요? 그리스도는 그분의 생명과 성령을 주려 하시는데 말입니다. 단 한 순간이라도 그분을 바라보면 우리 마음은 "그분을 신뢰할 수 있다"라고 말합니다. 그런데 우리 마음에는 여전히 두려움과 걱정이 있습니다. 그리스도를 찾지만, 동시에 자신을 섬기길 원하고, 그리스도에게 완전히 항복하길 싫어합니다. 그러나 우리는 항복해야 합니다. "신뢰하고 믿어라"라고 복음이 말하기 때문입니다. 그리스도에게 좋은 것을 드리거나, 우리의 죄를 내어놓거나, 염려를 맡기는 것만으로는 충분하지 않습니다. 그분은 우리의 삶 전체를 원하십니다. 우리 자신을 온전히 드리지 않고 의심에만 빠져 있으면 복음이 약속한 온전한 내적 자유와 평화를 찾지 못합니다. 가장 깊숙한 존재를 그리스도께 드려야 합니다.

어둠의 힘은 자주 우리 마음에 두려움을 심어서 하나님께 헌신하지 못하게 만듭니다. 예수님이 회당에서 "너희가 인자의 살을 먹지 아니하고, 또 인자의 피를 마시지 아니하면, 너희 속에는 생명이 없다"(요 6:53)라고 말씀하셨을 때 예수님을 따르던 사람들도 그 말씀을 받아들이기 어려워했고, 많은 사람이 떠나갔습니다. 그때 예수님이 열두 제자에게 "너희까지도 떠나가려 하느냐?"라고 물으시자 베드로가 대답했습니다. "주님, 우리가 누구에게로 가겠습니까? 선생님께는 영생의 말씀이 있습니다. 우리는, 선생님이 하나님의 거룩한 분이심을 믿고, 또 알았습니다"(요 6:67-69). 이런 믿음이 우리 마음과 영혼, 온 존재에 살아 있어야 합니다. 그것은 언제나 우리 안에서 거듭 실제가 되어야 합니다. 제도나 이론이 아니라, 예수님을 완전히 신뢰하고 우리의 생명과 모든 것을 영원토록 그분께 드릴 수 있다는 깨달음이 되어야 합니다. 모든 걸 머리로 이해할 필요는 없습니다. 신뢰와 믿음을 마음과 존재로 경험하는 게 훨씬 더 중요합니다.

예수님을 떠나서는 평화를 발견할 수 없습니다(요 14:27). 그분이 계신 곳에 하나님이 계십니다. 당시에 많은 사람이 예수님의 말씀을 받아들이기 어려워 떠나갔지만, 예수님은 당신을 떠난 사람을 위해서도 계십니다. 그러므로 우리는 이렇게 기도합니다. "주님, 우리를 도와주십시오. 이 세상에 와주십시오. 우리는 주님이, 주님의 살이, 주님의 영이, 주님의 죽음과 생명이, 그리고 모든 창조물에게 주시는 주님의 말씀이 필요합니다."

우리는 원수나 중상모략, 박해를 두려워해서는 안 됩니다(마 10:26-31). 예수님을 신뢰해야 합니다. 그분 역시 중상모략과 박해를 당하셨습니다. 우리라고 더 나은 걸 원하지 않습니다. 완전한 신뢰와 사랑을 갖고 그분께 돌아선다면 하나님의 사랑과 보호 아래 놓일 거라고 절대적으로 확신합니다.

우리가 겪는 온갖 당혹스러운 일과 문제, 걱정거리에 대한 해답은 예수님이라는 것을 믿고 신뢰해야 합니다. 제게는 예수님을 향한 신뢰가 언제나 부족했습니다. 이 신뢰의 부족은 죄입니다. 당혹스러운 일이나 염려가 없는 삶은 없습니다. 우리는 어디에 도움을 요청해야 하는지 압니다. 아주 간단합니다. 이해 못하는 일이 있다면 예수님을 신뢰하십시오. 쉬운 것만은 아닙니다. 온 마음으로 신뢰하기 위해서는 때로 내적인 싸움을 치러야 합니다. 그러나 예수님은 "하나님을 믿고 또 나를 믿어라"(요 14:1)라고 말씀하십니다. 이것만이 답입니다.

___ 믿음에 관한 난감한 문제를 두고 지나치게 골몰하지 마시길 권합니다. 예를 들어 어떻게 하나님이 사랑하는 사람을 진노의 도구로 사용하실까 하는 질문으로 너무 고민할 필요는 없습니다. 우리는 하나님의 사랑을 충분히 알지 못합니다. 유일한 해답은 완전하고 조건 없는 신뢰입니다.

___ 내적 어려움을 겪는 때라도 자신을 잊고 매일의 삶에서 곁에 있는 이를 섬기는 일에 전념해야 합니다. 그러면 하나님께서 도우십니다. 자신의 문제를 끊임없이 말하고 어려움을 끊임없이 나눈다고 꼭 도움이 되는 것은 아닙니다. 하나님은 우리가 묻기도 전에 무엇이 필요한지 아십니다. 어린

아이처럼 그분을 신뢰하십시오. 그러면 그분이 도우실 것입니다.

지난날의 갈등, 또는 다른 이유로 서로를 향한 신뢰가 흔들린다면 내적인 고요함을 찾아야만 합니다. 예수님을 신뢰하고 헌신하며 "내 뜻대로 하지 마시고, 아버지의 뜻대로"(마 26:39)라고 기도하는 태도를 지녀야 합니다. 그러면 마음속에 절대적 평온이 찾아옵니다. 이렇게 힘을 주는 신뢰가 없다면 저는 하루도 살아낼 수 없습니다. 교회나 공동체 그룹은 사라지고, 우리도 모두 사라질 것입니다. 궁극적으로 예수님 홀로 승리자가 되십니다.

___ 저는 부모들이 요즘 같은 세상에서 자녀들에게 어떤 일이 일어날지 두려워한다는 걸 잘 이해합니다. 저 역시 같은 경험을 했습니다. 제 큰아이들은 2차 세계대전 때 영국에서 태어났는데, 매일 밤 폭탄이 지붕 위를 날아다녔습니다. 그중 두 번은 집 근처에 떨어지기도 했는데 한 번은 우리 동네에, 또 한 번은 옆 마을에 떨어졌습니다. 폭탄보다 히틀러가 영국을 점령할지 모른다는 공포가 더 컸습니다. 우리 어른들에게 그것은 죽음을 의미했고, 제 아이들에게 어떤 일이 일어날지 생각하니 말할 수 없는 고통이 밀려왔습니다.

지금 우리는 폭격의 공포 없이 지내지만, 고통과 죽음이 극에 달한 시대를 살고 있습니다. 어린아이들과 부모를 포함한 많은 사람이 언젠가 믿음 때문에 고통이나 죽임을 당할 수도 있습니다. 진심으로 간청합니다. 하나님을 온전히 신뢰하십시오. 성경, 특히 요한계시록에는 무서운 구절이 많습니다. 그러나 하나님이 고통당하는 이들의 눈물을 손수 닦아준다고도 적혀 있습니다(계 21:4). 예수님은 심판이 아니라 구원하러 오셨음을 정말 믿어야 합니다.

"하나님께서 세상을 이처럼 사랑하셔서 외아들을 주셨으니, 이는 그를 믿는 자마다 멸망하지 않고 영생을 얻게 하려는 것이다. 하나님께서 아들을 세상에 보내신 것은, 세상을 심판하시려는 것이 아니라, 아들을 통하여 세상을 구원하시려는 것이다"(요 3:16-17).

여기서 우리는 인류를 구하시려는, 말로 다 할 수 없는 하나님의 열망을 볼 수 있습니다. 결국 우리는 하나님과 하나가 됩니다. 믿어야 합니다. 아이들을 위해서도 그렇게 해야 합니다. 우리는 예수님 때문에 고통을 겪더라도 말입니다.

골짜기를 비추는 햇빛처럼 하나님의 위대한 사랑은 온 세상에 퍼져나갑니다. 세상에는 전쟁같이 끔찍한 일들이 있습니다. 하지만 하나님은 더 위대하십니다. 그분은 인간보다 훨씬 위대하고, 그분의 사랑은 인간의 사랑을 훨씬 뛰어넘습니다. 두려움 속에서 살지 마십시오. 앞에 펼쳐진 계곡을 보시고 눈을 들어 산을 바라보십시오. 모든 것을 창조한 위대한 하나님, 당신을 돌보시는 그분을 생각하십시오.

우리가 예수님을 따라 그분의 가르침대로 산다면 두려워할 이유가 전혀 없습니다. 예수님과 하나님을 향한 믿음을 굳게 하고, 모든 두려움을 떨쳐버립시다.

이해 못하는 게 있더라도 언제나 예수님을 신뢰하는 법을 배우세요. 까닭을 모르는 상황은 언제든지 일어날 것이며 그때는 오직 예수님을 신뢰하는 것만이 답입니다.

아주 힘든 시간을 보낼 것입니다. 그러나 하나님이 최후의 승리자라는 사실을 절대 잊지 마십시오. 이걸 늘 믿으십시오. 하늘과 땅은 없어지고, 새 하늘과 새 땅이 올 것입니다(계 21:1).

경외

하나님을 경외해야 합니다. 피조물을 상하게 하거나 해치는 일을 두려워해야 합니다. 그렇다고 하나님을 무서워하라는 말은 아닙니다. 성경은 하나님을 향한 두려움에 관해 말하지만, 하나님에게 거리감을 느끼게 하고, 사랑을 차갑게 하는 두려움을 말하는 게 아닙니다. 우리가 만약 올바른 경외와 그릇된 두려움을 혼동하면 화를 입을 것입니다. 사랑과 존경에서 생겨나는 경외여야 합니다.

예수님이 하나님의 아들이라는 것을 알자 베드로는 "나에게서 떠나주십시오. 나는 죄인입니다"(눅 5:8)라고 말했습니다. 순결하신 예수님을 직면하는 게 두려웠던 겁니다. 그런 두려움은 옳습니다. 그러나 신뢰와 확신에서 멀어지게 하고 어린아이 같은 순수함을 앗아가는 두려움은 잘못입니다. 올바른 방법으로 하나님을 두려워해야 합니다.

___ 요한은 두려워하는 사람은 사랑을 완성하지 못한다고 썼습니다(요일 4:18). 이 구절은 저에게 많은 생각을 하게 합니다. 예수님의 비유 중 열 처녀의 비유같이, 사람을 두렵게

할 수도 있는 탓입니다(마 25:1-13). 요한계시록 역시 마찬가지입니다. 예수님은 몸을 죽일 수 있는 사람을 두려워하지 말고, 영혼과 몸을 모두 지옥에 던져 멸망시킬 수 있는 분을 두려워하라고 하십니다(마 10:28). 하나님에 대한 두려움에도 바르고 유익한 두려움이 있다는 것입니다. 결국 우리가 하나님 안에 있으면 하나님 외에는 다른 어떤 것도 두려워할 것이 없게 됩니다. 그것이 그리스도인의 완벽한 상태입니다.

우리는 하나님의 이름을 부르기를 늘 삼가왔는데, 그 이유는 내적 경외심 때문만이 아니라 십계명이 다음과 같이 말하고 있기 때문입니다. "너희는 주 너희 하나님의 이름을 함부로 부르지 못한다"(출 20:7). 부모님이 아이들을 가르쳐서 아이들이 하나님을 깊이 존경해 하나님의 이름을 함부로 사용하는 것을 상상조차 못하게 돕는 것은 아주 중요합니다.

사람들은 하나님과 그분의 사랑의 행위를 너무나도 쉽게 잊어버리곤 합니다. 인류에게 일어날 수 있는 최악의 상황입니다. 하나님에게 관심이 없고, 하나님에 대해 알고 싶어 하지 않으며, 그분을 증거하지 않는 것은 그분을 적으로 대하는 것보다 더 나쁩니다. 적대감을 보인다는 건 최소한 관심은 있다는 뜻이니까요.

　우리는 이스라엘 백성을 위해서 메시아를 기다렸던 시므온과 안나의 이야기에 자극받아야 합니다(눅 2:25-39). 기다리는 사람이 단 두 사람밖에 없는 것은 문제가 되지 않습니다. 세상 전체가 하나님을 잊은 건 아니라는 뜻이니까요. 하나님을 증거하고 그분을 사랑하며 그분이 오시기를 간절히 기대해야 합니다.

항복

시대가 어떠할지라도, 미래를 향한 하나님의 뜻인 형제애의 공동체와 하나님 나라를 위해 늘 열려 있고 자유로워야 합니다. 항상 준비된 삶을 살고 하나님께 대적하는 일을 포기해야 합니다. 그러면 하나님께서 성령을 통해 우리 안에서 일하실 것입니다.

하나님은 언제나 준비하시고, 언제나 그곳에 계십니다. 그분의 큰 뜻에 준비가 안 된 건 우리입니다. 하나님의 권위와 예수님의 길, 그리고 성령의 힘에 따르기만 하면 온 세상을 비출 불꽃이 일어날 수 있습니다.

우리는 예수님이 하신 명령을 압니다. "가서 네 소유를 팔아라. 그리고 와서 나를 따라라"(마 19:21), "나를 따라오너라. 죽은 사람의 장례는 죽은 사람들이 치르게 두어라"(마 8:22), "낚싯배와 그물을 버리고 나를 따라라"(마 4:19-20).

제자들도 예수님의 명령을 알았습니다. 그들은 사람들이 나름대로 '부자'여서 자기가 소유한 작은 것에도 집착해 "저는 갈 수 없습니다"라며 예수님의 명령에 저항할 것도 알고 있었습니다. 그렇기 때문에 제자들은 몸서리치며 "그러면, 누가 구원을 받을 수 있겠습니까?"라고 물었습니다. 예수님은 "사람은 이 일을 할 수 없으나, 하나님은 무슨 일이나 다 하실 수 있다"(마 19:26)라고 대답하셨습니다.

우리가 하나님 나라의 일을 위해 마음을 열고 자기 고집을 포기하면 그분은 언제라도 우리에게 믿음과 사랑을 주십니다.

하나님은 우리가 도움을 구하기를 기다리십니다. 우리가 묻지 않으면 행동하실 수 없거나 그렇게 하기를 원하시지 않아서가 아닙니다. 오직 하나님만이 일하실 수 있도록 우리의 마음과 삶이 열리기를 기다리십니다.

왜 그러셨을까, 왜 사람들에게 당신의 뜻을 강요하지 않으실까 하고 곰곰이 생각하는 사람이 많습니다. 그러나 그런 분이 하나님이십니다. 그분은 우리가 준비될 때까지 기다리십니다. 개인과 나라들에 회개하라고 벌주시는 것은 맞지만, 그분의 선함을 절대 강요하지 않습니다. 부모가 아무리 좋은 의도로 한 것이라도 아이의 멱살을 잡고 강요한다면 아이는 그게 사랑이 아니라는 것을 본능적으로 느낄 겁니다. 하나님은 당신의 뜻을 누구에게도 강요하지 않습니다. 따라서 우리는 중대한 질문과 마주하게 됩니다. 자발적으로 하나님께 항복할 준비가 됐는가? 하나님이 그분의 선함으로 우리에게 들어와 우리를 다스리시도록 마음의 창문을 활짝 열 준비가 되어 있는가?

온 마음으로 자신을 하나님께 드리고, 실패하더라도 다시 드려야 합니다. 우리는 저마다 매일 용서받을 죄를 저지르고 실패합니다. 그러나 문제는 우리가 삶의 마지막 때까지 믿음을 지키기를 원하는가입니다. 이 말은 자기 의지와 행복하고 싶은 욕망, 사유재산과 자신의 연약함을 포함한 모든 것에 대해 하나님께 복종하고 그분과 그리스도를 믿는다는 뜻입니다. 이것이 그분이 우리에게 바라시는 것 전부입니다. 예수님은 우리에게 완벽을 요구하지 않으시며 오직 온 마음으로 자신을 드리기를 바라십니다.

___ 조건 없는 진정한 항복이란 무엇일까요? 한 사람이 자신보다 강한 사람에게, 어떤 군대가 더 막강한 군대에 굴복할 수는 있습니다. 하나님이 전능하셔서 또는 그분의 심판이 두려워서 항복할 수도 있습니다. 그러나 그것은 완전한 항복이 아닙니다. 오직 하나님의 선하심을 경험할 때(그분만이 선합니다) 자신의 마음과 영혼, 존재 전체를 드려서 조건 없이 항복할 수 있습니다.

어떤 사람이 온 마음과 영혼으로 하나님께 항복하고 나면 자신처럼 하나님을 향한 분명한 사랑을 표현하고 하나님께 항복한 사람을 찾게 됩니다. 하지만 먼저 하나님께 헌신한 다음에야 다른 사람에게 헌신할 수 있습니다.

___ 만약 우리보다 예수님을 향한 사랑을 더 온전하고 분명하게 드러내는 모임을 만난다면, 그들이 우리보다 훨씬 작을지라도 우리가 그들에게 속하기를 바라고 또 그렇게 할 거

라고 믿습니다. 우리 공동체의 문화나 정체성을 잃더라도
말입니다.

___ 우리가 얼마나 비참하고 약한지, 얼마나 가난하고 무력
한 존재인지 깨닫도록 인도해야 합니다. 자신이 조금이라도
강하다고 생각하는 사람이 있다면 자기의 약함을 그분에게
드러내야 합니다. 실제로 우리가 얼마나 비참하고 약한지
를 하나님이 보여주실 때, 우리는 하나님 앞에서 완전히 무
력해집니다. 그때 하나님은 은혜로 우리를 도우시고 끝없는
사랑으로 우리를 강하게 하십니다. 우리는 전적으로 하나님
과 그리스도, 성령에 의존합니다. 다른 도움은 없습니다.

예수님의 뜻에 항복한다는 말은 예수님과 하나 되고, 사람과
하나 된다는 뜻입니다. 예수님은 당신의 뜻을 하나님의 뜻에
복종시키려 힘겹게 싸웠고, 땀을 피처럼 흘리셨습니다. 악한
힘은 예수님을 둘러싸고 그분을 쓰러뜨리려고 했지만, 예수님
은 믿음을 지키셨습니다. 그분의 태도는 이런 것이었습니다.
"내 뜻대로 하지 마시고, 아버지의 뜻대로"(마 26:39). 우리의 태
도도 이래야 합니다. 믿음을 위해 핍박받거나 어떤 문제에 부
딪히더라도 말입니다. 믿음 때문에 투옥되거나 죽음에 맞닥뜨
리더라도 "내 뜻대로 하지 마시고, 아버지의 뜻대로"라고 해야
합니다.

순종

그리스도는 "너희가 나를 택한 것이 아니라, 내가 너희를 택하여 세운 것이다. 그것은 너희가 가서 열매를 맺어, 그 열매가 언제나 남아 있게 하려는 것이다"(요 15:16)라고 말씀하십니다. "내가 너희를 그 자리에 세웠다."* 이 말씀은 아주 중요합니다. 우리가 지금 있는 자리에 만족하지 않을 때 얼마나 자주 끔찍한 해를 받는지 모릅니다. 그런 불만은 결국 미움을 불러일으킵니다. 서로 사랑하고 하나님이 각자에게 주신 자리를 받아들여야 합니다.

예수님이 종려주일에 두 제자를 보내서 나귀 새끼를 데려오라고 하셨을 때, 제자들에게는 세상에서 나귀 새끼를 데리고 오는 일보다 더 큰 임무가 없었을 것입니다. 그런데 누군가 두 제자에게 "당신은 그보다 더 위대한 일을 하라고 부름 받았어요. 나귀 새끼쯤이야 아무나 데려올 수 있잖아요"라고 하고 그들이 그 말을 따랐다면, 그건 불순종입니다. 그러나 그 순간 그들에게는 그리스도를 위해 나귀를 데리고 오는 것보다 더 중대한 일은 없었습니다. 저를 포함한 우리 모두가 이런 순종으로 어떤 임무라도, 그것이 크건 작건 감당하기를 바랍니다. 그

---

* 이 말씀 구절은 영어 성경에는 없고, 몇몇 독일어 성경에 나와 있다. Albrecht, *Das Neue Testament*(Giessen, 1972, 10판) 참조.

리스도에게 순종하는 것보다 더 위대한 일은 없습니다.

겸손

예수님은 우리 모두를 겸손으로 부르십니다. 인간적 위대함을 추구하는 사람에게는 기독교 공동체가 맞지 않습니다. 우리 모두 야망의 유혹을 받기 마련이지만, 그런 유혹에 맞서 분명한 태도를 보여야 합니다.

___ 연약해도 괜찮습니다. 인간적 연약함이 하나님 나라에 방해되지는 않습니다. 죄를 변명하는 데 사용하지 않는 한요. 고린도후서 12장 7-9절을 읽어보십시오. 바울은 하나님이 우리의 연약함을 통해 가장 영광스러운 방법으로 당신을 나타내신다고 적습니다. 분명 교회 전체에 가장 중요한 구절은 아니겠지만, 개인적인 제자도라는 측면에서 보면 복음서에서 가장 중요한 구절이 아닐까요?

___ 마가복음을 읽다 보면 예수님이 겸손을 얼마나 강조하시는지 깜짝 놀랄 지경입니다. 그분은 "섬김을 받으려 온 것이 아니라 섬기러 왔으며, 많은 사람을 구원하기 위하여 치를 몸값으로 자기 목숨을 내주러"(막 10:45) 오셨습니다. 우리는 이 말씀을 실천하는 데 아주 부족하지만 이 길을 따라 살아

야 합니다.

팔복은 세상에서 빛을 발하는 성인聖人이 아닌 낮은 사람들을 부릅니다(마 5:3-12).

___ 때로 자신이 비판적이라고 느끼신다면, 겸손을 구하십시오. 겸손은 결심해야 하는 덕목입니다. 겸손은 마음을 부드럽게 해서 하나님께 열리게 합니다. 비판이 꼭 잘못은 아니며 오히려 긍정적일 수 있습니다. 그러나 또한 아주 파괴적일 수도 있습니다.

자신의 좁다란 마음과 약한 성격을 지나치게 생각해서는 안 됩니다. 예수님밖에는 순결하고 선한 사람이 없습니다. 그분만이 온전히 건강한 인격을 지녔고, 그분의 큰 뜻을 위해 끝없는 자비로 우리를 깨끗하게 하실 수 있습니다. 그분의 뜻에 따라 우리를 사용하시도록 자신을 드립시다. 동생이 하나님과 가깝다고 질투했던 가인의 유혹에서 등을 돌립시다. 그저 예수님에게 속했음을 기뻐하고, 하나님의 영광을 위해 가장 많은 열매를 맺을 수 있는 곳에 주님이 우리를 두시게 합시다.

___ 삶의 연약함과 보잘것없음을 인정하는 일이 결국 우리를 하나님 앞에 겸손하게 한다면, 우리의 유일한 도움은 하나님에게 완전히 항복하고 그분에게 의지하는 것임을 깨닫게

됩니다. 아주 고통스러운 깨달음이 될 수 있지만, 그때 얻는 승리는 생명으로 이끌 것입니다!

바울은 "무슨 일을 하든지, 경쟁심이나 허영으로 하지 말라"(빌 2:3)라고 말합니다. 바울은 아름답게 보이고자 하는 외적인 허영만을 말하는 게 아니라 존경받으려는 종교적인 허영을 말하고 있습니다. 우리 안에는 그런 허영이 있을 자리가 없어야 합니다. 바울은 이어 "서로 자기보다 남을 낮게 여기십시오"라고 말합니다. 형제자매보다 탁월해지려는 것과 반대입니다. 예수님을 따르고자 하면서 어떻게 자신을 위대하고 중요하게 여길 수 있습니까? 예수님은 "자기를 낮추시고, 죽기까지 순종하셨으니, 곧 십자가에 죽기까지 하셨습니다"(빌 2:8).

신실함

매 순간 그분이 원하시는 삶을 신실하게 산다는 것이 얼마나 중요한지요. 하나님이 우리에게 원하시는 것에 언제라도 더도 말고 덜도 말고 그대로 반응하는 겁니다. 하나님의 진리를 마음과 영혼으로 받아들이지 않았을 때는 진리를 지적知的으로만 이해하고 그에 맞춰 삶을 살 위험이 따릅니다.

진심으로 하는 것이 아니라면 종교적인 말은 절대 쓰지 맙시다. '제자도'란 말도 마찬가지입니다. 감탄하며 그 말을 사용하면서 정작 제자도가 요구하는 것을 거부한다면 오히려 영혼과 생명에 해를 끼치는 꼴입니다. 종교적 용어나 신앙적 표현을 조심해서 사용해야 합니다. 진심이 아닌데도 그런 말을 쓰면 스스로를 파괴하는 꼴이며, 우리의 위선은 특히 아이들에게 재앙이 됩니다.

예수님은 다른 사람의 눈에 믿음이 좋은 사람으로 보이려는 것을 엄히 경고하십니다(마 6:5). 진실합시다. 그리고 진정으로 생각하는 걸 말합시다. 틀린 말이 될지라도, 진심이 아닌 말보다는 낫습니다.

___ 오랜 유대 전통에 따르면, 대제사장은 여호와의 이름을 일 년에 한 번 속죄일에 지성소에서만 썼습니다. 그런 깊은 경외심으로 종교적 말을 쓰는 것은 내면의 순결을 표현하는 중요한 방식입니다. 우리는 하나님의 이름을 아주 조심스럽게 사용합니다.

___ 진심으로 느끼는 것을 솔직하고 정직하게 표현하는 것이 중요합니다. 지나치게 부드러운 것보다 버릇없는 것이 낫고, 지나치게 친절한 것보다 무뚝뚝한 편이 낫습니다. 듣기에는 '좋지만' 진실하지 않은 말이 아니라 듣기 불편하더라도 진실한 말을 하십시오. 불친절한 말을 했다면 언제나 미안하다고 할 수 있지만, 위선은 특별한 은혜가 없는 한 지울 수 없는 해를 끼칩니다.

우리 브루더호프 공동체가 뿌리를 둔 청년 운동*은 두드러지게 참모습을 탐색했는데, 비록 '종교적' 운동이 아니었지만 그 안에는 예수님이 살아 계셨습니다. 사람들이 처음 물어본 것은 무엇이 옳고, 좋고, 진실인가가 아니라 "진심에서 우러나오는

가?"였습니다. 그들은 종교적 외투만 걸친 거짓말보다 조금 틀리더라도 순수한 마음으로 서투르게 말하기를 좋아했습니다. 앵무새처럼 따라 하는 종교를 거부했고, 진리를 찾으려고 분투했습니다.

사람들 마음 깊은 곳에서 삶을 향한 새로운 접근이 일어났고, 삶의 새로운 감동은 다양하게 표현되었습니다. 이 내적인 갈급함은 함께 도보 여행을 하고, 노래를 부르고, 춤을 추고, 공동의 정착촌을 꾸리는 친밀한 교제로 이끌었습니다. 모닥불을 피워놓고 둘러앉아 깊은 공감을 나누었고, 원을 만들어 장단에 맞춰 춤을 추며 마음 깊은 곳에서 우러나오는 것을 표현했습니다. 참으로 진짜만을 경험하고자 했기에 유행을 포함한 모든 인간적 겉치레를 거부했습니다. 내면의 경험이 무엇보다 중요했고, 이는 삶의 모든 영역에서 손에 잡힐듯 생생하게 표현되었습니다.

___ 명명백백한 죄인이 하나님의 길을 가로막는 게 아닙니다. 하나님의 가장 큰 적은 그리스도의 부르심을 받아 제자의 길을 걷는다면서, 종교적인 언어를 사용하면서 여전히 사탄을 섬기는 사람입니다.

예수님의 비유 대부분은 세상 사람이 아니라 이런 사람에 관해 말하고 있습니다. 마태복음 25장의 신랑을 맞이하기 위해 나갔던 열 처녀 중에 다섯 처녀가 잠이 들어버린 이야기, 마태복음 24장 48-49절의 주인이 일을 맡겼는데 불성실

했던 종의 이야기 등이 그렇습니다. 부르심을 받고 응답까지 했음에도 입으로만 기독교의 언어를 사용하고 실제로는 사탄을 섬기는 일, 그것이 하나님 나라를 가장 크게 방해합니다.

예수님 가까이에 머무르면 가장 분명한 진정함을 발견하게 됩니다. 겉만 깨끗하게 하려는 위선적인 경건을 예수님이 얼마나 엄하게 꾸짖으시는지요! 속이 먼저 깨끗해져야 한다고 얼마나 분명히 말씀하시는지요!

2부

교회

교회

인류는 고통받고 갈라져 있습니다. 그렇게 고통받는 이유 중 하나는 외로움 때문인데, 이는 살아 있는 교회를 경험해야만 극복할 수 있습니다. 교회를 특정 모임이나 단체에 한정 지을 수는 없지만, 분명히 존재하며, 겸손하고 구하는 사람들 사이에 있습니다. 교회가 존재한다는 사실은 세상에서 가장 중요한 현실입니다(엡 1:22-23). 하나님이 우리 마음 가장 깊숙한 곳에 말씀하실 때 죄 때문에 우리 안에 생긴 분리와 외로움이 극복됩니다. 내면의 공동체를 형제자매들과 더불어 경험하게 됩니다.

교회가 여기에 있다, 저기에 있다고 말할 수 없습니다. 교회는 마음이 가난한 사람들에게 하늘에서 내려옵니다. 그리스도를 위해 자신의 생각과 권리를 포함해 모든 것을 내려놓는 사람에게 찾아옵니다. 어느 곳에서든 가능한 일이며 그때 사람들은 함께 일치를 경험하게 됩니다.

초대 그리스도인들에 따르면 교회는 창조 전부터 존재했습니다. 교회는 성령 안에 존재합니다. 그리스도는 두세 사람이 당신의 이름으로 모인 곳이라면 어디에나, 모든 권리와 힘, 재산과 자기 자신을 그리스도를 위해 포기한 곳이라면 어디에나 교회를 보냅니다.

우리가 바로 그런 교회냐고 누군가 물으면 "아니요. 우리는 교회가 아닙니다"라고 대답해야 합니다. 그러나 교회가 우리에게 임하고 있냐고 물어보면, 우리는 그렇다고 대답해야 합니다. 특히 우리가 하나님 앞에 깨지고 가난할 때 그렇다고 증거해야 합니다. 우리의 모임이 영적으로 가난하면 가난할수록 교회는 우리에게 더 가까이 다가옵니다. 다른 사람에게 자신의 생각, 특히 영향력이나 힘을 끼치려는 생각을 완전히 버려야 합니다. 하나님 앞에서는 구걸하는 이처럼 가난해져야 합니다.

진정한 교회에 관해 이야기할 때 이것이 우리의 교회를 뜻하는 게 아닙니다. 그리스도와 온전한 일치를 이루며 사는 모든 사람을 뜻합니다. 그런 교회가 어디에 있는지는 오직 그 열매로 알 수 있습니다.

초대 그리스도인들의 문서, 예를 들어 헤르마스의 《목자》를 보면 교회가 세상이 창조되기 전에 존재했다는 견해가 여러 번 나옵니다. "교회는 다른 모든 것들보다 먼저 창조된 가장 오래된 것이다. 교회를 위해 세상이 지어진 것이다."* 이는 아주 깊고 놀라운 생각으로, 소규모의 성도들이나 수백만이 모인 회중이 자신을 그런 교회라고 부르는 것과는 뚜렷이 대조됩니다.

우리 공동체가 **원래 의미의 교회**라고 넌지시 말하려는 게 아닙니다. 교회는 훨씬 위대합니다. 모든 것의 시작, 세상이 창조되기 전으로 거슬러 올라갑니다. 오늘날에도 교회가 우리 안에 살아 일하기를 열망합니다.

16세기 재세례파 페터 리데만Peter Riedemann은 믿는 사람들의 모임을 등불에 비유합니다. 빛이 없는 등불은 쓸모가 없습니다. 교회도 마찬가지입니다. 자기 소유를 자신의 것이라고 주장하지 않고 사적으로 소유하지 않으며 사랑과 온전한 헌신으로 진정한 공동체를 이룰 수는 있겠지만, 그렇다고 그것이 살아 있는 교회라고 보증하는 건 아닙니다. 교회는 하나님의 선물입니다. 교회는 영적으로 가난한 사람들에게 찾아와서 성령을 통해 일치를 이루고 생명력을 얻습니다.

___ 온 세상이 신음하고 절망하는 이때, 형제애의 삶, 일치와 사랑의 삶보다 더 중요한 것은 없습니다. 세상의 요구에 비하면 너무 작아서 거의 보이지 않을 수도 있지만 분명히 영향을 끼칠 것입니다.

오늘날 그리스도인들에게는 긴 설교나 종교적인 말보다 행동과 실제적인 제자도의 길이 필요합니다. 이 시대는 세상의 온갖 증오와 어려움, 죄와 불일치보다 하나님이 더 강하다는, 손에 잡힐 분명한 실증이 필요합니다.

---

* 에버하르트 아놀드, 황의무 옮김, 《초기 그리스도인의 육성》(대장간, 2020), 288쪽.

하나님은 당신의 큰 뜻을 위해 자신의 삶을 온전히 거리낌 없이 헌신하는 사람이 필요하십니다. 자신만의 구원을 먼저 생각하는 사람이 아니라 인류의 필요를 위해 기도로 중보하는 사람, 그리고 하나님의 승리를 희망하고 믿는 사람이어야 합니다.

진정한 공동체는 성령이라는 선물 없이는 단 하루도 존재할 수 없습니다. 그러므로 우리는 함께 침묵하거나 노래 부를 때도 예수님이 당신의 죽음을 통해 우리에게 주신 이 선물을 기대하고 기다립니다.

초대교회는 한마음, 한 영혼이었다고 합니다(행 4:32). 잘 짜인 조직은 아니었을지 몰라도 그들은 한마음 그리고 한 영혼이었습니다. 교회를 이룬 사람들은 하늘에서 온 성령에 감동을 받았고, 그 감동으로 모든 것을 함께 나누었으며, 누구도 자기 소유를 주장하지 않았습니다. 냉정한 법도 잘 조직된 공산주의도 아닌 감화된 마음이 이룬 일이었습니다.

__ 형제애의 삶을 건설하고 교회를 세우거나 한 사람의 삶을 변화시키는 것은 우리가 아닙니다. 우리 모두는 우리 안에서 통치하는 하나님의 임재와 성령에 전적으로 의존합니다. 하지만 동시에 우리 모두는 이 하나님의 임재가 자아내는 분위기에 영향을 줍니다. 따라서 우리는 하나님께 맞서는 그 어떤 영도 우리 삶에 들어오지 못하도록 막을 책임이

있습니다.

우리가 예수님께 신실하다면 서로를 신실하게 대할 겁니다. 우리는 서로에게 속해 있습니다. 어떤 사람이 자신의 삶을 예수님에게 헌신하면 그는 다른 믿는 사람들과 연합을 이루게 되고, 그들 모두는 한 몸을 이룰 것입니다(고전 12:12-27). 눈이 위협을 받으면 팔은 다칠 위험을 무릅쓰고 눈을 보호하려고 재빨리 움직입니다. 마치 사랑에서 비롯된 것처럼 자동적으로 그런 일이 일어납니다. 그리스도와 서로에게 헌신한 사람들도 마찬가지입니다. 서로를 위해, 강자는 약자를 위해 고통을 감내할 각오를 해야 합니다.

___ 예수님과 그분의 영 안에서 우리 모두는 하나가 됩니다. 천상의 교회와도 하나가 되고, 사도와 순교자, 그리고 전에도 지금도 예수님과 함께 있는 사람들과 하나가 됩니다. 그러나 우리의 사랑이 세상의 대속자이며 구원자인 예수님으로부터 멀어지면 교회에 대한 믿음조차 우상숭배가 되어버립니다.

이것은 역설입니다. 우리는 타락한 세대에서 벗어나야 합니다. 이 세대의 모든 사람을 위해 죽으신 그리스도와 일치를 이뤄야 합니다. 교회로서 우리에게 가장 중요한 일은 온 세상의 죄를 위해 죽으신 하나님의 어린양, 십자가에 못 박히신 그리스도를 찾는 것입니다. 우리가 그리스도와 일치를 이루면 낙태를 한 소녀나 악한 행위를 한 사람에게 차가운 마음을 품지 않을 것입니다. 긍휼히 여기는 마음을 품을 것입니다.

___ 브루더호프 공동체는 유럽이라는 배경과 역사적 상황에서 비롯된 특정한 성격을 지닙니다. 형제단Brethren이나 퀘이커, 또는 다른 종교 운동들도 마찬가지입니다. 사람들이 자신의 문화, 특히 자국 사람에게 특별한 애정과 애착을 느끼는 것은 당연합니다.

그러나 여러 세기를 걸쳐온 그리스도의 몸인 '믿는 자들의 공동체'를 잠시 생각해봅시다. 우리 교회는 이런 문화라는 맥락에서 어떤 모습으로 살아갑니까? 그 안에 어떤 좋은 것이 있더라도 오직 이 생명의 물줄기에 복종하고 압도될 때만 선한 것이 됩니다. 여러 많은 운동이 사라져간 것처럼 우리 공동체도 사라져갈 것입니다. 하지만 우리가 속해 있는 생명의 흐름은 절대 사라지지 않습니다. 이 점이 중요합니다.

만약 우리가 유럽의 청년 운동 배경을 지닌 사람만을 위한 독일 기독교 공동체가 되고자 했다면 시작하기도 전에 바싹 말라붙었을지도 모릅니다. 우리의 삶을 완전히 복종시켜서 하나님이 사람의 마음을 움직이는 곳이라면 어느 곳에서나 쓰임 받고, 하나님이 주시는 것이라면 무엇에나 마음을 열기를 바랍니다. 그렇지 않으면 진리의 손발을 묶는 위험에 빠질 것입니다.

우리는 사람들이 모인 연약한 공동체일 뿐입니다. 때로는 지나치게 인간적이기도 합니다. 하지만 우리의 임무는 결코 제한될 수 없습니다. 하나님은 무한하시기 때문입니다.

나이를 먹을수록 내게 나의 공동체는 덜 중요해집니다. 이 땅 위에 기도하는 하나님의 교회가 존재하는 것이 중요합니다. 이를 위해 우리는 자신을 내어주며 살기를 원합니다.

우리에게는 어떤 내적 절실함이 필요합니다. 자신을 교회에 온전히 드리지 않은 채 살아갈 수는 없습니다. 세상이 창조되기 전에 하나님과 함께했던 교회는 이제 모든 민족, 종족, 인종이 어울려 구름 같은 증인들을 이룬 '천상의 교회'가 되어 하나님과 함께합니다. 우리는 이 거룩한 실재 앞에서 그저 우물쭈물 서 있을 수 없습니다.

___ 우리는 진리로 가득하고, 소금의 역할을 충분히 해내는 온전히 헌신된 교회입니까? 한 줌의 소금이 요리 전체에 맛을 내는 것처럼 온 세상에 영향을 주고 있습니까? 공동체로 함께 살고, 서로 사랑하고, 이웃에게 잼을 만들어주면 그 사람이 다른 사람에게 잼을 만들어주는 것처럼 서로 행복하게 해주는 것만으로는 충분하지 않습니다. 더 요구되는 게 있습니다.

저는 우리가 마지막 때를 살고 있다고 믿습니다. 결정적인 시간입니다. 등불이 잘 손질되어 있는지, 우리가 신랑을 맞을 준비가 되어 있는지에 모든 일이 달려 있습니다. 요한

복음에 나오는 예수님의 작별 말씀은 이를 분명하게 합니다. 교회는 온전히 일치를 이뤄서 하나님이 예수님을 보낸 아버지이심을 세상이 깨닫게 해야 합니다(요 17:21). 이 말씀은 제 마음을 깊이 뒤흔들며 묻습니다. "우리는 정말 이것을 세상에 나타내고 있습니까?"

공동체

자신만을 위해 물건을 모으려는 모든 욕망을 버려야 합니다. 나 자신과 가족, 심지어 자기 공동체만을 위해 부를 누리는 것은 내면의 죽음을 가져옵니다. 부는 하나님과 다른 사람으로부터 마음이 멀어지게 하므로 결국 죽음을 초래합니다. 집단적인 부의 죄에 빠지지 않기 위해 우리는 모든 것을 함께 나누며 답을 찾으려고 합니다. 삶의 문은 하나님과 그분의 진리를 찾는 모든 사람에게 열려 있습니다. 교회의 청지기 정신 아래 모든 사람의 필요가 채워집니다.

예수님의 길은 완전한 무소유를 뜻합니다(마 19:21). 우리가 이런 삶을 선택했음을 어린아이들이 알아야 합니다. 아이들은 돈이 자신의 것이 아니라 하나님의 것임을 알아야 합니다. 예수님은 우리 자신을 위해 땅에 보물을 쌓지 말고, 하늘의 보물을 찾으라고 말씀하십니다(마 6:19-20).

___ "어떻게 따로 떨어진 개인과 가족이 서로에게 속할 수 있나요?"라고 물으셨군요. 예수님의 영이 임해야 합니다. 그러나 먼저 우리만의 생각이나 이상, 존재를 비워야 합니다. 예

수님과 그분의 영을 위해 온전히 준비되어 있어야 합니다.

___ 그리스도인 공동체에서의 실제 경험과 성령의 움직임, 교회 내 성도들의 연합을 대신할 만한 것은 없습니다. 모든 것을 그분께 드린 사람들 사이에서 일하시는 하나님의 사랑의 영을 언어로는 담아낼 수 없다는 걸 알면서도 이 편지를 씁니다.

인생의 성경적 기초가 무엇인지 물으셨는데, 누가복음 14장 33절에서 그리스도는 자신이 가진 모든 것을 버린 사람이 당신의 제자가 될 수 있다고 분명하게 말씀하십니다. 또한 요한복음 16장 13절을 보면 진리의 영이 오면 그가 사람들을 모든 진리로 인도할 것이라고 적혀 있습니다. 이런 일이 오순절 때 일어났습니다. 제자들은 한마음, 한 영혼이 되어 모든 소유를 함께 나누었습니다(행 2:44). 또 고린도전서 12장 25-26절을 보십시오. 공동체로 살지 않는 교회에서는 이 말을 온전히 받아들이기는 어렵습니다. 고린도후서 8장 13-15절도 마찬가지입니다.

오순절 때 성령의 감동을 받은 사람들 안에서는 사랑이 넘쳐흘렀습니다. 믿는 사람들 마음에는 하나님과 서로에 대한 사랑이 가득했습니다. 이 일이 일어났을 때 "사람들은 모두 큰 은혜를 받았다"(행 4:33)라는 것을 부인할 수 없습니다. 소유를 함께 나누는 공동체는 이런 사랑과 은혜의 결과물이었습니다. 이 사랑의 친교는 오늘의 기독교의 모습과는 아주 딴판입니다. 요즘은 십일조를 내기 시작한 뒤로 하나님이 놀랍게 그들의 사업을 번창하게 하셨다고 교회 주보에 알리는 시대이니까요.

우리 믿음의 중요한 기초가 돈과 소유를 나누는 것이라고 한다면 그건 사실을 잘못 전한 것입니다. 그것은 우리 믿음의 결과이지, 기초가 아닙니다. 그리스도와 그분의 사랑에 완전히 항복할 때 맺는 열매입니다. 주님과 그분의 영만이 우리를 다스리도록 그분께 받은 소유물과 능력, 그리고 생명을 되돌려줍니다.

"이렇게 하면 그리스도가 사람의 영혼을 얻는 일에 도움이 되는가?"라는 물음에는 그렇지 않다고 대답하겠습니다. 단순히 물건을 나눈다고 그리스도께 이끌리는 건 아닙니다. 사랑이 넘쳐나서 나눌 때 그리스도께 인도됩니다. 우리 공동체에는 기독교가 아닌 형제자매도 많습니다. 우리를 매료시킨 것은 형제애와 사랑을 살아내는 삶이었습니다. 그들은 넘쳐나는 말에 질려 있던 사람들이었습니다. 그런 값싼 말은 어디서나 들을 수 있으니까요. 사실 누가 형제애적 삶과 사랑에 반대한다고 노골적으로 말하겠습니까? 우리는 말이 아니라 행함, 돌이 아니라 빵을 추구했습니다. 행함과 진리 안에서 사랑이 모든 것을 다스리는 새로운 삶, 그것이 그리스도께서 우리에게 주신 삶입니다.

당신은 회심한 사람이 '브루더호프의 복음'이 아닌 진짜 복음을 전할 기회가 얼마나 있냐고 물으셨습니다. 어떤 복음을 말씀하는 겁니까? 이 세상을 다스리는 죽음과 절망 외에는 다른 길이 없다면 정작 '좋은 소식'이란 게 무슨 소용이 있습니까? 사람들이 완전한 신뢰와 사랑 안에서 한 아버지의 자녀로서 더불어 살게 할 수 없는 복음이 무슨 소용이 있습니까? 복음은 그저 말만이 아닙니다. 행함과 진리, 그리스도가 보여주신 온전한 삶입니다. 복음은 살아 숨 쉬는 경험입니다. 공동체에 들어오라는 것이 아니라 형제애의 삶을 살라는 겁니다. 복음에 군더더기를 더하고 싶은 마음은 없습니다. 그렇다고 복음에서 어떤 것을 빼서는 절대 안 됩니다. 복음이 요구하는 것을 그대로 바라보고 받아들여야 합니다.

공동체로 살면 세상에 매이지 않기 위해 고립되어야 하냐고 물으셨지요? 우리는 오직 이기심과 탐욕, 불의같이 현시대의 매정한 악의 뿌리와 살아갑니다. 오늘의 사회는 예수님이 사셨던 시대와 기본적으로 다를 게 없습니다. 인간은 여전히 자기중심적이고 거만하며 자기만의 이익과 권력, 지위만을 쫓습니다. 음란, 증오, 알코올 중독, 빈곤, 청소년 범죄, 정신 질환, 폭력 범죄, 그리고 끝내는 전쟁 같은 악의 열매가 사회 곳곳에 퍼져 있습니다. 이것은 물질 숭배의 열매이자 그리스도가 사라진 사회의 자화상이며 현 세계 질서의 산물입니다(요일 2:15-17). 이런 세계에서 나오라고 부르시던 그리스도는 지금도 우리를 부르고 계십니다. 함께 모여 성령이 다스리는 하나님의 도성을 건설하라고 하십니다. 언덕 위에 세울 그 마을은 숨지 않은 채로 세상에 빛을 비출 것입니다.

복음서는 나무뿐만 아니라 사람이나 공동체를 그 열매로 알 수 있다고 말합니다. 좋은 나무는 악한 열매를 맺을 수 없고, 악한 나무는 좋은 열매를 맺을 수 없기 때문입니다(마 7:16-18). 그리스도에 기초를 둔 삶의 열매는 설교나 단순한 말에 그치지 않습니다. 우리의 실천이 중요합니다. 예수님은 우리가 사랑에 대해 하는 말이 아니라 서로 사랑하는 모습을 보고 모든 사람이 우리가 예수님의 제자임을 알게 될 것이라고 말씀하셨습니다(요 13:35). 예수님은 마지막 기도를 드리시면서 제자들이 하나 되길 간절히 바라셨습니다(마 7:21). "아버지, 아버지께서 내 안에 계시고, 내가 아버지 안에 있는 것과 같이, 그들도 하나가 되어서 우리 안에 있게 하여주십시오. 그래서 아버지께서 나를 보내셨다는 것을, 세상이 믿게 하여주십시오"(요 17:21). 그러므로 교회는 세상이 볼 수 있어야 합니다. 믿는 사람들의 일치된 몸에서 나오는 빛은 세상의 어둠을 비추어 하나님의 영광을 드러내야 합니다.

"우리가 충분히 자신을 부인해서 그리스도를 따를 수 있다면 '형제자매들의 공동체' 밖에서도 다른 사람들과 현명한 삶을 살 수 있지 않나요?"라고 물으셨군요. 답은 당신이 알고 있습니다. 우리는 '현명한 삶'만으로는 부족하며 그리스도가 더 많은 것을 원하신다는 것을 깨달았기에 이곳에 있습니다. 그분은 사람의 전부를 원하십니다. 우리는 '형제자매들의 공동체'가 아니라 하나님과 가까워지길 추구하는 사람들의 모임일 뿐입니다. 우리는 산상수훈을 있는 그대로 받아들이고, 그 기준으로 평가받고 싶습니다. 그분이 우리를 진리로 인도하리라는 믿음으로 우리 자신을 그분의 뜻에 완전히 맡길 때만 그 말씀에 온전히 반응할 수 있습니다.

___ 공동체의 삶은 끊임없는 싸움입니다. 하나님과 형제자매들로부터 떼어놓게 하는 모든 것에서 벗어나도록 끊임없이 싸워야만 합니다. 이런 끊어냄, 곧 완전한 자기 부인은 더없는 고통이 될 수 있습니다. 우리의 온 존재가 요구되는 일입니다. 모든 자만과 자기주장은 남김없이 사라져야 합니다. 안정을 추구했던 삶의 방식과 생각들도 완전히 버려야 합니다. 이것은 단번에 되지 않고 하나씩 이루어집니다. 함께 살면서 우리는 자만과 자기 연민, 경건이 우리를 분리해놓는다는 걸 알게 됐습니다. 이런 악이 드러나면 결연히 돌아서야 합니다. 우리는 언제나 약하겠지만, 모든 싸움에서 승리할 수 있는 능력의 근원을 찾게 될 때 더없는 기쁨을 누립니다.

___ 형제자매들과 함께 사는 것은 엄청난 선물입니다. 하나님의 사랑이 우리 안에서 불타오르고, 우리가 하나 되어 견딜 수 있도록 이어줄 때, 어떤 어려움이나 고난도 이겨낼 수 있습니다. 제자도는 단순히 배우는 게 아니며, 힘겹고 고통스러운 갈등을 겪어야만 하는 것도 아닙니다. 제자도는 오히

려 끊임없이 새로운 은혜를 경험하는 것입니다. 얼마나 깊은 역설입니까! 아브라함과 이삭과 야곱의 하나님은 언제나 동일한 분이시지만, 그분만이 우리를 단조로움과 율법에서 자유롭게 하십니다. 그분 안에서 모든 것이 새로워집니다.

물질주의를 경계해야 합니다. 돈이나 물질이 마음과 영혼을 지배하지 못하도록 말입니다. 예수님은 "아무도 두 주인을 섬기지 못한다. 너희는 하나님과 재물을 아울러 섬길 수 없다"(마 6:24)라고 말씀하셨습니다. 물질 자체가 죄는 아닙니다. 삶의 일부입니다. 그러나 물질은 교회의 일을 위해 써야 합니다. 결국 우리의 태도에 달렸습니다. 영혼이 변질되면 물질이 삶을 파괴할 길을 열어줍니다. 하지만 한 사람이 하나님과 교회와 맺는 관계가 건강하면 물질의 지배를 받지 않으면서도 잘 사용할 수 있습니다.

___ 우리는 부드러운 말로 호감을 사는 일에 관심이 없습니다. 더불어 사는 삶에는 아주 많은 것이 요구됩니다. 오늘날 우리는 집과 가정, 일과 일용할 양식이 있습니다. 그러나 재세례파, 퀘이커, 그리고 다른 철저한 제자도 운동의 역사가 보여주듯 내일 어떤 일을 겪게 될지 모릅니다.

공동체로 살든 그렇지 않든 하나님 안에서 살 때 만나는 엄청난 위험 가운데 하나는 돈, 즉 맘몬입니다. 예수님은 "너의 보물이 있는 곳에, 너의 마음도 있을 것이다"(마 6:21)라고 분명하게 말씀하십니다. 초대 기독교 선지자 헤르마스는 밭과 집같이 세상의 가치를 소유할 때 오는 위험에 대해 말하며 이렇게 외칩니다. "두 마음을 품은 어리석고 악한 자여, 너희는 이곳에 있는 모든 것이 너희의 것이 아니며 너희의 본성과 다른 세력에 속한 것임을 알지 못하는가?"* 재산을 함께 나누는 공동체에 살더라도 여전히 맘몬의 위험은 존재합니다. 예수님은 이렇게 말씀하십니다. "여우도 굴이 있고, 하늘을 나는 새도 보금자리가 있으나, 인자는 머리 둘 곳이 없다"(눅 9:58).

한 사람이 특정 사람들의 모임에 자신을 결속시킬 수 있을까요? 구성원 서약을 할 때 우리는 이렇게 묻습니다. "자신을 하나님과 그리스도, 형제자매들에게 주저 없이 내어줄 준비가 되어 있습니까?" 여기서 문제는 하나님과 예수님에게 순복하는 것이 아니라 "형제자매들에게 내어줄 수 있는가?"입니다. "하나님, 그리스도, 그리고 형제자매들에게 자신을 내어준다"라는 말을 묵상하며 헌신이란 어떤 의미가 있는지 생각해봤습니다. 우리는 "너희는 내 앞에서 다른 신들을 섬기지 못한다"(출 20:3)라는 첫째 계명과 "네 이웃을 네 몸과 같이 사랑하여라"(마 22:39)라는 예수님의 명령을 알고 있습니다. "하나님을 사랑한

---

* 에버하르트 아놀드, 황의무 옮김, 《초기 그리스도인의 육성》(대장간, 2020), 295쪽.

다고 하면서, 자기 형제자매를 미워하면, 그는 거짓말쟁이"(요일 4:20)라는 것도 압니다. 따라서 하나님에 대한 헌신과 하나님을 따르려는 형제자매에 대한 헌신을 따로 떼어놓을 수는 없습니다.

그렇다고 무조건 누구에게나 헌신하는 것은 위험합니다. '형제자매들에게' 자신을 맡기는데, 만약 그 형제자매들이 조금이라도 잘못을 저지르면 어떻게 해야 합니까? 종교 단체들은 한두 세대가 지나면 어떤 점에서 지나치게 완고해질 수 있습니다. 자신이 옳다고 여기는 일에 율법적이 될 수 있는데, 그렇게 되면 내면의 삶은 억압당하게 됩니다.

이런 위험이 드러나면 진짜 질문은 "이런 위험들을 무릅쓰고 우리는 어떻게 여전히 하나가 될 수 있을까?"입니다. 답은 오직 그리스도의 성령 안에서만 찾을 수 있습니다. 다른 답은 없습니다.

___ 교회 안에 다른 사람을 향한 부정적 생각과 느낌을 솔직하게 고백하셨다니 감사합니다. 하나님은 좋고 나쁜 감정보다 더 강하신 분입니다. 그분은 우리에게 사랑을 주시고 좋고 나쁜 감정까지 극복되는 공동체를 주십니다.

___ 공동체에 실망하셨다는 말을 충분히 이해합니다. 저 역시 공동체의 역사를 돌이켜보면 몸서리쳐질 때가 있습니다. 형제자매들에게 신실하겠다고 맹세하지만 궁극적으로 공동

체나 교회에 우리의 삶을 드린 것이 아닙니다. 예수님께 우리 자신을 내어드린 것입니다. 그분은 배신당하셨습니다. 모든 제자로부터 버림받는 경험을 하셨습니다. 하나님께도 버림받았습니다. 그런데도 여전히 아버지의 뜻이 다른 무엇보다 중요했습니다. 저 역시 주님의 뜻만 꼭 붙들 테니 당신도 그러하기를 바랍니다. 원수가 수많은 사람을 흩어놓은 이때, 우리는 예수님의 이 말씀을 가슴에 새겨야 합니다. "나와 함께 모으지 않는 사람은 헤치는 사람이다"(마 12:30). 저의 소망은 형제자매들과 모임으로써 예수님과 형제자매를 향한 신실함을 입증하는 것입니다.

공동체에서 살기를 원하는 사람은 하나님 한 분만을 위해 그렇게 해야 합니다. 그러지 않으면 아무리 좋은 뜻을 가졌다 해도 교회의 내적 삶에 기생하고 맙니다. 다른 사람보다 더 많은 시간을 일하고, 더 많은 소득을 내더라도 오히려 우리의 노력이 형제자매들에게 큰 짐을 지게 할 수 있습니다. 우리의 문은 모두에게 열려 있지만, 함께 머물기를 바라는 사람은 모두 온전한 제자도의 도전을 받아들여야 합니다. 그러지 않으면 우리 공동체는 산산조각이 날 것입니다.

예수님이 사람들을 모으시고 하나 되게 하셔서 완전한 공동체를 이루시는 것을 삶으로 증거한다는 말은 그분의 말씀과 성품을 따라 사는 것을 의미합니다. 그러나 공동체 자체가 가장 중요한 것은 아닙니다. 중요한 건 사랑입니다. 일하는 공동체와 나눔의 공동체, 밥상 공동체는 이러한 사랑의 열매일 뿐입니다.

___ 하나님이 새로운 일원을 주셔서 공동체를 든든히 세우실 때마다 감사합니다. 그러나 듣기 좋은 말로 구성원을 '만들거나' 좋은 인상을 주어 구성원이 되도록 설득하고 싶지는 않습니다. 공동체 삶은 너무나도 많은 고통과 어려움이 따르기 때문에 하나님의 능력을 온전히 신뢰하지 않고서는 이 분투가 주는 시험을 견딜 수 없습니다. 우리 안에는 그럴 힘이 없습니다. 오직 하나님이 힘의 원천입니다.

리더십

진정한 그리스도의 교회는 분명한 리더십 없이는 살아 있는 유기체가 될 수 없습니다. 공동체라는 배를 이끌어야 할 키잡이가 필요합니다. 그 사람은 위로부터 겸손하게 인도를 받아야 하고 자신이 섬기는 형제들을 존경하고 존중해야 합니다. 위로부터 인도를 받는다는 것은 교회 전체에 말씀하시는 성령의 음성에 귀 기울인다는 말입니다. 지도자는 스스로 고립되어서는 안 됩니다. 모든 구성원과 친밀하게 협력할 때 문제에 완전하고 분명한 방향을 찾을 수 있습니다. 이는 실제적 문제뿐만 아니라 믿음에 관한 사안들과 교회의 내적인 태도에도 적용되는 진리입니다.

지도자의 섬김을 포함해 교회를 위한 진정한 섬김은 몸의 각 장기가 몸 전체를 위해 일하는 것과 같으므로 사랑과 신실, 정직과 어린아이 같은 마음으로 해야 합니다. 어떤 일에 책임을 맡는다고 해서 다른 사람보다 높은 건 아닙니다. 높은 사람도 낮은 사람도 없습니다. 우리 모두는 한 몸의 일부입니다.

진정한 리더십은 섬김을 뜻하므로 그걸 악용해 다른 사람에게 힘을 행사하는 건 끔찍한 일입니다(벧전 5:1-4). 그런 리더십

남용이 교회 공동체에서 일어난다는 건 특히 악한 일입니다. 형제자매들은 교회를 신뢰해 자발적으로 마음을 열어 자신을 내어주기 때문입니다. 독재국가에서 사람들은 그 권력이 악하다는 것을 알고 거부감이 들더라도 더 큰 권력에 굴복할지도 모릅니다. 그러나 지도자를 신뢰하는 형제자매들의 공동체에서 리더십을 악용하는 일은 영혼의 살인입니다.

어떤 형제들에게 교회를 이끌어달라고 부탁할 때는 그들에게 많은 것을 주시기를 하나님께 요청해야 합니다. 동시에 우리는 하나님께서 만드신 모습 그대로의 형제들을 받아들여야 합니다. 섬기는 형제들은 주제넘은 행동을 피하고, 오직 하나님으로부터 받은 것만 표현해야 합니다. 그 이상을 기대해서는 안 됩니다. 만약 이 형제들에게 진정한 자기 역할이 아닌 다른 것을 강요한다면 끔찍한 결과가 일어날 겁니다. 귀가 될 사람이 눈이 되기를 기대해서는 안 됩니다.

교회 지도자들의 권위는 사람들을 지배하는 권위가 아님을 아주 분명히 해야 합니다. 예수님은 제자들에게 권위를 주실 때 사람들을 지배하는 권위가 아니라 영들을 다스리는 권위를 주셨습니다. 교회를 이끌도록 세워진 사람들도 같은 의미의 권위를 받았습니다. 사람을 지배하는 권위를 받은 게 아닌 데도 너무 쉽게 잊힙니다. 우리는 거듭하여 겸손의 길을 찾아야 합니다.

말씀의 종*은 잘못된 것을 가르치거나 진실을 억누를 위험에 늘 노출되어 있습니다. 아주 두려운 일입니다. 그러니 말씀의 종들을 위해 중보기도 해주십시오. 바울은 어떤 것도 가볍게 무시하지 않고 교회의 사도로서 모든 임무를 다했다고 말할 수 있었습니다(행 20:20-27). 제 마음을 아주 깊이 찌르는 말입니다. 모든 말씀의 종이 주의 말씀을 하나라도 왜곡하거나 바꾸지 않고 복음 전체를 늘 새롭게 교회에 전할 수 있도록 기도해 주십시오.

예수님은 많이 받은 사람에게는 많은 것을 요구하겠다고 분명히 말씀하십니다(눅 12:48). 말씀의 종에게는 다른 사람보다 많은 것이 요구된다는 것을 알아야 합니다. 말씀의 종 임무에는 어떤 특권도 없습니다.

교회의 리더라도 잘못을 했다면 마땅히 권면을 받아야 합니다. 저는 몇 년 전 모임에서 어떤 사람에게 크게 화를 낸 적이 있습니다. 그러자 모임이 끝나고 한 구성원이 저를 불러 "형제님의 분노가 성령님이 주신 거라고 정말 확신하나요?"라고 물었는데, 아주 감사했던 기억이 납니다. 저는 그렇지 않았다는 것을 인정해야 했고, 다시 모임을 열어서 제 잘못을 바로잡았습니다. 만약 저나 다른 사람이 권위를 악용한다고 느끼면 부디 제게 알리고 도움을 주십시오.

------

* 목사이자 목회자를 뜻함. 공동체의 내적·외적 안녕을 돌보기 위해 만장일치로 선택된 형제를 뜻한다. 이 용어는 기독교 공동체의 진정한 리더십은 섬김에 있다는 믿음을 반영한다.

우리는 한 사람에게 구속된 공동체를 원하지 않습니다. 교회 안에서의 섬김이 그게 가르치는 일이든 아니면 상담하는 일이든 다른 사람을 정서적으로 구속한다면 그것만큼 두려운 것이 없습니다. 아주 끔찍한 일입니다. 저는 절대로 그러고 싶지 않습니다. 그리스도 안에서 함께 결합해야 합니다.

공동체 안에서 특히 사람의 영혼과 몸을 지배하는 것만큼 제가 끔찍하게 여기는 것이 없습니다. 저는 삶이 끝날 때까지 이 악에 대항해 싸우겠다고 스스로에게 약속했습니다. 제가 다른 사람을 지배하기 위해 권력을 사용했다고 지적을 받으면 모르고 그랬더라도 진심으로 회개하겠습니다. 사사로운 권력은 살아 있는 교회에 가장 큰 적입니다.

예수님은 어린아이 하나를 제자들 가운데에 세우시고 "너희가 돌이켜서 어린이들과 같이 되지 않으면, 절대로 하늘나라에 들어가지 못할 것이다. 그러므로 누구든지 이 어린이와 같이 자기를 낮추는 사람이 하늘나라에서는 가장 큰 사람이다"(마 18:2-4)라고 말씀하셨습니다. 이렇게 예수님은 어린아이 같은 영을 사랑하셨습니다. 우리도 마찬가지입니다. 결혼 생활에서 남편과 아내는 서로 가장 낮은 사람이 되고자 해야 합니다. 교회 공동체에서도 장로든 청지기든 누구든지 구성원 각자는 가장 낮은 사람이 되어야 합니다. 이것이 우리의 목표입니다.

진리를 말하는 것이 교회 지도자의 임무이지만, 그것이 똑똑하거나 우월한 사람에게만 주어진 은사는 아닙니다. 만약 그랬다면 대부분의 사람들은 예수님의 제자가 되거나 교회의 지도자가 되는 걸 두려워했을 겁니다. 진리를 잘 받아들이는 것은 사람의 지성이 아니라 어린아이 같은 영입니다. 예수님은 "어린이들과 같이 되지 않으면, 절대로 하늘나라에 들어가지 못할 것이다"(마 18:3)라고 하십니다. 어린아이 같은 영은 **성령**이고, 성령 안에 머뭅니다. 그것은 권위이며 계시이기 때문입니다. 진리는 오직 아이들과 단순한 마음을 가진 이에게 드러난다는 이 깨달음은 예수님의 제자도에서 결정적으로 중요합니다(마 11:25).

＿ 지난 모임에 대한 생각을 나누어주셔서 고맙습니다. 다루어야 할 중요한 사안들이 많이 있었는데, 사소한 이야기 때문에 길을 잃고 말았습니다. 장로로서 보여야 할 리더십이 부족했습니다. 늘 긴장이 됩니다. 독단적으로 이끌 수는 없지만, 모든 사람이 그저 자기 좋은 대로 이야기하는 것도 좋지 않습니다. 그러면 하나님의 영이 말씀하실 수 없기 때문입니다.

교회로부터 특별한 책임을 맡은 사람들, 예를 들어 말씀의 종, 살림지기, 청지기*, 작업 책임자, 또는 건물 관리자는 겸손히

---

* 공동체의 재정을 관리하는 사람 – 옮긴이

섬길 수도 있고 반대로 부하를 다루듯 군림할 수도 있습니다. 아이들을 돌보는 어른도 같은 위험에 빠질 수 있습니다. 저마다 높은 사람이 되려는 성향이 있기 때문입니다. 작은 우두머리 행세를 하려는 의도처럼 사소한 것도 훗날 아주 큰 고통을 낳는 악의 시작입니다.

책임 있는 위치에서 자신의 권위로 형제자매를 부하처럼 대할 때 그들이 주게 될 상처는 상상할 수 없을 정도로 큽니다. 말씀의 종이 우두머리 행세를 하면 우리는 용기가 있어야 위험을 무릅쓰고 항의할 수 있습니다. 모두가 그런 용기를 갖기를 바랍니다. 예수님만이, 어느 누구도 아닌 예수님만이 우리의 주인이며 우리는 모두 형제입니다.

교회의 지도자는 자기에게 맡겨진 영혼에 어떤 권리도 없습니다. 예수님이 어떻게 베드로에게 당신의 양들을 맡기셨는지 생각해보십시오. 예수님은 그에게 어떤 권리도 주지 않으셨습니다. 그저 "네가 나를 사랑하느냐?"라고 물으셨을 뿐입니다. 그리고 "내 양 떼를 먹여라"라고 말씀하셨습니다(요 21:16-17). 섬겨야 할 목사가 영혼을 통치할 권리가 있다고 생각하는 것은 끔찍한 죄입니다. 살인과도 같습니다. 어린이들을 돌보는 어른도 마찬가지입니다.

저는 인간적인 영광을 절대 원하지 않습니다. 누가 됐든지 절대로 사람이 아닌, 오직 그 사람 안에 있는 그리스도께만 영광을 돌리십시오(고전 3:1-15). 우리는 사람 숭배에 반대합니다. 파벌을 만드는 탓입니다. 파벌의 우두머리는 자기가 위대하다고 생각하지만 그건 망상입니다. 우리는 형제자매 안에 있는 그리스도를 높이기 원하고 그리스도가 명령하신 대로 서로 사랑하기 원합니다. 우리는 하나님 앞에서 인간의 위대함을 내세우는 어리석음을 거부합니다.

모든 권세와 영이 굴복되기를, 그리고 사랑하는 예수님께서 못 박히신 손을 우리에게 얹으시길 간절히 원합니다. 그분이 언제나 우리와 함께하시고, 우리가 그분을 섬길 준비가 되기를 원합니다. 우리 안에 있는 모든 피상적인 것들과 우리를 방해하고 위협하는 모든 것들이 녹아 없어지길 원합니다. 예수님 홀로 통치하신다는 것을 인정하길 원합니다. 네, 모든 것이 그분 손에 있습니다. 그분은 모든 힘과 권세를 통치하는 분이고, 교회의 머리이자 포도나무입니다. 우리는 가지일 뿐입니다.

그리스도의 계시는 어떤 인간의 빛도 허용하지 않습니다. 말씀의 종 안에 인간적인 빛이 있다면, 자만에 차거나 주제넘은 행동을 한다면, 그것은 사라져야 합니다. 오직 예수님의 빛이 교회를 다스려야 합니다. 하나님은 인간적인 빛이 필요 없으십니다. 그분은 어둠 속에서 당신의 빛을 기다리는 사람들, 진실에 굶주리고 생명의 물에 목마른 사람들을 기다리십니다. 자신의 명성을 위해 복음을 설교하거나, 하나님 없이는 아무것도 할 수 없다고 인정하지 않는다면 그는 도둑입니다. 예수님의 말씀을 훔쳐서 자신의 영광을 위해 사용하는 꼴입니다.

어떤 사람이나 공동체도 예수님과 하나 되지 않고서는 열매 맺을 수 없습니다(요 15:4). 한번 예수님을 따르기로 한 사람은 포도나무의 가지가 되어 더 이상 자신을 위해 살 수 없습니다. 자만과 자기 영광 때문에 스스로를 분리시키고 소외시키는 것은 사탄의 일이며, 이는 결국 죽음으로 끝나게 됩니다. 모든 성도, 특히 지도자들이 예수님 안에 살기를 바랍니다. 무엇보다 그리스도가 그들 안에 사시기를 바랍니다.

은사

___ 주변 사람들에게 사랑을 실천하는 것만큼 일상에 중요한 일이 없음을 절대 잊지 마십시오. 다른 일은 하나님 앞에서 아무런 값어치가 없을 뿐만 아니라 그분에게서 우리를 떼어 놓거나 형제들 사이를 갈라놓을 수 있습니다. 예수님이 최후의 심판에 관한 예언을 하시면서 이것을 우리 마음에 얼마나 강하게 새기셨는지요(마 25:31-46). 중요한 것은 우리가 얼마나 잘 조직되었거나 옳은 행동을 하는지가 아닙니다. 굶주린 사람에게 먹을 것을 주고, 나그네를 대접하고, 헐벗은 사람에게 옷을 주고, 아프거나 감옥에 갇힌 사람을 방문하는 일이 중요합니다. 즉, 사랑과 긍휼의 행동을 하는 것이 중요합니다. 다른 이의 필요를 그냥 지나치지 말고, 사랑을 굳세게 하는 말과 행동을 잊지 말아야 합니다.

은사가 너무 적어서 하나님의 감동을 못 받는 사람이 없는 것처럼, 은사가 너무 넘쳐서 단순한 육체노동을 못 할 사람도 없습니다. 우리에게 요구되는 일은 어떤 것이라도 마다하지 않고 가장 낮은 자리에서 섬길 준비를 해야 합니다. 아무리 재능이 탁월한 사람이라도 겸손이 부족하고 예수님의 영에 감동하지 않는다면 그 삶은 좋은 열매를 맺지 못합니다.

달란트 비유는 아마 교회를 생각해보면 가장 잘 이해될 겁니다. 달란트는 각기 다른 형제자매가 받은 은사입니다(마 25:14-30). 한 사람은 지혜의 은사를 받고, 다른 사람은 지식과 믿음의 은사를, 또 어떤 이는 병 고침, 영 분별, 방언, 통역의 은사를 받습니다(고전 12:8-10). 이 은사들은 교회의 리더십을 포함해 다양한 임무를 위해 필요합니다. 각 은사의 중요도에는 차이가 없습니다. 모두 한 몸의 일부입니다. 눈이 귀보다 더 중요한 게 아니라 서로 다른 기관일 뿐입니다.

어떤 사람은 은사의 차이가 완전히 사라지기를 원합니다. 모두에게 똑같은 은사가 주어진다면 누가 누구인지 구별할 수 없어 오히려 진정한 정의가 이뤄진다고 생각합니다. 그러나 그건 예수님의 복음이 아닙니다. 마태복음 25장 24-30절에서 우리는 한 달란트를 받은 남자를 봅니다. 그 사람은 공평하지 않다며 주인을 미워했습니다. 자기가 받은 달란트로 아무것도 하지 않고 마음만 굳게 했습니다. 그는 사랑만 부족했던 게 아니라, 마음이 증오로 가득 차 있었던 겁니다. "주인님, 저는 당신이 굳은 분인 줄 알았습니다"라는 말까지 했습니다. 자기는 공평한 몫을 받지 않았고, 다른 사람이 하나님으로부터 더 많이 받았다고 느끼는 것은, 우리가 할 수 있는 최악의 판단입니다. 그렇게 해서 몹시 시기하고 강퍅해지면 한 몸에서 멀리 떨어져 나가게 됩니다. 그러면 그 몸에 어떤 방법으로도 기여하지 못하게 됩니다. 이 비유에서 주인은 "너는 적어도 내 돈을 돈놀이하는 사람에게 맡겼어야 했다"라고 합니다. 그 말은 "적어도 네가 할 수 있는 작은 일을 하라"는 뜻입니다.

어떤 사람은 똑똑하고, 어떤 사람은 손재주가 있고, 어떤 사람은 음악적 재능이 풍부합니다. 이런 자연적인 은사가 묻혀서는 안 됩니다. 하지만 교회의 공공선을 위해 종종 희생되어야 할 때도 있습니다. 그런데 지적인 은사가 있는 사람이 자기는 지적인 일만 할 수 있고, 그렇지 않으면 "달란트를 땅에 묻게 된다"(마 25:18)라고 생각하는 건 옳지 않습니다. 음악적 재능이 뛰어난 사람이 하찮은 일을 하면서 재능을 낭비한다고 생각하는 것도 잘못입니다. 우리는 한 몸을 위해 타고난 재능까지도 기꺼이 희생할 수 있어야 합니다.

＿ 받은 은사가 별로 없다고 적으셨군요. 그건 문제가 아닙니다. 하나님의 쓰임을 받지 못할 만큼 은사가 적은 사람은 없습니다. 중요한 건 **가진** 은사를 사용하는 것입니다(벧전 4:8-11). 하나님이 사용하시도록 하는 겁니다. 문제는 은사의 부족이 아니라 하나님의 쓰임을 받을 준비가 부족하다는 것입니다.

고린도전서 12-13장에서 사도 바울은 예언과 리더십, 치유와 방언 등 여러 은사에 관해 말합니다. 그러고 나서 바울은 이런 위대한 은사도 사랑이 없으면 아무것도 아니라고 말합니다. 우리 공동의 삶은 선물이지만, 하나님이 사랑을 거듭 주시지 않으면 공동체는 생명 없는 기계가 될 것입니다.

영들을 분별하는 은사는 살아 있는 교회에 절대적으로 중요하지만, 반드시 하나님께서 주셔야 합니다. 인간적인 은사가 아닙니다. 우리가 개인 또는 단체로서 우리 가운데 영들의 혼합을 묵인한다면, 아량이 넓어 보일지 모르지만 하나님의 영에서 멀어지게 됩니다.

다른 한편으로 인간적인 열심으로 불순결과 거짓 영에 맞서 싸우고, 교회에 거짓된 것이 들어오는 게 두려워 서로 바로잡거나 비판하는 것을 조심해야 합니다. 영들을 분별하는 일도 중요하지만, 인간적인 방법으로는 도움이 안 된다는 것도 알아야 합니다.

밀과 가라지가 한 밭에 같이 자란다는 비유는 우리 힘으로 '밭을 깨끗하게' 하려는 시도가 어떤 해를 끼치는지 보여줍니다(마 13:24-30). 제자들은 열심으로 가득했지만, 예수님은 조심하라고 경고하시면서 "기다려라, 가라지를 뽑다가 밀까지 뽑지 않게 하라"(마 13:29)라고 말씀하셨습니다. 우리는 서로를 너무 고치려 하고, 지나치게 권면할 위험이 있습니다. 하나님께 더 의지하는 것만이 답입니다.

오순절 때 성령이 부어지면서 방언의 은사가 내렸습니다(행 2:4). 그것은 분명 신성하고 거룩한 경험이었고, 존중받아 마땅

합니다. 저는 오늘날에도 그런 거룩한 경험이 주어질 거라고 믿습니다. 그러나 거짓된 영은 조심해야 합니다.

사람들은 '성령에 충만'한 상태와 '성령의 은사'를 지니는 일에 관해 지나치게 가볍게 이야기합니다. 이런 용어는 종종 방언에도 쓰이는데, 사실 신약성경에는 몇 가지 예에서만 사용됐습니다. 방언을 언급하지 않은 예가 숱합니다. 방언이라는 증거 없이는 성령으로 충만할 수 없다고 누가 감히 말할 수 있습니까? 오순절이 있기 30년 전, 엘리사벳과 사가랴는 "성령으로 충만했습니다"(눅 1:41, 67). 그리고 방언을 하지 않더라도 구원을 받은 예가 헤아릴 수 없이 많습니다.

초대교회에서 방언은 회개와 깊이 연결되어 있었습니다. 예수님은 회개를 촉구하면서 사역을 시작하셨고, 사도 베드로 역시 "회개하십시오. 그리고 여러분 각 사람은 예수 그리스도의 이름으로 세례를 받고, 죄 용서를 받으십시오"(행 2:38)라며 전도를 시작했습니다. 우리가 철저히 회개하지 않고서 예수 그리스도를 믿는다면 성령을 아직 받지 않은 것입니다. 불행하게도 오늘날 방언을 '성령이 충만'한 것으로 보는 많은 운동에 정작 회개는 모자라는 형편입니다.

특정한 감정이 넘쳐흐르는 경험을 성령을 받은 것과 똑같이 여기는 건 지혜롭지 못합니다. 마치 성령이 일하시는 방법이 하나밖에 없다는 듯 말입니다! 성령의 임재는 우리의 감정에 의존하지 않고, 그리스도와 이루는 일치에 달려 있으며, 이는 우리의 믿음을 통해 하나님에 의해 성취됩니다. 성령을 받는 성경적 조건은 회개와 그리스도를 향한 믿음, 그리고 우리의 죄를 사함 받거나 용서받는 것입니다.

__ 사도행전 2장과 고린도전서 12장에 묘사된 방언의 은사를 경외해야 합니다. 그러나 그런 은사를 이용해 교육이나 종교를 만드는 것은 잘못이며 건강하지 않습니다. 고린도전서 13장은 우리에게 믿음, 소망, 사랑이라는 더 높은 은사를 구하라고, 사랑이 으뜸이라고 말합니다.

사랑의 은사는 우리를 예수 그리스도와 공동체, 구제와 선교로 이끕니다. 우리만의 영적 은사에 대해 말하게 하지 않습니다. 사랑으로 충만해 있다면 방언으로 말할 수도 있겠지만, 자랑할 필요는 없습니다. 예수님은 "골방에 들어가 문을 닫고서, 숨어서 계시는 네 아버지께 기도하여라. 그리하면 숨어서 보시는 너의 아버지께서 너에게 갚아주실 것이다"(마 6:6)라고 말씀하십니다.

방언을 지나치게 강조하는 은사주의 운동은 분열을 낳는 잘못된 가르침에 기초합니다. 그러면 하나님이 아니라 사람에게 존경과 영광을 돌리게 됩니다. 만약 누가 저를 찾아와 방언으로 말할 수 있다고 한다면 말보다는 산상수훈에 묘사된 대로 성령의 열매를 보이라고 충고하겠습니다. 예수님은 우리에게 방언으로 말하라고 가르치신 게 아니라 우리의 종교를 드러내는 걸 삼가고 겸손과 사랑, 연합의 길을 가라고 가르치셨습니다.

인간의 발전이 역사를 바꾸는 게 아니라 살아 계신 하나님이 사람들의 삶에 개입하실 때 그런 일이 일어납니다. 그분이 우리를 만지신 다음에야 마음과 영혼의 변화, 성령과 하나님 나라의 임재가 이뤄지길 기대할 수 있습니다. 성령은 하나님의 기쁨, 사랑의 기쁨, 형제자매와 나누는 기쁨, 남자와 여자가 순결한 관계 안에서 누리는 기쁨, 여러 인종과 국가 사이의 정의와 평화의 기쁨을 가져다줍니다. 물론 우리는 여전히 가난하고 무력하며 신음합니다. 그러나 하나님과 하나님의 기쁨과 그의 나라가 땅과 하늘을 바꿀 수 있다 걸 믿어야 합니다!

용서

형제나 이웃, 심지어 원수를 용서하지 않은 채 기도하는 것은 말도 안 됩니다. 예수님은 "너희가 남을 용서해주지 않으면, 너희 아버지께서도 너희의 잘못을 용서해주지 않으실 것이다"(마 6:15)라고 분명하게 말씀하십니다. 한 글자도 바꿀 수 없는 진리입니다. 그리스도 안에서 평화를 찾는 유일한 길은 형제들과 평화를 이루는 것입니다. 용서하지 않는 마음은 분리를 낳고, 분리는 마음에 상처를 내고 결국 죽음으로 이끕니다. 완벽한 평화는 완벽한 정직을 요구합니다. 진리를 품고 사랑에 정직할 때만 형제들과 평화롭게 살 수 있습니다.

___ 진정한 죄 용서는 예수님 안에서만 가능합니다(엡 1:7, 골 1:14). 세상 사람들은 서로 죄를 용서하지만, 예수님이 빠져 있으므로 아무런 도움이 되지 않습니다. 종교개혁 당시 엄청난 영향력이 있던 가톨릭교회는 면죄부를 팔아서 죄를 '용서'했습니다. 오늘날에는 심리학자와 정신과 의사가 죄를 '용서'합니다. 그들은 "당신은 죄를 짓지 않았습니다. 당신의 행동은 아주 정상입니다. 잘못된 게 하나도 없어요. 양심에

걸릴 것도 없고요. 당신도 어쩔 수 없는 일입니다"라고 말합
니다. 이게 세상이 죄를 용서하는 방식입니다.

제단에 제물을 드리기 전에 서로 화해하라는 예수님의 말씀을
(마 5:23-24) 더 이상 진지하게 받아들이지 않기 때문에 교회와
기독교 공동체 안에서 잘못된 일들이 벌어집니다. 예수님이 이
렇게 말씀하셨고 그분을 따르는 우리는 이 말씀을 증거할 책
임이 있습니다. 우리 사이에 평화가 없다면 함께 기도하거나
주의 만찬에 참여해서는 안 된다는 말입니다. 사람들이 문제를
풀지 않은 채 함께 기도하는 일이 너무 잦습니다. 공동체의 삶
이나 결혼은 그렇게 지탱될 수 없습니다. 끊임없이 그릇된 일
을 고백해 바로잡고 서로 용서해야 합니다.

만약 응어리진 감정을 계속 품으면 하나님께 가는 문은 닫
혀버릴 것입니다. 문이 단단히 닫혀 그분에게 갈 길이 영영 막
히게 됩니다. 우리가 다른 이를 용서해야만 용서받을 수 있습
니다(마 6:14-15). 자기도 모르는 사이에 원한을 품고 있으므로
많은 기도가 하나님께 들리지 않는 것이라고 저는 확신합니다.
예수께서는 기도하기 전에 용서하라고 여러 번 말씀하십니다.
예수님을 찾는다면 용서하는 마음을 가져야 합니다.

사도들의 시대에 그랬듯이, 오늘날에도 예수 그리스도의 교
회는 하나님 나라를 대표하는 권위를 지닙니다. 교회는 풀거나
매고, 용서하거나 용서하지 않을 권위가 있습니다(마 18:18). 용
서 없이는 어떤 양심도 살 수 없고, 용서 없이는 누구도 하나님

나라에 들어갈 수 없습니다. 그러나 먼저 다른 사람을 용서하지 않으면 우리는 용서받을 수 없습니다.

야고보서는 용서받기 위해 서로 죄를 고백하라고 합니다. 그러나 예수님이 우리 안에 사실 때만 가능합니다. 그분 없이는 용서할 수 없습니다.

죄 용서가 성령을 통해 예수님과의 하나 됨 속에서 선포되지 않는 한, 이는 아무 의미가 없습니다. 마지막 심판 때, 우리의 죄를 용서하고 그날에 귀신과 사탄을 이기겠다고 약속하신 분은 바로 예수님입니다. 우리 힘으로는 악을 이길 수 없습니다. 형제애의 삶을 살고 불에 타 순교자가 된다 해도 말입니다. 예수님이 우리 안에 살고 우리가 그분 안에 살지 않는다면 우리의 노력은 모두 헛됩니다.

"예수 그리스도께서는 우리를 사랑하시며, 자기의 피로 우리의 죄에서 우리를 해방하여주셨고… 그에게 영광과 권세가 영원 무궁하도록 있기를 빕니다"(계 1:5-6)라는 말씀은 죄를 용서하는 건 우리가 아니라는 걸 보여줍니다. 죄 용서는 우리를 사랑하셔서 당신 생명의 피로 우리를 해방시킨 그리스도를 통해서만 가능합니다.

우리는 하나된 교회 안에서 죄의 용서를 선언하지만, 사실 용서는 천국에서 내려옵니다. 우리는 아무런 권리도 없습니다. 인간적인 것은 아무런 힘이 없습니다. 십자가의 은혜가 있어야만 합니다. 초가 자기 몸을 태워서 빛을 내듯이, 부활한 그리스도의 빛은 당신의 죽음을 통해 우리를 비춥니다. 그리스도가 우리 안에 일어서실 때는 태양이 떠오를 때처럼 낮이 밤을 이깁니다. 죄의 용서도 똑같습니다. 죄 때문에 괴로워한 **뒤에 자유로워진다는** 것이 무엇을 의미하는지 경험해야 합니다. 그러면 태양이신 그리스도가 어떻게 죄의 용서를 통해 새 빛을 비추는지 보게 될 것입니다.

용서가 지닌 속죄의 능력, 즉 오직 예수님 한 분 안에 있는 이 힘은 살아 있는 교회와 온 세상을 위한 소망의 중심이 되어야 합니다.

용서는 개인의 속죄와 자유를 뜻하지만, 우리는 언제나 온 세상의 속죄라는 더 위대한 상황 안에서 바라봐야 합니다. 용서가 모든 나라와 사람 사이에 평화의 왕국을 자아내길 기대해야 합니다. 신약성경 책장마다 읽을 수 있는 이 기대감은 예수님으로부터 옵니다. 믿는 것만으로는 충분하지 않습니다. 마음속에서 타오르는, 살아 있는 기대감이어야 합니다.

예수님은 우리를 위해 죽으셨기에 그분의 피는 무죄하게 죽임을 당한 사람을 상징하는 아벨의 피보다 더 크게 우리 안에서 울립니다. 예수님 안에서는 살인자라도 용서를 얻을 수 있습니다. 예수님의 피는 사람의 손에 의해 흘린 원성의 피보다 더 크게 울립니다.

용서하면 용서받는다는 그리스도의 위대한 약속을 우리는 받았습니다(마 6:14-15). 다른 사람을 용서하지 않으면 우리도 용서받을 수 없다는 날카로운 경고도 분명히 받았습니다. 새로운 눈으로 서로를 바라보고, 서로를 하나님의 선물임을 인정합시다. 서로의 약점을 알더라도 말입니다.

바울은 골로새 교회가 한 몸이 되어 그리스도의 평화 안에서 살라는 부름을 받았다고 적었습니다(골 3:15). 주위에서 하나님의 평화를 느끼는 것으로는 부족합니다. 하나님의 평화가 우리의 마음을 통치해야 합니다. 한 사람의 영혼이 평화를 원하며 신음합니다. 그래서 예수님은 제자들과 보낸 마지막 날 "나는 평화를 너희에게 남겨준다. 내가 너희에게 주는 평화는 세상이 주는 것과 같지 않다"(요 14:27)라고 말씀하셨습니다.

우리는 본래 평화가 없고, 분열되어 있습니다. 그러나 우리는 예수님 안에서 하나님과 화해를 이루라는 부름을 받았습니다. 그분은 우리가 하나님 당신 그리고 다른 사람과의 하나 됨과 평화를 이루도록 용서받을 기회를 주십니다. 자신의 영혼만을 위해 용서를 구하는 것만으로는 충분하지 않습니다. 하나 된 몸 전체, 궁극적으로는 온 창조물을 위해 용서를 구해야 합니다.

분노

___ 자신의 신앙을 진지하게 여기는 그리스도인이라면 누구나 하나님께 버림받는 시간을 통과해야 합니다. 예수님도

그러셨습니다. 그런 때에 답은 하나밖에 없습니다. "아버지, 내 영혼을 아버지 손에 맡깁니다"(눅 23:46). 아무 조건 없이 자신을 아버지에게 드릴 때 길을 보이십니다. 형제를 용서하지 않는 사람은 아무것도 볼 수 없습니다. 하나님의 자비를 경험하지 못할 뿐 아니라 계속 증오하고 용서하지 않으면 여전히 하나님의 버림을 받을 것입니다.

___ 다른 사람의 충고에 예민하게 반응하거나 사랑을 파괴하는 것은 뭐든지 단호하게 거부하십시오. 사랑하는 형제자매님, 여러분만 화를 내야 할 정당한 이유가 있는 게 아닙니다. 저는 많은 사람의 미움과 비난을 받지만, 만약 분한 감정에 진다면 기도의 문은 닫혀버릴 것입니다. 하나님은 용서하는 사람의 말을 들으십니다.

___ 어린 나이에 그렇게 힘겨운 싸움을 하셔야 한다니 마음이 아픕니다. 하지만 그 때문에 아버지를 탓하지는 마세요. 아담으로 인해 우리는 죄와 죽음의 저주 아래 놓였고, 그리스도의 피를 통하지 않고서는 새로운 삶이나 순결한 마음을 얻지 못하게 됐습니다. 저나 당신, 모든 사람에게 적용되는 사실입니다. 예수님을 굳게 붙드십시오.

___ 우리 안에 드러난 거짓 때문에 냉소적이시군요. 맞습니다. 끔찍한 일입니다. 한 사람을 완전히 허물어버릴 정도로

끔찍합니다. 그러나 쓴 마음을 품으면 죄에 죄를 더할 뿐입니다. 시편 22편을 읽어보십시오. 예수님에게 어떤 일이 일어났는지, 그분이 조롱과 경멸, 배반에 어떻게 반응하셨는지 헤아려보십시오. 그런 일조차 그분은 냉소적으로 만들지 못했습니다.

___ 질투하고 미워했던 것을 용서해달라고 하시는군요. 우리는 개인적으로 기꺼이 용서합니다. 그러나 전체의 용서는 예수님과 교회와의 연합이 새롭게 되는 것을 뜻하므로 죄에서 완전히 돌아설 때까지는 불가능합니다.
　화가 난 것은 아닙니다. 그러나 회개하셨다는 것을 더 깊이 증명하지 않으시면 전체를 대신해서 용서를 선포할 수 없습니다. 이미 진정한 회개가 시작되었는지도 모릅니다. 그렇다면 그 방향으로 계속 나아가십시오. 선하신 하나님은 당신을 뿌리치시지 않을 것입니다. 형자매제들 역시 당신을 사랑하고 거부하지 않을 것입니다. 그러나 마음에 질투와 미움이 있는 한, 우리는 하나가 될 수 없습니다.

___ 다른 사람이 준 상처 때문에 화가 나서 일을 못 하겠다고 쓰셨군요. 화는 빛 가운데 드러나 극복되어야 합니다. 궁극적으로 다른 사람의 잘못이 당신을 하나님과 떼어놓지는 못합니다. 오직 자신의 잘못 탓에 그렇게 되지요. 모든 상처와 쓰라림은 극복되어야 합니다. 정말 중요한 일입니다.

__ 소망과 믿음을 굳게 지키십시오. 그러면 깊은 기쁨이 마음을 채우고 상처를 치료할 것입니다. 온갖 공포와 비관을 이기는 그런 기쁨 말입니다. 우리는 무엇보다도 하나님 안에서, 그리고 서로 안에서 기쁨의 삶을 살도록 부름 받았습니다. 가장 깊은 의미의 사랑은 바로 기쁨입니다.

하나 됨

마태복음에서 예수님은 "예루살렘아, 암탉이 병아리를 날개 아래 품듯이, 내가 몇 번이나 네 자녀들을 모아 품으려 하였더냐! 그러나 너희는 원하지 않았다"(마 23:37)라고 말씀하십니다. 이 호소는 "아버지, 내가 아버지 안에 있는 것과 같이, 그들도 하나가 되어서 우리 안에 있게 하여주십시오"(요 17:21)라는 예수님의 마지막 기도와 함께, 우리에게 주는 결정적이고 끊임없는 도전입니다. 이 도전은 형제를 향한 완전한 사랑과 예수님 안에서 하나 됨의 길로 우리를 부릅니다. 그리고 우리가 예수님의 제자인 것을 세상이 알 수 있도록 하나가 되어 예수님을 따르라고 부릅니다.

　같은 소망과 믿음, 같은 기쁨과 기대를 품는 일만큼 사람들을 하나되게 하는 것은 없습니다. 그러니 믿는 사람들이 홀로 서는 것은 아주 슬픈 일입니다. 자신의 믿음 때문에 홀로 서야 하는 사람들, 때로는 감옥에서 몇 년을 보내야 하는 사람들은 늘 있었습니다. 그러나 진정한 기대가 있는 곳에는 사람들이 모이기 마련입니다. 공통의 믿음은 그들을 공동체로 이끌며 서로에게 힘을 주고 용기를 북돋아줍니다. 하나님을 위해 함께

할 때면 언제나 연합되는 힘이 생깁니다. 하나님을 기대하며 사는 모든 사람들과 함께 모이기를 기도합시다.

___ 예수님의 첫 계명은 네 마음과 목숨, 그리고 뜻을 다하여 하나님을 사랑하는 것이고, 그다음 계명은 이웃을 자기 몸과 같이 사랑하는 것(마 22:37-39)입니다. 어느 때보다 개인주의가 심한 시대에 사랑과 신실함으로 서로에게 헌신하는 사람들의 교회가 절실히 필요합니다. 예수님은 사랑의 중요성과 완전한 일치, 즉 예수님이 아버지와 이루었던 그런 일치를 끊임없이 강조하십니다. 저는 우리가 이런 일치의 궁극적 경지에 이른 적이 없다고 생각합니다. 가장 거룩한 순간에도 말입니다. 오직 하나님만이 아십니다. 그러나 우리는 이를 증거하며 살고 싶습니다. 예수님을 향한 헌신과 형제자매들에 대한 헌신을 따로 떼어놓을 수 없습니다(요일 4:19-21).

___ 어디에 있든 예수님을 섬길 수 있는 건 사실입니다. 그러나 두세 사람 또는 더 많은 사람이 그분을 통해 한마음, 한 영혼이 되는 것이 얼마나 특별한 선물인지요! 억지로 만들 수는 없습니다. 이건 선물입니다.

하나님은 모순되지 않으십니다. 어떤 사람에게는 "전쟁에 나가라" 하고, 다른 사람에게는 "전쟁에 나가지 말라" 하거나, 어떤 사람에게는 "결혼 생활에 신실하라"라고 말씀하고, 다른 사람에게는 "이혼할 자유가 있다"라고 말씀하지 않으십니다. 우리가 진리에 열려 있다면, 즉 하나님의 말씀에 귀 기울인다면 그분은 모두에게 한결같이 말씀하시고, 실제적 일들에 대해서도 똑같이 말씀하신다는 것을 알게 됩니다. 우리는 다수가 소수를 지배한다고 믿지 않습니다. 모든 사람에게 같은 진리로 말씀하시는 그리스도가 이루는 만장일치를 믿습니다(고전 1:10). 일치는 우리가 거듭해서 경험하는 은혜이고 기적입니다. 그러나 하나님과 형제자매에게 신실하지 않으면 하나 됨을 빼앗길 수 있습니다.

모든 믿는 이가 이루는 하나 됨은 진리의 유일한 척도입니다. 진정한 하나 됨이 부족해지면, 개인의 힘이나 다른 사람을 압도하는 카리스마적인 개인의 성격이 자리를 잡게 됩니다. 사람들은 단지 누군가 강한 성격의 소유자이거나 지도자라는 이유로 그들의 말을 인간적인 방식으로 듣습니다. 카리스마는 공동체의 잘못된 기초일 뿐만 아니라 동시에 위험한 토양입니다.

성도들이 계속해서 성령과 하나님과 하나 됨을 이루어갈 때만 건강한 내면의 삶을 이룰 수 있습니다. 그럴 때만 각자의 양심이 살아나 마음껏 자라날 수 있으며 진정한 만장일치를 이룰 수 있습니다.

하나 됨이 **어디에서** 이뤄지느냐는 중요하지 않습니다. 중요한 것은 어딘가에 하나 됨이 반드시 **있다는** 것입니다.

오늘날 많은 사람이 방언 같은 종교적 체험이나 카리스마적 은사를 추구합니다. 그러나 그런 은사만 찾다 보면 복음의 핵심을 놓칠 위험이 있습니다. 사랑으로 이루는 하나 됨을 놓칠 수 있습니다. 수많은 사람들이 방언을 한들, 사랑과 하나 됨이 없다면 인류에게 무슨 유익이 될까요?

예수 그리스도를 향한 믿음은 우리를 형제자매가 되게 하고, 함께 그분을 따르자고 부릅니다. 영이 절대적으로 가난해져야 가능합니다. 사람 수를 더 늘리고 싶어서 그러는 것이 아닙니다. 하나 됨에 대한 절박한 필요를 느끼기 때문입니다. 성령은 흩트리지 않고, 일치시킵니다(마 12:30).

다른 교회와 종교 단체들을 화해시키려는 시도는 당연히 좋습니다. 그러나 모든 장애물을 무너뜨리는 진정한 하나 됨은 회개에서 시작합니다. 오순절에 성령이 내리자 사람들은 "형제들이여, 우리가 어떻게 하면 좋겠습니까?"(행 2:37)라고 물었습니다. 마음 깊이 죄책감을 느꼈고 죄를 회개하며 한마음과 한 영혼이 되었습니다. 그런데 불행하게도 오늘날 에큐메니컬 운동(교회 일치 운동)에 참여하는 이들은 장벽이나 울타리를 그대로 둔 채 그 너머로 악수를 청하고 있습니다. 그러나 우리는 사람들 사이에 진정한 하나 됨이 가능하다는 것을 증거해야 합니다. 이 일은 오직 회개를 통해서 이루어지며, 각 사람이 예수님을 인간이자 살아 있는 영이며 주님으로 바라볼 때만 가능합니다.

___ 에큐메니컬 운동은 양보를 통해 차이를 해결하려는 경향이 있습니다. 이런 양보는 회개와 깊은 화해, 그리고 회개의

열매로 자라나는 만장일치를 대신해서 결국에는 심한 악의 자국을 남기는 경우가 많습니다.

감정적인 일치만으로는 충분하지 않습니다. 우리 공동체에서는 문제가 있으면 서로 열어놓고 솔직히 말하고, 서로 권면하고, 권면을 받아들이겠다고 약속합니다. 결과가 두려워서 이런 형제애의 정직함을 피한다면 우리의 하나 됨은 더 이상 진짜가 아닙니다. 하나님의 뜻이란 행함이고, 우리는 행동으로 그분의 뜻에 따라 살아야 합니다. 그렇게 할 때 그리스도께서는 진정으로 하나 되고 성령으로 깨끗해진 교회를 이룰 수 있습니다. 그러면 우리는 남을 향한 적대적 감정을 키우는 대신 초대교회가 그랬듯이 한마음과 한 영혼이 될 것입니다.

예수님은 나무는 열매로 알아본다고 여러 번 말씀하셨습니다 (마 12:33). 이 말씀을 절대 잊어서는 안 됩니다. 오늘의 사회는 어떤 나무입니까? 그 열매는 살인, 불의, 음란, 배신, 그리고 파괴입니다.

예수님은 어떤 열매를 원하셨습니까? 첫 번째 열매는 하나 됨입니다. 하나 됨이 없는데 어떻게 세상이 제자들을 알아볼 수 있습니까? 예수님은 "아버지, 내가 아버지 안에 있는 것과 같이, 그들도 하나가 되어서 우리 안에 있게 하여주십시오"(요 17:21)라고 기도하셨습니다.

어떻게 하면 하나 됨의 열매를 보여주면서도 사회의 일부가 될 수 있을까요? 불가능한 일입니다. 현대 사회는 세상의 영이자 '처음부터 살인자이고 거짓말쟁이'인 맘몬의 지배를 받기 때문입니다(요 8:44). 이 사회는 하나 됨의 영이 아니라 붕괴와 파괴, 분리의 영이 지배합니다. 진정한 하나 됨은 오직 형제애적 삶에서만 찾을 수 있습니다.

그리스도는 새로운 질서에 **온 존재**로 순종하라고 요구하십니다. 시간이 급합니다. 진정한 의미의 책임 의식을 회복합시다! 그리스도와 함께 모이고, 생명 나무의 가지처럼 그분과 하나 됨을 이룹시다!

성령이 다스리는 형제자매의 모임에서는 각각 다른 색을 지닌 무지개처럼 예수님의 다양한 모습을 볼 수 있습니다. 우리는 각자 다르지만, 하나님이 우리를 그렇게 창조하셨기에 참 자신이 아닌 다른 것이 되려고 해서는 안 됩니다. 우리의 마음과 영혼, 온 존재를 예수님에게 드려서 그분이 우리에게 원하시는 것을 이루시도록 해야 합니다. 그때 우리의 삶은 진정한 성취를 이루고, 서로의 다른 모습 그대로, 국적이 달라서 생기는 차이까지도 사랑하게 될 것입니다. 형제자매 한 사람 한 사람 안에 동일한 예수님 한 분이 드러납니다.

교회의 징계[*]

우리 공동체의 모든 구성원은 다시는 일부러 하나님에 맞서
죄를 짓지 않겠다는 의미에서 세례를 받고 서약을 맺습니다.
세례를 받은 후 일부러 하나님에 대적해 죄를 짓는 사람은 새
롭게 시작하기 위해 교회의 징계를 받아야 합니다.

일상에서 짓는 작은 죄는 매일 기도를 통해 용서받을 수 있
습니다. 더 나쁜 죄라면 고백함으로 용서받을 수 있습니다. 야
고보서는 "그러므로 여러분은 서로 죄를 고백하고, 서로를 위
해 기도하십시오. 그러면 여러분은 낫게 될 것입니다"(약 5:16)
라고 말합니다. 더 심각한 죄라면 교회의 징계가 필요합니다.

징계는 당사자의 요청에 따라 이뤄집니다. 경우에 따라 어떤
사람은 회개하고 용서받을 때까지 공동기도와 모임에 올 수
없게 됩니다. 어떤 사람은 '소 제명small exclusion'에 처해질 수
도 있습니다. 이런 경우 공동체의 일상에는 참여하지만, 공동

---

[*] 이 장에 묘사된 교회의 징계에 대한 성경적 기초는 다음 구절을 참조한 것이다.
마 5:29-30; 9:13; 16:19; 18:8-9; 15-20; 눅 15:7-10; 요 20:22-23; 고전 5:1-
5; 딤전 1:20.

기도에는 참여할 수 없고, 평화의 인사를 받지 못하게 됩니다. 만약 중대한 죄라면 교회는 '대 제명great exclusion'을 할 수 있습니다. 이때는 그 사람이 하나님 나라에서 분리됐다고 선포되며, 회개하는 마음을 찾기 전에는 교회 공동체 생활에 참여할 수 없게 됩니다.

특히 흉악하고 의도적인 죄 때문에 회개해야 하는 경우는 바울의 다음 말씀을 사용합니다. "여러분은 그러한 자를 당장 사탄에게 넘겨주어서, 그 육체는 망하게 하고 그의 영은 주님의 날에 구원을 얻게 해야 할 것입니다"(고전 5:5). 바울은 여기서 아버지의 아내와 살고 있는 한 남자에 대해 말하고 있는데, 바울은 그런 죄에 대해서도 제명이 그 사람의 영혼을 구원할 수 있다고 믿었습니다. 우리는 또한 죄를 지은 사람이 징계를 통해 온전한 회개와 용서를 경험할 수 있고 다시 형제자매가 될 수 있다고 믿을 뿐만 아니라 실제로도 그런 경험을 했습니다.

바울은 독성이 강한 잡초가 자라 전체에 독을 퍼뜨리게 내버려 두지 말라고 초대교회에 경고했습니다(히 12:15). 분명히 이 경고는 초기 신자들뿐 아니라 우리에게도 적용됩니다. 교회에서 징계하는 이유는 어떤 독도 교회를 파괴하지 못하도록 하기 위해서입니다. 또 다른 한 이유는 교회의 징계를 받는 사람에게 삶을 새롭게 시작하고 죄의 용서를 발견하며 삶을 깨끗하게 할 기회를 주기 위해서입니다.

자기 마음에 있는 죄 역시 심판받아야 함을 깨달은 다음에야 우리는 다른 형제나 자매를 제명할 수 있습니다. 교회의 징계는 그 사람을 판단하기 위해서가 아니라 그 사람 안에 있는 악을 교회에서 분리하기 위해 이뤄집니다. 우리 마음속에서 거듭 일어나야 할 일입니다.

형제자매들이 교회의 징계를 받아들이면 우리는 그것이 회개의 은혜임을 알아야 합니다. 누군가 진정으로 회개한다는 말은 예수님이 악을 극복하셨다는 뜻이므로, 교회의 징계를 받는 형제자매는 교회 전체뿐만 아니라 온 세상을 섬기는 것입니다. 이런 의미에서 우리는 징계받는 사람을 깊이 존중하고 존경해야 합니다. 우리 자신이 바로 하나님의 자비와 긍휼이 필요한 사람이기 때문입니다.

우리는 교회의 징계를 받는 이에게 사실에도 없는 죄를 단 1밀리그램이라도 더해서는 안 됩니다. 그 사람과 우리, 그리고 인류가 회개하고 하나님과 화해를 이룰 기회를 얻었다는 것에 감사해야 합니다.

교회의 징계는 어둠에 대한 빛의 승리입니다. 한 사람의 치유의 시작입니다. 징계가 유일하고 진정한 의미로 받아들여진다면 그것은 은혜입니다.

제명과 용서는 사실 모두 교회의 징계입니다. 저는 이 문제가 온 세상의 죄를 짊어지시고 사랑으로 죄를 사하시는 구원자 예수님과 긴밀하게 연결되어 있다고 믿습니다. 그분은 모든 사람이 하나님과 이루는 화해를 계속 체험하도록 십자가에서의 죽음을 받아들이셨습니다. 이 화해는 죄의 용서와 분리될 수 없습니다.

교회의 징계 문제는 오늘날 기독교에서 흐지부지되거나 힘을 잃어버렸습니다. 그러나 이것은 일반 기독교의 관점과 브루더호프 공동체의 관점이 대립하는 문제가 아닙니다. 우리는 전적으로 예수님과 사도들의 말씀에 기초해 징계를 이해합니다 (마 18:15-20). 그것만이 유일한 길잡이입니다.

다른 사람의 약점을 가지고 뒷말하는 교회는 죽은 것이나 다름없거나 완전히 죽은 교회입니다. 그곳에는 징계가 없거나 있더라도 찾아보기 힘들고 당연히 용서도 없습니다. 예수님은 명령하셨습니다. "그러므로 네가 제단에 제물을 드리려고 하다가, 네 형제나 자매가 네게 어떤 원한을 품고 있다는 생각이 나거든, 너는 그 제물을 제단 앞에 놓아두고, 먼저 가서 네 형제나 자매와 화해하여라. 그런 다음에 돌아와서 제물을 드려라"(마 5:23-24). 예수님은 세상의 **모든** 사람을, 그 사람이 잘했건 잘못했건 간에, 친구이든 적이든 상관없이, 용서하기 전에는 기도하지 말라고 하셨습니다. 그런데 이 명령은 사람들에게 거의 완전히 잊혔습니다.

예수님이 쓰신 가라지 비유는 종종 죽어가는 교회를 변명할 때 쓰입니다(마 13:24-30). 그러나 저는 이 비유가 교회보다는 세상에 주는 것이라고 믿습니다. 악을 묵인하기 위해 그 말씀을 변명으로 사용해선 안 됩니다. 만약 교회에 죄가 드러나면 교회와 그 죄에 관련된 사람을 사랑하는 마음으로 징계하여 죄의 뿌리를 뽑아야 합니다. 그렇지 않으면 교회 전체를 잃습니다. 바울은 교회가 오점이나 흠이 없어야 하고 예수님처럼 순결하며 거룩해야 한다고 합니다(엡 5:27, 골 1:22). 밀이 있으면 가라지가 있는 법이라며 악을 봐줄 수는 없습니다.

사탄을 물리치는 가장 좋은 방법은 자신을 온전히 예수님에게 드리는 것입니다. 특히 교회의 징계를 받고 있고, 악한 생각과 감정에 시달리고 있는 사람에게 더욱 이 말은 진실입니다. 거듭해서 예수님에게 자신을 내어드려야 합니다. 그것만이 매일 마음에서 일어나는 분투에서 승리하는 길입니다.

히브리서는 하나님의 말씀이 어떤 양날칼보다도 더 날카롭다고 말합니다(히 4:12). 이 날카로움을 먼저 우리 삶에 적용해야 합니다. 그러나 신약은 성령에게서 오는 위대한 긍휼과 사랑, 따뜻함도 말하고 있습니다. 우리는 이 사랑을 언제나 다른 사람들, 특히 죄인들에게 보여주어야 합니다.

예수님에게 어떤 필요라도 아뢸 수 있습니다. 그러면 긍휼과 자비를 경험할 것입니다. 그러나 그분의 준엄한 면도 받아들여야 합니다. 모든 그리스도인은 자신 안에 있는 악을 끊기 위해 고통스럽더라도 그리스도의 사랑으로 진실을 말해주는 사람이 필요합니다.

진리의 소금에 더해 긍휼함과 자비로운 사랑을 달라고 기도해야 합니다. 그러면 우리는 극단에 빠지지 않으며 사랑 없이 말하지 않게 됩니다. 제 아버지는 "자기 형제에게 사랑 없이 권면하는 사람은 살인자"라고 말씀하신 적이 있습니다. 사랑 없이 행동한 적이 있는지 생각하며 우리 모두가 용서를 구해야 합니다.*

어떤 형제나 자매가 잘못하면 찾아가 사랑으로 말해줘야 합니다. 듣는 사람은 솔직한 말에 지나치게 민감하게 반응해서는 안 됩니다. 예수님과 함께 살았던 이들은 솔직한 말을 셀 수 없이 들었습니다. 예수님과 비하면 우리는 너무 예의를 차리고 있습니다. 예수님은 어머니를 존경했지만, 이런 말씀도 하셨습니다. "여자여, 그것이 나와 당신에게 무슨 상관이 있습니까? 아직도 내 때가 오지 않았습니다"(요 2:4). 예수님이 표현한 사랑의 방식은 공손한 길이 아닙니다.

___ 만약 우리 안에서 자기 안주나 비정함, 또는 죄의 구체적인 예를 발견하신다면 꼭 알려주십시오. 그러나 막연하게 비난하시거나 이야기하고 다니시면 안 됩니다. 그런 말은 매우 위험하며 불화를 일으킵니다. 형제자매들을 하나로 모으는 게 아니라 깨뜨리고 멀리 떨어뜨려 놓을 것입니다.

신약을 보면 죄의 용서란 교회와 연결되어 있다는 것을 분명히 알 수 있습니다. 예수님은 교회에 '매고 푸는' 열쇠를 주십니다. 이 세상 어느 곳이든 두세 사람이 그분의 이름으로, 즉 그분에게 완전히 조건 없이 항복하는 정신으로 모인 곳에는

---

* 에버하르트 아놀드는 이렇게 말한 적이 있다. "진실 없는 사랑은 거짓을 낳고, 사랑 없는 진실은 죽음을 낳는다."

매고 풀 수 있는 열쇠가 주어집니다(마 16:19). 용서는 그저 사적인 문제만이 아닙니다.

하나님은 우리가 더 분명히 분별하기를 바라시지만, 더 사랑하고 더 이해하며 더 자비로워지기도 바라십니다. 교회의 징계는 필요하지만, 우리는 "남을 심판하는 사람은 심판받을 것이다"라는 예수님의 말씀을 기억해야 합니다. 사랑은 가장 위대한 선물입니다.

세례

세례를 받을 때 가장 중요한 것 세 가지가 있습니다. 바로 예수 그리스도를 믿는 믿음, 회개를 통해 죄를 용서받는다는 확신, 몸 된 교회와의 하나 됨입니다.

세례란 예수님께서 우리를 용서하실 거라는 믿음으로 자신과 모든 소유를 온전히 예수님께 드리겠다고 하나님과 그분의 교회 앞에 맺는 서약입니다. 예수께서 당신의 이름으로 죄를 용서할 권한을 교회에 주셨지만, 죄의 용서는 오직 예수님의 죽음을 통해 가능합니다(엡 1:7, 요 20:23).

세례를 갈망하는 한 사람 한 사람의 죄를 용서해주시길 기도합니다. 예수님께서 당신의 피로 그들을 정결케 하사 하나님의 자녀로, 참된 형제자매로 삼아주시기를 간구합니다.

세례는 회개의 고백이며, 절대적인 헌신을 뜻합니다. 자신을 내어주고, 그릇이 비워지듯이 예수 그리스도를 위해 완전히 쏟아부어서, 나를 비우고 하나님 앞에서 가난해지는 것입니다.

세례는 하나님 앞에 깨끗한 양심을 지닌다는 선언입니다. 그것은 오직 자비, 즉 우리를 깨끗하게 하시는 그리스도의 피를 통해서만 가능합니다(벧전 3:21). 그리스도의 영, 즉 진리의 영이 양심에 말을 하고, 그 양심이 하나님의 뜻과 일치를 이루도록 이끄는 것입니다. 이런 일치 안에서 하나님과 깨끗한 양심이 하나 될 때 참된 평화가 옵니다. 비로소 양심은 율법과 이 시대의 영적인 세력에서 해방됩니다(롬 7:6).

예수님은 요단강에서 세례를 받았는데, 나는 그분의 세례가 진짜 물속에 잠기는 침례 형식이었다고 믿습니다. 그러나 형식은 중요하지 않습니다. 몸이 잠길 정도의 물이 없다면 머리에 물을 부을 수도 있습니다. 중요한 건 우리가 세례를 통해 그리스도와 함께 묻히고, 하나님이 우리 안에서 일하신다는 믿음으로 예수님과 더불어 죽음에서 일어나는 겁니다. 그리스도께서 그러셨던 것처럼 말입니다(골 2:12).

세례란 하나님과 교회에 완전히 헌신하는 단계이므로 아무에게나 세례를 받으라고 설득하고 싶지 않습니다. 그러나 회개하도록 촉구할 필요는 있습니다. 복음은 죄를 아주 무섭게 책망한다는 걸 짚어줘야 합니다. 물론 복음은 뉘우친 죄인들을 누구보다 더 따뜻하게 맞아줍니다. 하나님께서는 우리의 허물과 어려움을 가지고 나아오라고 계속해서 부르십니다. 그래서 언제라도, 어떤 환경에서라도 믿음으로 주님께 돌아설 수 있는 것입니다.

___ 세례를 받는다고 더 나은 사람이 되는 건 아닙니다. 신이 되려고 산을 오르지 않듯 말입니다. 세상에 내려오신 하나님 앞에서 우리는 언제나 비천한 죄인일 뿐입니다. 우리는

절대 그럴 가치가 없는데도 하나님은 늘 은혜로 가득하시다는 것은 기적입니다.

부모나 사랑하는 사람을 위해서, 혹은 교회의 성도가 되어서 안정감을 누리려고, 내키지 않는 세례를 받는 것보다 아예 받지 않는 게 더 낫습니다. 세례는 개인적인 결단이어야 합니다. 누구도 결정을 대신할 수 없습니다.

숱하게 많은 사람이 세례를 받지만 흔히 세례는 그저 죽은 형식일 뿐입니다. 세례를 받고 싶다면 이렇게 물어보라고 권하고 싶습니다. "나는 다른 누구보다, 아내나 부모, 자녀보다 예수님을 더 사랑하고 그분을 내 안에 모실 준비가 되어 있는가? 모든 것을 예수님과 형제들에게 내어줄 준비가 되어 있는가?"(눅 14:25-27) 답하지 못한다면 세례를 받지 마십시오. 예수님이 우리 속에 사실 수 있도록 그분을 위해 죽을 준비가 되어야 합니다. 예수님이 유일한 보화가 되어야 합니다.

만약 예수님을 위해 세례를 받는다면 그분은 당신을 받아들이고 사랑하며 용서와 평화를 주실 것입니다(롬 8:1-4). 당신 안에 거하시면서 모든 유혹을 이기도록 도우시고, 피로 정결하게 씻어주실 것입니다.

진정한 세례는 예수님의 죽음 그리고 부활과 깊은 관련이 있습니다(롬 6:3-6). 절대 떼어놓을 수 없습니다. 세례는 진정 그리스도와 함께 죽고 그분과 함께 다시 사는 것입니다. '그리스도와 함께 죽는다'는 말이 상투어가 되어 그 힘을 잃은 듯합니다. 그러나 하나님이 이 땅에 오셔서 우리를 위해 돌아가셨다는 의미를 깊이 생각해보면, 그분과 함께 죽어야 한다는 말이 얼마나 심각한지 알게 될 것입니다.

세례는 죄를 고백하고 자신의 삶을 예수님께 완전히 내어드리겠다는 결단이 필요합니다. 일부러 죄를 짓느니 차라리 죽겠다는 뜻입니다. 그리스도가 마음의 평화라는 것과 그리스도가 당신을 위해 죽었다는 것을 개인적으로 경험해야만 합니다. 그러나 그것만으로는 충분하지 않습니다. 그리스도 안에서 훨씬 더 위대한 비전을 가져야 합니다. 개인적인 체험을 잊지 말되, 그 너머에 있는 것을 보아야 합니다. 온 세상의 엄청난 고통과 죄악에 인색해야 합니다. 하나님의 위대하심, 우주의 장엄함, 하나님 나라의 왕이시며 지옥의 열쇠를 쥔 예수님의 위대하심을 깨달아야 합니다(계 1:18). 예수님은 모든 권세를 다스리는 힘을 가지고 계십니다.

세례는 인간이 만든 제도가 아닙니다. 예수 그리스도와 성령의 능력으로 죄를 용서받고, 사탄이 쫓겨나가는 단계입니다. 누구도, 어떤 단체도 할 수 없는 일입니다. 그리스도가 함께해야 가능한 일이기 때문에 세례를 베풀 때는 하나님이 함께해주시길 간청합니다. 우리가 경외하는 그분, 예수 그리스도의 죽음을 믿음으로 죄를 용서하시는 하나님께 간구합니다. 물론 세례를 통해 하나님으로부터 죄를 용서받으려면 먼저 회개해야 합니다. 회개를 심각하게 받아들이고, 인간적인 정의, 인간적인 선함, 인간적인 공평함과 결별해야 합니다. 의인은 하나도 없습니다. 하나님만이 옳습니다. 예수님은 '좋은 사람들', 다시 말해 십자가가 필요 없거나, 아브라함의 자손이기 때문에 이미 구원받았다고 믿었던 사람들에게 오히려 아주 엄하셨습니다. "건강한 사람에게는 의사가 필요하지 않으나, 병든 사람에게는 필요하다. 나는 의인을 부르러 온 것이 아니라 죄인을 부르러 왔다"(막 2:17)라고 말씀하셨습니다.

바울은 우리가 한번 회심하고 세례를 받았으면, 즉 한번 예수님을 따르기로 했다면 더 이상 한 몸의 지체를 죄에 내맡겨서는 안 된다고 말합니다. 아주 중요한 말입니다. 하나님의 은혜와 그분 생각으로 채워야 하고, 더 이상 손으로 피를 흘리거나 불결하고 음란한 짓을 저질러서는 안 되며, 눈은 욕정을 위해 사용하지 말고 형제자매들에게 하나님의 사랑을 전하는 데 써야 합니다. 세례로 우리 자신을 드릴 때 우리의 몸은 고스란히 그리스도가 쓰시도록 봉인됩니다.

그러나 세례를 받아도 악이 우리를 조종하려 한다는 건 모든 사람이 압니다. 그건 어떤 사람에게는 부정, 어떤 사람에게는 자만심 또는 증오나 쓴 뿌리가 될 수도 있습니다. 우리의 미약한 힘으로는 진창에서 빠져나올 수 없습니다. 싸우고 투쟁할 수는 있겠지만, 절대 스스로 자신을 바꿀 수 없습니다. 예수님의 죽음과 용서, 그리고 그분의 힘을 통해 악이 쫓겨나가고, 우리는 마침내 죄의 노예에서 해방됩니다. 유혹이 계속되겠지만, 깊은 믿음의 경험이 답을 줄 겁니다(고전 10:13). 만약 '탐내지 말아라'라는 율법만 있다면 악한 욕망이 우리를 부추길 때 어떻게 해야 할지 모른 채 흔들리고 말 겁니다. 그러나 회개하고 예수님을 만난다면 이겨낼 수 있습니다. 우리는 여전히 연약하지만, 더 이상 죄의 노예는 되지 않을 것입니다.

주의 만찬

주의 만찬은 당신의 몸을 깨뜨려 십자가에 달린 예수님께, 우리 자신을 깨뜨려 드리는 상징이며 표시입니다. 그리스도는 빵을 떼고 포도주를 마시는 각 사람의 마음에 임재하시기를 원하십니다. 당신과 함께 연약해짐으로 우리가 그분의 힘 안에서 강해지고, 함께 교제하는 것이 그분의 바람입니다. 빵과 포도주는 상징일 뿐이지만, 그것이 상징하는 그리스도와의 하나 됨은 위대한 현실입니다. 주의 만찬에서 우리는 그리스도의 공동체를 경험합니다.

여러 밭에서 거둔 밀을 빻아 한 덩어리의 빵을 만들고, 여러 포도원에서 딴 포도로 한 포도주를 담그듯, 서로 다른 문화를 가진 우리도 주의 만찬 안에서 하나 될 수 있습니다(고전 10:16-17). 하지만 자기우월감을 희생할 때만 이런 하나 됨을 이룰 수 있습니다.

주의 만찬은 하나 되는 식사이므로 온전하게 참여할 수 있도록 각자 준비해야 합니다. 이는 세상의 모든 사람과 인종을 속죄하시는 예수님을 기억하는 식사입니다. 또한 우리가 하나님에 대한 신실함의 약속을 새롭게 하고, 마음의 짐을 내려놓음으로 자유로워져서 새롭게 주를 섬기고 헌신하는 시간입니다.

예수님이 마지막 날 밤에 어떻게 이 식사를 준비하셨는지 우리가 기억하듯이, 모든 그리스도인은 그분처럼 생명을 희생할 준비를 해야 함도 기억해야 합니다. 실제로 자신의 생명을 **희생해야** 합니다. 우리는 예수님께서 사셨던 때와 마찬가지로 하나님 나라를 대적하는 세상에 살고 있습니다. 예수님은 당신이 사셨던 것보다 더 나은 삶을 약속하지 않으셨습니다. 오히려 당신의 제자들이 박해받고 주인이 겪은 일을 그들도 똑같이 겪을 거라고 말씀하셨습니다(요 15:18-20).

주의 만찬을 나누면서 우리는 주 예수님에 대한 사랑을 증거합니다. 그분의 죽음은 죄의 용서, 사랑, 그리고 서로의 하나됨을 이루셨습니다. 이는 사실 아주 단순한 식사이지만, 제자들에게 당신을 기억하면서 행하라고 하신 예수님의 부탁대로 우리는 주의 만찬을 기념합니다.

바울은 이 식사에서 합당하지 않게 빵을 먹고 포도주를 마시는 사람은 자기에게 내릴 심판을 먹고 마시는 거라고 말합니다(고전 11:29). 고백하지 않은 죄로 양심에 무거운 짐을 진 채 주의 만찬에 참여해서는 안 된다는 것입니다. 그러나 자격이 없다는 생각으로 자신을 괴롭혀서는 안 됩니다. 여기서 바울은 주의 만찬에 지녀야 할 내적인 태도에 대해서 말하고 있는 겁니다. 하나님은 모세에게 불타는 떨기를 보여주면서 "네가 서 있는 곳은 거룩한 땅이니, 너는 신을 벗어라"(출 3:5)라고 말씀하셨습니다. 우리도 이와 같은 경외심으로 주의 만찬에 참여해야 합니다.

초대교회 사람들은 악한 영이 쫓겨나가도록 자주 만나서 주의 만찬을 기념했습니다. 우리 삶에서 영적 싸움이 벌어질 때, 우리 또한 주의 만찬을 기념할 절박한 필요를 느낍니다. 초대 재세례파 지도자인 외르크 블라우로크Jörg Blaurock는 주의 만찬을 자주 가지면 우리 가운데 거짓 형제가 드러날 것이라고 말했습니다.

주의 만찬에서 빵을 떼고 포도주를 마시면서 우리는 아주 깊은 의미에서 그리스도와 함께하게 됩니다. 바울이 말하듯 주의 만찬은 "주님의 죽으심을 그가 오실 때까지 선포하는 것입니다"(고전 11:26). 그리스도의 죽음이 가장 위대한 역사적인 사건임을 선포합니다. 그분의 상처로 우리가 치유되고, 그분의 고통으로 하나님을 발견하고, 그리고 그분의 위대한 빛으로 사랑을 경험합니다. 그분 홀로 주님과 주인 되시기를 기도합니다. 우리의 온 존재로 그분을, 그분의 길과 그분의 삶을 사랑합시다.

신약성경은 우리가 그리스도를 사랑하면 그분과 함께 죽어야 한다고 말합니다(마 10:39). 이것은 자아의 죽음입니다. 자아의 죽음은 종종 아주 고통스럽고 긴 고투를 치러야 할 때도 있지만, 그리스도와 그분의 십자가를 충분히 깊이 사랑하면 가능한 일입니다. 자기 학대의 문제가 아닙니다. 예수님을 찾는 일입니다.

주의 만찬을 기념할 때 그리스도의 죽음과 그분의 고통만을 기억해서는 안 됩니다. 죽음에서 부활하신 뒤 아버지의 곁에서 교회와 모든 믿는 사람의 마음을 통치하신다는 것도 기억해야 합니다. 우리를 심판하러 다시 오시고, 당신의 놀라운 왕국을 세우겠다는 약속을 기억해야 합니다.

사랑과 결혼*

사랑

예수님은 사랑이란 생명을 빼앗는 것이 아니라 자기 생명을 내어주는 것이며, 힘 있는 사람이 아니라 가장 낮고 겸손한 사람이 되는 것임을 보여주셨습니다. 사랑은 우리를 자유롭게 합니다. 다른 이를 지배하고 통제하려는 사람의 영혼은 고뇌하지만, 사랑으로 불타는 사람의 영혼은 기뻐합니다. 결혼 한 이들의 삶이 이런 사랑에 이끌려 자신보다 상대를 먼저 섬기게 되길 바랍니다. 그러나 이에 앞서 하나님의 위대한 뜻에 헌신하고, 다른 어떤 것보다 심지어 결혼보다도 먼저 하나님을 사랑하기를 바랍니다.

사랑에서 결정적으로 중요한 것은 언제나 비육체적입니다. 중요한 것은 마음과 마음, 영혼과 영혼의 관계입니다. 영혼이

---

* 이 장은 저자의 책 *In the Image of God: Marriage and Chastity in Christian Life*(Plough, 1977)를 참조했다.

없다면 몸은 인간적인 형식인 물질에 지나지 않는다는 것을 잊지 마십시오. 그렇다고 몸을 경멸해도 된다는 뜻은 아닙니다. "여러분의 몸은 여러분 안에 계신 성령의 성전이라는 것을 알지 못합니까? 여러분은 성령을 하나님으로부터 받아서 모시고 있습니다"(고전 6:19). 몸은 마음의 충동을 표현합니다. 부드러운 미소, 애정 어린 말에 빛나는 눈, 부드러운 손길은 결합의 최종인 열렬한 포옹과 어루만짐으로 완성됩니다. 몸은 영혼의 외적인 표현입니다.

___ 이성에게 매력을 느끼는 건 자연스럽지만, 그것만이 결혼이나 가족을 이루는 이유가 될 수는 없습니다. 한 남자가 한 여자를 사랑할 때 그 여자가 '괜찮은' 사람인지 알고 싶어 하는 것은 자연스러운 일입니다. 하지만 대답은 하나뿐입니다. 결혼으로 두 사람이 예수님께 더 가까워질 거라고 두 사람 모두 확신해야 합니다.

제 생각에는 아니, 확신하건대 배우자로 알맞은 사람은 성적으로 매력적인 사람이 아니라 서로의 사귐이 예수님께 가까이 가도록 돕는 사람입니다. 만약 결혼을 육체적 매력에만 의지한다면 쉽게 산산조각이 나고 맙니다.

___ 인생의 배우자를 생각할 때 좋아하는 감정에 따라 이 사람 저 사람 옮겨 다니지 마십시오. 감정을 예수님 앞에서 시험해보십시오. 두 사람이 예수님께 더 가까이 갈 수 있고,

혼자일 때보다 더 온전히 예수님을 섬길 것이라는 확신이 들 때 결혼의 단계로 접어들 수 있습니다. 저는 그리스도인이 순전히 육체적이고 감정적인 욕망만을 충족하기 위해 결혼하는 건 안 된다고 생각합니다. 개인적이고 감정적인 욕망도 필요하지만, 그것이 결정적인 요인이 될 수는 없습니다.

── 결혼을 통해 다른 영혼과 결합하고 싶다면 먼저 사랑하는 법을 배우고, 마음을 여는 법을 배우며, 나보다 다른 사람을 먼저 생각하는 법을 배우십시오.

── 저는 아주 진지하게 두 사람의 안녕을 위해 이렇게 적습니다. 서로를 향한 헌신을 약속하기 전에, 서로에게 속하는 것이 하나님의 뜻인지 분명히 확인하는 것이 중요합니다. 약혼한 뒤에 의심하는 것도 끔찍한 일이지만, 결혼한 다음에 의심하는 건 더욱 끔찍한 일입니다. 주님께서 두 사람이 서로의 짝인지 아닌지를 분명히 해주시기를 간구합니다. 끝없이 충격만 받느니 지금 잠깐의 충격을 받고 관계를 끝내는 것이 나을 수도 있습니다. 사랑하는 마음으로 이렇게 적습니다. 하나님께서 두 분을 이끄시길 바랍니다.

── "이 남자의 짝은 따로 정해져 있는데도 저는 왜 이 사람에게 매력을 느낄까요?"라는 질문은 약간 반항적이네요. 궁극적으로는 하나님을 비난하는 일입니다. 우리 인간 존재는

본성상 자주 매력을 느끼지만, 그때는 그런 감정을 떨쳐내는 것밖에는 다른 선택이 없습니다. 그저 인간은 연약하기 때문입니다. 자매님을 위해 누가 준비되어 있는지, 아니면 준비된 사람이 있는지 없는지는 제가 말할 수 있는 게 아닙니다. 중요한 것은 자매님의 삶을 예수님께 드리는 것입니다.

결혼

예수님은 결혼으로 이뤄지는 결합을 매우 진지하게 여기시므로 음욕의 눈으로 흘긋 보는 것도 '마음속의 간음'이라 부릅니다(마 5:28). 경이롭고 거룩한 선물인 두 사람의 하나 됨을 보호하길 원하시기 때문에 그렇게 엄히 말씀하십니다.

진정한 결혼에서 남자와 여자는 먼저 영으로 하나가 됩니다. 이 말은 믿음 안에서 하나가 되고, 하나님을 경험하는 일에 하나가 되고, 교회의 순결에 연합한다는 뜻입니다. 결혼은 남자와 여자가 한 영혼이 된다는 뜻입니다. 믿는 사람들과는 누구나 한 영혼이 될 수 있습니다. 그러나 부부의 결합과 다른 사람들의 결합 사이에는 차이가 있습니다. 부부 사이에는 특별한 사랑이 있고, 서로 가까이 있을 때 특별한 기쁨을 느낍니다. 이 특별한 사랑이 서로에 대한 신실과 순결한 관계를 지킵니다.

결혼이란 부부가 육체적인 결합을 통해 한 몸이 되는 것입니다. 만약 이 결합이 부정 때문에 깨진다면 그것은 무서운 죄입니다. 하나님께서 보시기에 결혼이 완전히 깨져버렸기 때문입니다. 축복이 저주가 되고, 아무것도 남지 않게 됩니다. 회개와 하나님의 은혜로 다시 회복할 희망이 있다는 것 말고는요. 간음은 변명할 수 없습니다. 예수님을 믿는 사람에게는 더욱 그렇습니다.

정당한 질서 안에서 하나 됨을 경험하는 부부라면 나이와 관계없이 하나님의 축복을 받습니다. 먼저 영 안에서 하나가 되고, 마음과 영혼의 하나 됨을 이룬 다음, 육체적인 결합이 뒤따라옵니다. 그런데 부부의 마음이 하나가 되지 않고 영 안에서 아무런 일치도 없이 몸으로만 하나가 되는 경우가 너무나 많습니다.

우리는 산상수훈에 나오는 음욕, 이혼과 재혼에 관한 예수님의 말씀을(마 5:27-32) 심각하게 받아들이고 성적 부도덕에 맞서 엄격한 입장을 견지합니다. 우리 공동체의 경우, 이혼한 뒤 재혼할 수 없고, 전 배우자가 살아 있는 동안은 재혼을 유지한 채 헌신의 약속을 하는 구성원이 될 수 없습니다.

우리는 평생 신실의 약속을 믿습니다. 앞으로 생길 수 있는 자녀들을 위해서도 그렇습니다. 두 사람 사이의 결혼 서약은 평생의 약속이 되어야 합니다. "하나님이 짝지어주신 것을 사람이 갈라놓아서는 안 된다"(마 19:6)라는 말씀을 함부로 바꿀 수는 없는 일입니다. 진정한 결혼의 기초는 예수님을 향한 사랑입니다. 예수님을 당신이 맺은 관계 속에 받아들여야 합니다. 완전히 그분께 내어드려야 합니다.

머리인 예수님을 대표하는 것은 남자의 임무이지만, 예수님의 겸손하심을 따르라는 뜻이기도 합니다(엡 5:23). 낮아지고 싶지 않은 남자는 예수님의 제자가 될 수 없습니다. 여자의 임무는 몸, 즉 교회가 되어 예수님을 드러내는 것입니다. "보십시오, 나는 주님의 여종입니다"(눅 1:38)라고 말한 마리아의 모범을 따라야 합니다.

심오한 의미에서 결혼은 공동체로 이끕니다. 하나님은 "남자가 혼자 있는 것이 좋지 않다"(창 2:18)라고 말씀하셨습니다. 하나님은 한 존재에서 남자와 여자를 만드셨고, 결혼을 통해 이 둘은 다시 하나가 됩니다.

부부가 서로 겸손하게 마음을 열 때만 결혼은 지속될 것입니다. 질투와 교만이 늘 들어와 그들을 갈라놓으려 하겠지만, 사랑이 극복할 것입니다. "사랑은 뽐내지 않으며, 교만하지 않습니다. 자기의 이익을 구하지 않으며, 성을 내지 않으며, 원한을 품지 않습니다. 사랑은 불의를 기뻐하지 않으며, 진리와 함께 기뻐합니다"(고전 13:4-7). 또한 사랑은 용서를 의미합니다. 결혼해서 살다 보면 배우자가 완벽하지 않음을 알게 됩니다. 그러나 배우자를 용서할 수 있다면 매일 새로운 시작이 되고 새로운 기쁨을 맛볼 것입니다. "사랑은 모든 것을 덮어주며, 모든 것을 믿으며, 모든 것을 바라며, 모든 것을 견딥니다"(고전 13:7). 사랑이 있다면 견딜 수 없게 힘든 건 없습니다. 어려운 상황이 오더라도 사랑이 두 사람을 소망과 믿음으로 굳게 붙들 것입니다. 사랑은 모든 것을 견디기 때문입니다.

결혼 생활을 신실하게 지키는 것은 배우자 각자의 삶에 절대적으로 중요합니다. 결혼 생활의 영적이고 정서적인 측면은 성적 결합과 깊은 관련이 있습니다. 두 사람이 진정한 결혼으로 한 몸이 되면, 그들의 육체적인 결합으로 하나님과 아주 깊이 연결됩니다. 성적인 관계가 하나님과 분리되면 그것은 결혼 안에서도 죄가 됩니다. 결혼 증명서를 가졌다고 해서 몸과 몸의 욕구를 채울 자유를 얻는 것은 아닙니다.

결혼에서 성이 갖는 독특한 친밀함과 신비함 때문에, 서로 온전히 내어줄 때 다른 무엇과도 견줄 수 없는 일치가 이뤄집니다. 이 일치는 부부애의 유기적인 표현이고, 부부애의 참된 목표야말로 서로에게 자신을 내어주는 것입니다. 서로의 비밀을 아는 남자와 여자가 그 비밀을 간직하고 다른 이에게 알리지 않는 것은 하나님의 뜻입니다.

우리는 어떤 대가를 치르더라도 예수님을 따르라는 부르심을 받았습니다. 배우자를 은혜로 받으면 예수님을 향한 우리의 헌신은 약해지는 것이 아니라 두 배로 강해져야 합니다. 결혼은 우리를 예수님께 더 가까이 이끌어야 합니다.

결혼하려는 사람들이 어떤 계기로든 절대로 하나님의 사랑에서 멀어지지 않기를 기도합니다. 어떤 일이 생기더라도 말입니다. 어려움과 고통, 그리고 기쁨의 시간 속에서 하나님의 사랑은 언제나 두 사람 각자와 모두를 붙드시기 때문입니다.

결혼으로 이루는 결합이란 기쁜 일과 힘든 일, 좋은 날과 어려운 날에도 신실함을 지키고 평생을 하나님의 사랑에 의존하겠다는 약속입니다.

결혼 생활에 가장 큰 위험 중 하나는 배우자가 완벽하지 않다는 불만으로 잔소리를 하는 것입니다. 언제나 자기가 옳다고 생각하면 사랑의 마음이 없어지기 마련입니다. 그 사람은 하나님을 두려워하고 그분의 뜻과 말씀을 들을지 몰라도, 사탄은 늘 작은 일부터 그를 유혹하기 위해 지켜볼 것입니다. 잔소리가 시작될 때 사랑은 천천히 식어갑니다. 이 위험에 주의를 기울여야 합니다. 그러나 모든 일에 용기 있게 맞서고, 모든 것을 소망하고, 모든 것을 용서하면 어려운 날이 있더라도 매일 새로운 사랑을 경험할 것입니다.

___ 형제님, 아내에게 충분한 사랑과 인내를 보였는지, 아내의 상황과 필요를 이해하려고 각별한 노력을 기울였는지 자신에게 진지하게 물어보십시오. 남편은 가족을 이끌어야 하지만, 첫째 의무는 아내와 아이들의 필요를 이해하는 것입니다. 그 필요를 이해하지 못하면 그들을 사랑하거나 이끌 수 없습니다.

___ 모든 것을 보시는 하나님 앞에서 남편과의 관계가 분명히 보일 때 자매님은 두 사람 모두에게 잘못이 있다는 걸 알게 될 것입니다. 다음 말씀을 읽어보시면서 내면의 눈으로

두 분의 결혼 생활을 들여다보세요.

"사랑은 오래 참고, 친절합니다. 사랑은 시기하지 않으며, 뽐내지 않으며, 교만하지 않습니다. 사랑은 무례하지 않으며, 자기의 이익을 구하지 않으며, 성을 내지 않으며, 원한을 품지 않습니다. 사랑은 불의를 기뻐하지 않으며, 진리와 함께 기뻐합니다. 사랑은 모든 것을 덮어주며, 모든 것을 믿으며, 모든 것을 바라며, 모든 것을 견딥니다"(고전 13:4-7).

이 말씀을 읽으면 둘 다 잘못이 있고, 두 사람 모두 결혼 생활에서 사랑을 저버렸음을 깨달을 것입니다.

___ 자매님의 남편이 마음의 상처를 입은 건 맞는 것 같습니다. 자매님이 그의 상처를 낫게 할 수 없지만 자신을 겸손하게 낮출 수는 있습니다. 겸손은 우리가 상처 입힌 사람을 치유하는 효과가 있습니다. 성경은 "아내 된 이 여러분, 남편에게 하기를 주님께 하듯 하십시오"(엡 5:22). 그리고 "남편은 아내의 머리가 됩니다"(엡 5:23)라고 말합니다.

자매님께서 져야 할 짐이 있다는 것을 알고, 그 말씀도 맞지만, 그 짐을 십자가 밑에 내려놓아 치유와 용서를 경험하기를 바랍니다. 모든 것을 십자가 앞에 내려놓는다는 말은 우리가 저지른 일을 진심으로 미안해한다는 뜻입니다. 깊은 사랑으로 두 분을 생각하고 기도하겠습니다.

___ 형제님, 하나님 앞에서 침묵하여 하나님의 음성을 들으

십시오. 아내 분과 함께 하나님을 찾으십시오. 두 분을 하나로 맺으신 분은 하나님이고, 계속 하나로 이어줄 분도 하나님이며, 보호할 분도 하나님이십니다.

성

성이 결혼에서 가장 중요한 건 결코 아닙니다. 오늘날 성은 건강하지 않은 방향으로 부풀려 있습니다. 남자와 여자의 사랑이 너무나 자주 동물적 감각과 성적 충동으로만 그려지고, 성의 진정한 중요성은 까맣게 잊혔습니다.

분명 남자와 여자는 생물학적으로 다릅니다. 그러나 그 차이를 생물학적으로만 생각하는 건 물질주의적입니다. 여자는 사랑하는 사람을 기꺼이 받아들이고자 합니다. 여자는 자연적으로 받아들이고 견디도록 지어졌습니다. 잉태하고 출산하며 돌보고 보호합니다. 다른 한편으로 남자는 사랑하는 사람에게 들어가 하나가 되기를 갈망합니다. 남자는 시작하고, 받아들이기보다는 들어가도록 지어졌습니다.

진정한 남자는, 아주 약한 사람이더라도, 머리인 그리스도를 대표합니다. 그러나 마치 지배자처럼 행동해서는 안 됩니다. 남자는 사도적인 임무를 받았습니다. "너희는 가서, 모든 민족을 제자로 삼아서, 아버지와 아들과 성령의 이름으로 세례를 주고, 내가 너희에게 명령한 모든 것을 그들에게 가르쳐 지키게 하여라"(마 28:19-20). 여자도 결코 제외되는 건 아니지만, 특별한 의미에서 이것은 남자의 의무입니다.

남자와 여자의 차이가 절대적이지 않다는 것은 분명합니다. 진정한 여자는 그리스도와 사도적 진리를 대표하고, 진정한 남자는 마리아의 순종과 겸손을 지닐 것입니다.

오늘날의 종교는 심리학이며, 심리학은 사람을 하나님의 형상이 아니라 동물로 보고 분석합니다. 프로이트는 여러 면에서 옳았지만, 정작 중요한 요인인 '하나님'을 잊었습니다. 프로이트는 사람이 하나님의 형상이 아니라고 전제하고 분석하기 때문에 사람의 동기부여는 성적 충동에서 온다고 설명합니다. 그뿐만 아니라 아이와 부모의 관계를 성에 기초한 관계로 보기까지도 합니다.

심리학자들이 우리 안에는 여러 충동, 즉 성적인 충동뿐만 아니라 재산과 권력을 향한 충동까지 있다고 가르치는 건 옳습니다. 그러나 이런 충동을 억누르면 좋지 않다고 하는 건 잘못된 결론입니다. 사람이 그분의 형상대로 창조됐다는 사실을 통째로 무시하는 결론입니다.

결혼으로 두 사람이 사랑하고 하나 된다는 것은 깊은 상징성을 갖습니다. 사도 바울은 "나는 그리스도와 교회를 두고 이 말을 합니다"(엡 5:32)라고 말합니다. 이 거룩한 말들은 결혼에 잘 녹아 있는데, 그러므로 결혼은 완전히 하나님의 통치 아래에 있어야 합니다. 결혼의 진정한 본질은 그리스도와 영원의 관계 안에서만 이해될 수 있습니다. 감각 또는 성의 영역이 하나님과 떨어져 그 자체가 목적으로 다뤄지는 순간, 영혼은 더럽혀지고 고통을 겪습니다. 분명 성은 어떤 면에서 사랑과 구별됩니다. 그러나 성과 부부애 사이에는 깊은 조화가 이루어져야 합니다.

성은 본질적으로 친밀하고 신비로운 그대로 유지되어야 합니다. 가장 깊고 가장 영적인 경험인 사랑과 긴밀하게 연결되어 있기 때문입니다. 두 사람이 하나님의 뜻에 따라 하나가 되는 것이 오로지 생식의 목적 때문이라고 생각하면 큰 잘못입니다. 결혼을 그런 좁은 목적에만 가두는 것은 전혀 진실이 아닙니다.

다른 몸의 경험과 달리 성은 그 자체로 깊습니다. 관능은 육체의 깊은 뿌리와 영혼을 직접 관통하는 본질적 요소를 지닙니다. 이는 깊고 진정하기 때문에 몸의 한계를 훨씬 뛰어넘어 정신과 영의 경험으로 이어집니다.

따라서 남자가 정욕에 복종하면 탐식과는 또 다른 방식으로 자신을 더럽힙니다. 정욕을 만족시키면 마음의 가장 깊은 곳과 존재에 상처를 줍니다(고전 6:13-17). 영혼의 중심을 공격하고 해를 끼칩니다.

감각의 영역인 성은 사람의 중심에 놓이는데, 그 이유는 다른 인간적 경험과 달리 그곳에서 몸, 영혼 그리고 영이 만나기 때문입니다. 따라서 성생활은 자기만의 친밀함을 지니기 때문에 사람은 이것을 본능적으로 숨깁니다. 성은 **그의** 비밀입니다. 무언가 자신의 내적인 것을 건드린다고 느끼는 것입니다. 이 영역을 드러낸다는 건 친밀하고 개인적인 것을 드러내는 것이며 그 사람의 비밀에 다른 사람이 들어오는 것을 뜻합니다. 그래서 성은 또한 부끄러움의 영역입니다. 우리는 다른 사람에게 비밀을 드러내는걸 부끄러워 하기 때문입니다.

인간으로서 자신이 갖는 가치를 경멸하고, 진정한 부끄러움조차 모르는 이 시대가 얼마나 끔찍합니까? 순결한 사람에게 성은 자기만의 비밀이고, 결혼 생활에서 오직 한 사람에게 온전히 자신을 내어주는 독특한 모습으로만 드러납니다.

오늘날의 성 혁명은 영혼을 파괴합니다. 우리는 완전히 다른 것을 증거하길 원합니다. 결혼에서 절대적인 순결과 신실이 가능함을 실제 삶으로 증거하길 바랍니다.

남자와 여자 성적 관계를 맺는 것은 온전히 다 하나님에게서 왔습니다. 부끄러워할 이유가 전혀 없습니다. 너무나 거룩하기 때문에 끝도 없이 이야기할 수 없을 뿐입니다.

성이 지니는 독특한 본성 때문에 성은 아주 다른 형태를 띨수 있습니다. 성은 경외심을 불러일으키고, 신비롭고, 고결하며, 순결하고, 평화로운 행위가 될 수 있는데, 그때에는 속죄하는 힘이 있습니다. 그러나 성은 금지된 벌거벗은 정욕의 포로가 될 수도 있는데, 그때는 사람의 영혼을 병들게 하고 악마적 욕망이 판치는 영토가 됩니다.

모든 신성모독은 죄입니다. 제가 어떤 사람을 물건으로 취급하고 학대하면 하나님의 형상을 모독하는 것입니다. 한 사람의 영혼에 대한 책임 의식 없이 농락하는 것은 신성모독입니다. 타인의 영과 혼, 몸 그리고 자기 자신에 대한 범죄입니다.

동성을 유혹하는 것은 훨씬 더 끔찍한 일입니다. 불경하고 사악한 짓입니다. 구약과 신약, 초대 교부들은 단호하게 반대합니다.

오직 육체적인 욕망을 만족시키려 결혼하는 것은 말도 안 됩니다. 그러나 감각 전체를 부인할 수는 없습니다. 아름다운 노래를 들을 때 청각을 부인하지는 않습니다. 또한 하나님 창조 세계의 아름다움을 바라볼 때 시각을 부인하지 않습니다. 봄 내음과 꽃의 향기를 맡을 때 후각을 부인할 수 없습니다. 성의 감각도 마찬가지입니다. 하나님과 단절될 때 성은 끔찍한 어둠입니다. 진실입니다. 하지만 이것을 완전히 부인한다면 스스로를 부자연스러움으로 밀어 넣는 꼴이 됩니다.

사람들은 내면의 기초가 하나도 없는데도 너무 쉽게 사랑과 성이라는 불에 가까이 갑니다. 하나님에 대한 경외감 없이 가볍게 성관계를 갖고 내면을 파괴합니다. 결혼의 신실함을 지킨다는 것이 점점 더 드문 일이 되어갑니다. 그러나 하나님은 신실하시며, 우리가 신실해지기를 바라십니다.

— 결혼과 멀어지면 성은 목적을 잃습니다. 결혼 밖의 성은 죄입니다. 성경은 결혼 전 그리고 결혼 밖에서 순결을 지킬 것을 요구합니다. 아주 분명합니다. 그러니 순결과 순수한

길을 따르지 않았다면 하나님 앞에서 바로 서기 위해 용서를
구하십시오. 예수님은 당신에게 이런 용서를 주시기 원하십
니다.

독신

결혼을 포기하는 것은 큰 희생임을 인정해야 합니다. 그러나
온전히 한눈팔지 않고 그리스도에 속한다는 것은 큰 선물입니
다. 어떤 의미에서 결혼하지 않은 사람이 결혼한 사람보다 그
리스도와 더 깊은 관계를 맺을 수 있습니다(고전 7:32-35). 마음
을 오직 그리스도에게 집중할 수 있고, 그분과 완전하고 한결
같은 인격적 관계를 맺을 수 있기 때문입니다.

그리스도는 하나님 나라를 결혼 잔치에 여러 번 비유하십니
다. 그분은 당신과 하나되라고 영혼을 부르시고, 당신을 온전
히 각 사람에게 주려고 하십니다. 예수님과 하나 됨이 주는 내
적인 따뜻함과 부드러움, 풍성함을 뛰어넘는 것은 없습니다.
이 높고 친밀한 영혼의 결합은 어떤 빈자리라도 채울 수 있습
니다. 예를 들어 믿음을 지키기 위해 몇 년 동안, 때로는 수십
년 동안 감옥에서 고통을 당했던 사람들을 생각해보십시오. 은
혜를 통해 우리는 모두 이런 사랑과 연합의 유대를 경험할 수
있습니다.

누가복음 14장 16-20절에서 예수님은 다른 것을 더 사랑해

서 잔치 초청을 거절한 사람들에 대해 말씀하십니다. 궁극적으로 이는 완전히 한결같은 마음을 갖느냐 갖지 않느냐의 문제입니다. 하나님으로 완전히 채워지고, 어떤 얽매임도 없이 그분을 따르려면 다른 것을 모두 마음에서 비워내야 합니다. 어떤 물건이나 사랑할 만한 사람에 관심을 쏟을 때 마음이 나눠질 위험은 더 큽니다. 내면의 눈이 더 이상 그리스도만을 향하지 않을 때 모성애와 부성애, 가족과 자녀 그리고 삶의 공동체와 결혼의 사랑도 쉽게 우리의 사랑을 흡수해버리는 우상이 될 수 있습니다.

우리의 마음을 오로지 하나님께 드려야 합니다. 그분과 그리스도를 향한 사랑이 워낙 강해서 어떤 희생이라도 치를 준비를 기쁘게 하는 겁니다. 우리 자신은 죽어 우리에게서 그리스도의 빛이 발산되기를 기도합니다. 더는 자신을 위해 살지 않고, 우리 안에 그리스도가 사시기를 기도합니다.

── 예수님이 하나님 나라를 위해 결혼을 포기하라고 부르시는 거냐고 물으셨지요. 저는 독신의 부르심이 가톨릭 신자뿐만 아니라 모든 사람에게 가능하다고 믿습니다. 하지만 저라면 그런 서약을 급하게 맺는 일은 망설일 겁니다. 서약을 맺기 전에 아주 신중히 생각해야 합니다.

── 결혼을 포기하면서 겪으신 내면의 어려움과 고투를 이해합니다. 하지만 같은 일로 고통과 내면의 평화를 잃는 사

람이 많다는 걸 잊지 마십시오. 궁극적으로 우리는 모두 하나님의 뜻에 따라 쓰임 받을 준비를 해야 합니다. 하나님이 당신을 사랑하지 않는다는 생각은 분명 마귀가 주는 것입니다. 하나님이 주시고자 하는 더 큰 선물이 많은데도 당신은 하나의 선물, 결혼에만 집착하고 있습니다. 가장 큰 선물은 그리스도에 대한 불타는 사랑입니다. 이를 위해 모든 것을 포기할 수 있어야 합니다.

___ 모든 인간에게는 배우자를 향한 갈망이 있고, 그 갈망은 잘못이 아닙니다. 하나님이 사람에게 주신 마음입니다. 그러나 우리는 예수님의 제자도에서 이 열망이 결혼 없이도 실현되는 것을 목격합니다. 물론 큰 고통과 수없는 눈물, 괴로움 없이 실현되는 일은 드물지만 말입니다.

그리스도 안에서 그런 치유를 발견하시길 바랍니다. 삶이 충만하고 풍요로워져서 공허함과 빈자리가 남지 않기를 바랍니다. 그런 일은 예수님에게 깊이 헌신하고 그분의 은혜를 가슴 깊이 느낄 때만 가능합니다.

그리스도께서 원하시는 대로 당신의 삶을 인도해주시기를, 그래서 삶의 마지막 날이나 그리스도가 다시 오실 때 잘 다듬어진 등불을 든 처녀처럼 준비가 되어 있으시길 간구합니다.

가정생활*

아이들

예수님은 아이들이나 어린아이 같은 사람만이 하나님 나라에 들어간다고 말씀하십니다(막 10:14-15). 어른들과 달리 아이들은 분열되지 않고 이중적이지도 않습니다. 아이들은 온전한 존재이지만 연약하며 전적으로 부모에게 의존합니다. 그리스도는 우리더러 어린아이같이 되라고 하시는데, 그 말씀은 모든 것을 내려놓고 하나님을 전적으로 의지하라는 뜻입니다.

부모인 우리가 하나님을 온 마음과 영혼으로 사랑한다면 자녀들은 부모를 존경하고, 우리도 자녀들을 존중하고, '어린아이 됨'의 신비를 숭상하게 될 겁니다(마 18:3-6). 부모와 아이 사이에 흐르는 영을 존중하는 것이 진정한 가정생활의 기본 요소입니다.

---

* 이 장은 저자의 책 *The Purity of Childhood* (Plough, 1974)를 참조했다.

그때에 제자들이 예수께 다가와서 물었다. "하늘나라에서는 누가 가장 큰 사람입니까?" 예수께서 어린이 하나를 곁으로 불러서, 그들 가운데 세우시고 말씀하셨다. 내가 진정으로 너희에게 말한다. 너희가 돌이켜서 어린이들과 같이 되지 않으면, 절대로 하늘나라에 들어가지 못할 것이다(마 18:1-3).

예수님의 이 말씀은 하나님 눈에 어린아이의 영혼이 얼마나 소중한지를 보여줍니다. 하나님은 모든 아이의 머리카락 하나까지 세고 계시며(눅 12:7), 모든 아이에게는 언제든 하나님의 왕좌를 오갈 수 있는 천사가 있다는 것이 분명합니다(마 18:10).

어린아이의 순수함은 커다란 축복입니다. 하지만 아이들도 죄를 짓는 성향을 지니기 때문에 바른 길로 이끌어주어야 합니다. 아이다움과 마음의 순결을 잃지 않도록 말입니다. 아이들을 죄 짓게 만드는 건 끔찍한 범죄입니다(마 18:6).

부모와 교사가 아이들 한 명 한 명에게 하나님과 예수님, 그리고 다른 사람에 대한 깊은 사랑을 심어주는 건 아주 중요합니다. 아이들에게 예수님 이야기를 해줘야 합니다. 어떻게 구유에서 태어나셨으며, 어떤 삶을 살고 어떤 일을 하셨는지, 아픈 사람들을 어떻게 고치셨고 아이들을 얼마나 사랑하고 축복하셨는지, 어떻게 십자가 위에서 죽으시고 다시 살아나셨는지, 그리고 그분 삶에 천사들의 세계가 얼마나 의미 깊은 것이었는지 말입니다. 천사들의 세계와 예수님의 삶에 대해 어린아이다운 태도를 지니는 건 아주 중요합니다. 아이들은 우리의 짐작보다 훨씬 더 깊고 실제적으로 영적 세계를 경험합니다.

마음에서 우러나오지 않는데도 아침저녁으로 기도하라고 자녀들에게 가르치는 것보다는, 그리스도를 뜨겁게 사랑하도록 이끄는 것이 훨씬 중요합니다. 아이들은 찬양, 성경 읽기, 예수님 이야기를 통해 하나님을 사랑하는 법을 배울 수 있습니다. 부모와 교사는 먼저 아이들 속에 있는 그리스도를 향한 사랑을 일깨워야 합니다. 그러면 예수님께 기도하고 싶은 간절함이 일어날 것입니다.

아이들이 성경책을 통째로 배운다고 해도 하나님의 말씀이 직접 아이들에게 닿지 않는다면 아무 쓸모가 없습니다. 아이들에게 종교적 부담을 주지 않도록 조심해야 합니다. 아이들이 하나님과 예수님, 성경에 대해 단순하고도 어린아이 같은 태도를 갖도록 해야 합니다.

우리 마음을 늘 깨끗하게 해야 하듯, 아이들도 하나님의 말씀을 받을 좋은 땅이 되도록 준비시켜야 합니다. 마음이 단단하게 굳어 있거나 자갈밭 같을 때, 또는 가시덤불로 가득할 때, 하나님은 고통스러워하십니다. 그러나 설교한다고 좋은 땅이 되지는 않습니다. 오히려 마음을 더 굳게 할 때가 많습니다.

우리 공동체에는 태어난 지 여섯 주가 지난 아기부터 그 위의 아이들을 돌보는 어린이집이 있고, 유치원과 학교를 자체 운영합니다. 그렇다고 교회 공동체가 아이들 교육의 전적인 권위를 지니는 것은 아닙니다. 최종 권위는 부모에게 있습니다.

가정은 교육의 기초입니다. 학교나 다른 곳에서 아이들을 돌보는 사람은 가정의 영적인 분위기를 보충할 뿐입니다.

아이의 안정감은 부모와 맺는 관계에서 시작합니다. 십계명이 그저 아무 뜻 없이 "너희 부모를 공경하여라"(출 20:12)라고 하는 게 아닙니다. 부모를 존경하는 법을 배우지 못한 아이들이 나중에 사회에 나가서도 적응에 힘들어하는 걸 자주 보았습니다.

___ 아이가 갖는 하나님을 향한 경외감은 부모님을 향한 두려움에서 시작되어야 합니다. 하나님을 두려워하는 건 성경적이지만 그렇다고 아이가 부모나 하나님을 무서워해야 한다는 뜻은 아닙니다. 부모와 하나님에 대한 깊은 경외감과 존경심, 사랑을 품어야 한다는 뜻입니다.

___ 아이 교육에 결정적인 시기는 태어나서 네 살 까지라는 말이 있습니다.* 만약 아이가 세 살이나 네 살 정도 되었을 때 부모님과 하나님을 존경하면, 싸움에서 승리한 겁니다. 그러나 아이의 자아가 승리하면 나중에 극복하기가 몹시 어렵습니다.

---

* Friedrich Wilhelm Foerster, *Hauptaufgaben der Erziehung*(Freiburg, 1959), 69쪽 참조.

___ 아이들 교육에서 저는 극단주의를 경계합니다. 엄격함과 부드러움, 우울함과 기쁨, 그리고 부정적 접근과 긍정적 접근 사이를 시계추처럼 오락가락해서 더 이상 실제적인 문제를 파악할 수 없게 되는 그런 극단주의 말입니다. 인내심, 기쁨, 그리고 사랑에서 나오는 분명함으로 모든 어려움을 다뤄야 합니다.

부모로서 내 아이는 착하다는 착각을 이겨내야 합니다. 아이들에 대해 장밋빛 오해를 갖지 않도록 조심해야 하고, 다른 사람이 아이들의 행동에 한 소리 해도 너무 민감하게 반응해서는 안 됩니다. 아이들의 영혼을 위해 싸울 수 있을 만큼 아이들을 사랑해야 합니다.

___ 다루기 힘든 아이의 행동을 어찌할 수 없어 고민이신가요? 그런 핑계 뒤에 숨지 마십시오. 우리는 모두 무력해서 하나님에게 의지할 수밖에 없습니다. 당신도 다르지 않습니다. 하지만 "어떻게 할지 나도 모르겠어"라고 소리치며 손을 놓는 것은 죄입니다. 당신은 부모로서 아이를 돕고 사랑하며 또한 아이를 위해 싸우며 필요할 때는 단호하고 엄하게 대하라는 하나님의 소명을 받았습니다. 무엇보다도 아이의 마음을 얻는 게 아주 중요합니다.

___ 자녀들의 이기심과 자기중심성, 화목하지 않음에 걱정하

시나요? 이런 것에 단단히 맞서십시오. 아이들은 관심받고 싶은 욕구 때문에 두목 행세를 하고 부모의 충고에 민감하게 반응하며 버릇없이 굽니다. 당신의 물렁한 태도는 거둬들이되, 아이를 거칠게 대하지는 마십시오. 그것도 답은 아닙니다. 하나님의 사랑이 뒷받침된 올바른 확고함을 찾아야 합니다. 하나님은 당신이 이야기하는 것들을 받아들이지 않으십니다. 우리의 감정과 의무감에 떠밀려 아이들을 대하면 반대로 아이들에게 해가 됩니다.

__ 부디 아이들을 위해 싸우십시오. 거듭 실패한다고 절망할 필요는 없습니다. 그저 싸움을 계속하는 길밖에 없습니다. 아이들이 타락하게 내버려둘 수는 없는 일이니까요. 동정심을 갖고, 엄격하되 다시 부드러워지십시오. 쉬운 건 아닐 겁니다. 그러나 하나님 앞에 아이들을 책임지는 사람은 당신입니다.

__ 아이들에게 인내심을 가지십시오. 엄격함이 아이들에게 도움이 될 수 있겠지만, 조급함은 그렇지 않습니다. 하나님이 우리에게 인내하는 마음을 주시기를 간구합니다.

__ 아들에 관한 편지를 보내주셔서 고맙습니다. 말씀 주신 행동들은 두 살배기 아이에게는 아주 정상적인 행동입니다. 제가 어릴 적에 부모님이 무슨 말씀을 하시면 그 말씀 그대

로 하셨기에 비켜 갈 다른 방법은 없었습니다. 우리가 두 살이었을 때 항상 말을 잘 들었다는 이야기는 아니지만, 커서도 부모에게 거역하는 것은 생각조차 할 수 없었습니다. 부모님은 매몰차지는 않으셨지만 확고하셨고 부모님이 하신 말씀의 뜻을 우리가 조금이라도 의심하는 걸 허용하지 않으셨습니다.

___ 딸 때문에 어렵고 마음이 아프다고 적으셨는데, 사실 아주 자연스러운 일입니다. 어머니가 그런 고통을 느끼지 않는다면 오히려 이상하겠지요. 하지만 그 아픔을 하나님과 그리스도, 교회에 대한 믿음을 깊게 하는 데 쓰십시오. 그러면 따님을 위한 믿음도 생기고 나아가 따님을 도울 수 있을 것입니다.

아우구스티누스는 젊었을 때 죄에 물든 삶을 살았지만, 아우구스티누스 곁에는 그가 쓰러져 회개할 때까지 믿음을 놓지 않고 기도한 어머니 모니카가 있었습니다. 나중에 아우구스티누스는 그리스도의 종이 됐고, 하나님을 찾는 사람들에게 오랫동안 큰 영향을 주었습니다. 바로 이 모니카의 믿음을 가지시길 바랍니다. 지금 겪는 고통은 시작입니다. 우리가 겪는 온갖 고통 가운데도 하나님은 언제나 위대하십니다. 큰 사랑으로 문안합니다.

___ 생명의 탄생 같은 신비가 과학으로만 설명되는 이 시대

의 풍조는 바람직하지 않습니다. 어떻게 두 세포가 어머니의 자궁에서 자라는지를 생물학적으로 설명할 순 있지만, 그건 반쪽짜리 진리밖에 되지 않습니다. 정말 중요한 것들, 예를 들어 한 영혼이 찾아오는 일, 아이의 첫 미소, 우리 마음의 능력과 그것이 경험하는 풍요로움은 절대 설명할 수 없습니다. 우리는 지금 보이지 않는 영원의 현존 앞에 서 있습니다.

아이에게 성과 출생, 죽음에 대해 지나치게 많이 이야기하면 오히려 해가 될 수 있습니다. 무슨 일이 있어도 그런 상황은 피해야 합니다. 새침데기로 키우자는 말은 절대 아닙니다. 그러나 출생과 죽음은 천국의 세계와 연결되어 있고, 아이들에게 그런 이야기는 하나님과의 관계에서만 설명해야 합니다.

아이들이란 참 놀라운 존재이지만, 역시 사람이기 때문에 죄를 짓는 성향을 물려받았습니다. 아이가 거짓말 또는 도둑질을 하거나 부모님과 선생님을 존경하지 않고 성적으로 불결하거나 악한 일을 할 때 우리는 맞서 싸워야 합니다.

아무리 어린아이더라도 응석을 너무 잘 받아주면 버릇이 나빠질 수 있으니 조심해야 합니다. 자기 멋대로 자라게 두면 아이의 성격을 망칠 수 있습니다. 무기력은 이기심의 표시이고, 이기심은 언제나 죄로 이끕니다. 지나친 관대함은 아이와 부모 또는 교사 사이의 건강하지 못한 정서적 관계 때문에 생겨날 수 있습니다.

아이들 안의 죄와 어떻게 싸워야 하는지는 아주 어려운 질문입니다. 예를 들어 음란은 보통 아이들이 자기 몸을 보여주거나 때로는 서로를 만지면서 시작되는데, 아이는 그것이 잘못임을 본능적으로 압니다. 이런 행동에는 어김없이 거짓말이 따라옵니다. 그러니 아이들 사이에 생긴 그런 일을 우리가 너무 크게 만들지 않도록 조심해야 합니다. 오히려 성에 관한 관심을 더 불러일으킬 수 있기 때문입니다. 가장 좋은 방법은 작은 벌을 주고 일을 마무리해서 아이들이 다른 일들에 집중하도록 돕는 것이라고 생각합니다.

같은 일을 두고 아이들은 어른과 다르게 반응한다는 사실을 너무 쉽게 잊어버립니다. 아이들에게 우리의 생각과 느낌, 경험을 투사해서는 절대 안 됩니다. 또한 아이들이 성에 호기심을 갖는 시기를 거치는 건 어느 정도 자연스럽다는 것을 잊어서는 안 되며 그걸 죄로 오인해서도 안 됩니다. 아이들이 순수하고 때 묻지 않은 영혼을 간직할 수 있게 이끌어야 합니다. 이것저것 너무 많이 묻고 다그치면 아이를 점점 더 거짓말에 갇히게 해 오히려 해로울 수 있습니다.

성적인 잘못을 저지른 어린이나 사춘기 아이에게 낙인을 찍는 건 아주 부당합니다. 어린아이의 잘못을 두고 아이의 성격이나 미래에 대해 가혹한 결론을 내리지 않도록 조심해야 합니다. 오히려 아이가 새로운 관심거리를 찾고 기쁘게 새 출발을 하도록 도와야 합니다.

아이의 양심에 호소하면 마음에 쉽게 다가갈 수 있다는 걸 우리는 잘 압니다. 모든 아이는 본능적으로 순수한 양심을 향한 동경이 있고, 우리는 이 동경을 지지해줘야 합니다. 양심이 눌려 있으면 아이는 고통당하기 마련입니다.

아이가 더 이상 아이가 아닐 때가 있습니다. 바로 일부러 죄를 지을 때입니다. 그때 부모와 교사가 할 일은 아이가 회개하고, 십자가 위의 예수님을 경험하며, 죄의 용서로 이끄는 회심을 경험할 수 있게 돕는 겁니다. 어린시절 잃어버린 아이다움을 되찾을 수 있습니다.

___ 당연히 아이들은 저마다 자기에게 맞는 방법으로 배웁니다. 어떤 아이는 들으면서 잘 배우고, 어떤 아이는 느끼면서, 어떤 아이는 보면서 잘 배웁니다. 그러니 아이들 각자에게 맞게 정당하게 대하려고 노력해야 합니다. 모든 아이더러 하나같이 학력을 쫓으라고 몰아넣을 수는 없는 일입니다. 그건 있을 수 없는 일입니다. 중요한 건 아이가 사랑에 둘러싸이는 겁니다.

물론 공부는 어김없이 해야 하지만, 그것이 아이를 희생시키는 것이라면 그건 불행입니다. 자신 또는 자신이 선택한 사람들만 지적으로 우월하다고 생각하고, 다른 이들은 배제하는 교사의 어리석은 교만은 죄입니다. 우리는 몸의 머리인 그리스도의 통치를 받아야 합니다. 그분 안에는 진정한 어린아이 같은 마음과 긍휼, 그리고 자비가 있습니다.

—— (한 아이에게) 예수님이 무슨 말씀을 하시는지 들으려면 너의 마음에 귀를 기울이는 게 중요하단다. 하나님과 예수님, 아빠와 엄마 그리고 형제자매들에 대한 사랑이 느껴진다면 그게 예수님의 목소리야.

청소년

청소년들을 예수님께로 인도하는 것은 이 시대의 끔찍한 음란, 부정, 어둠 가운데에서도 하나님의 세상이 얼마나 놀라운지를 보여줄 수 있는 특권입니다. 청소년들이 일부러 죄를 짓더라도 하나님과 부모에 대한 존경이 절대 사라지지 않는다는 건 특히 아주 중요합니다.

부모는 아이들이 아주 어렸을 때부터 서로 신뢰하는 관계를 맺도록 애써야 합니다. 대여섯 살이 되어서 문제가 생길 때까지 기다리면 안 됩니다. 너무 오래 기다리면 아이들이 겉으로는 순종을 배울지 모르지만, 거짓말과 외설, 불순종 같은 문제를 해결하는 데 필요한 내적 반응과 존중은 배우지 못합니다. 그러나 일단 신뢰와 존중의 관계가 형성되면 아이가 부모에게 저항하는 일은 불가능합니다.

어떤 청소년은 다른 아이들보다 더 힘든 성장기를 겪는데, 그런 아이들을 너무 거칠게 대하거나 판단하지 않도록 조심해야 합니다. 아이들을 회개와 회심, 믿음으로 인도하는 것이 제일 중요합니다. 엄한 벌로 가능한 일이 아닙니다. 아이들 마음에 하나님과 부모를 존경하는 마음의 불꽃이 조금이라도 살아 있다면 아이들의 마음에 닿는 길은 열려 있습니다. 존경의 마지막 불꽃이 꺼진 청소년들을 회심시키는 길은 오직 기도뿐입니다. 설득으로는 절대 회심시킬 수 없다는 사실을 기억해야 합니다.

___ 아들이 이제 사춘기이군요. 부모님의 책임이 큰 때입니다. 저는 아들에게 남녀 사이가 자석처럼 끌리는 건 아주 자연스러운 거라고 일러주면서도, 그런 감정은 하나님의 다스림을 받아야 하고, 하나님이 나중에 결혼할 짝으로 주실 사람을 기다려야 한다고 말했습니다. 남편과 아내 사이의 육체적 관계에 관해 말해줘도 좋습니다. 제가 보기에 형제님은 아들이 인생을 이해할 수 있도록 좋은 기초를 놓은 것 같습니다. 고등학교에 가면 그런 이야기를 숱하게 듣겠지만 아버지에게서 먼저 듣는 게 더 낫습니다.

___ 자녀가 앞으로 겪을 몸의 변화에 대해 분명하게 마음을 열고 말해주십시오. 지금 몸을 순결하게 하면 나중에 힘들지 않다고 말해주시고요. 만약 아이가 지금 순결을 지키지 못하면 나중에 고생하게 됩니다. 그리고 성은 오직 결혼을 위한 것이라고 말해주십시오. 다른 건 발붙일 수 없습니다. 하나님이 언젠가 주실 사람을 위해 자기 몸을 순결하게 지켜

야 합니다. 어떤 말로 시작해야 할지 쉽지는 않겠지요. 형제님이 아들에게 하는 모든 말이 하나님의 빛 안에 있고, 그분을 향한 존중을 담고 있으면 됩니다. 하나님이 형제님께 옳은 길을 보여주실 거라고 확신합니다.

제 아버지는 언제나 젊은이들에게 마음을 여셨지만, 세속적이거나 호색적인 것에는 절대 양보하지 않으셨습니다. 너그러운 마음을 갖는다고 사탄에게 양보한다는 뜻은 절대 아닙니다.

── (열일곱 살 청소년에게) 친애하는 형제님, 새로운 출발을 하고 싶다니 아주 기쁩니다. 지금까지는 너무나 자만에 찬 젊은 이였지요. 구약과 신약을 읽어보면 자만이 얼마나 하나님이 한 사람에게 하시는 말씀을 막고, 그 사람 안에서 하시는 일도 방해하는지 알게 될 겁니다. 지금까지 형제의 일상은 자신이 중심이었지만, 그런 자기중심적 생각에서 돌아서고 싶다니 하나님께 감사합니다. 고등학교에서 헌신과 겸손의 모범이 되고 예수님의 증인이 되십시오. 이 시대에 절박하게 필요한 일입니다.

── 저는 자주 예수님의 이 말씀을 생각합니다. "사람이 온 세상을 얻고도 제 목숨을 잃으면 무슨 이득이 있겠느냐"(마 16:26). 특히 청소년들이 심리학에서 배우는 걸 보면 더욱 그렇습니다. 그 아이들의 영혼이 걱정됩니다. 인간의 낮은 육

체적 본능을 중심에 두고 그게 자연스럽다는 이유로, 아무해가 없다고 여기는 게 참 안타깝습니다. 하나님과 사람의 영혼의 관계를 가르치지 않은 채 영혼에 대해 가르치는 건 아주 끔찍한 일입니다.

___ (장애가 있는 한 아이에게) 너의 몸은 약하지만, 살아 있는 영혼을 가지고 있단다. 그러니 하나님께 감사하자꾸나. 세상에는 힘이 세지만 무딘 영혼을 가진 사람들이 너무나도 많아. 강하고 건강한 사람도 실은 하나님과 예수님께 의지하고 산단다. 그저 사람들이 때로 그걸 의식하지 못할 뿐이야. 너는 그걸 알고 있으니 얼마나 놀랍니? 그걸 꼭 간직하렴. 그러면 예수님이 모든 일마다 너를 인도하실 거란다.

___ (한 대학생에게) 자네는 예수님에게 삶을 드리기에도, 그분의 친밀함을 느끼기에도 어린 나이는 아니네. 모든 것을 하나님께 드리고 겸손해지고 싶다니 감사한 일이야. 어떤 분투를 겪더라도 이 열망을 잃지 말게. 삶에는 분투가 있기 마련이지만, 어려움과 고투 없는 제자도는 있을 수 없거든. 자네가 겪게 될 일마다 하나님의 보호가 있기를 바라. 못 자국 난 예수의 손이 자네의 손을 붙들고, 자네 역시 그분의 손을 굳게 붙들기를.

___ 편지에 쓴 대로 자네 말이 맞네. 중요한 건 공동체의 일

원이 되는 게 아니라 그리스도를 따르는 거지. 자네가 이걸 분명히 안다면, 하나님께서 가장 좋은 길을 보여주실 거야. 공동체의 길을 함께 가지 않더라도 우리는 자네를 지지한다는 걸 기억해주게.

___ 하나님의 끝없는 인내와 용서만 생각한다면 그분은 실제와 아주 다른 분이 돼버립니다. 그러면 하나님은 두려워해야 할 분이며, 하나님의 손에 들어가는 건 끔찍한 일이 됩니다. 자매님이 생각하는 하나님은 하나님이 아닙니다. 하나님을 뻔뻔스러운 자가 조종하는 꼭두각시로 생각하시는군요. 자매님은 자신만을 위한 삶을 살아왔습니다. 하나님의 분노를 두려워하시길 간곡히 바랍니다.

___ 예수님을 따르면 큰 고통을 겪을 수 있고, 어떤 때는 죽기까지 한다는 걸 알아야 해. 그런 의미에서 자네는 세상에서, 그리고 고등학교에서 맞닥뜨리는 악에 맞서야 하지. 세상에는 유혹하는 것들, 특히 성적인 부정함이 많다는 것을 잘 이해하네. 그러나 자네가 예수님을 위해 단호하게 맞서면, 죄가 얼마나 역겨운 것인지 그분의 투명한 빛이 보여줄 거야. 예수님이 매일 자네를 인도하심을 알고, 그분의 뜻에서 절대 벗어나지 말기를 바라네.

___ (열세 살 아이에게) 이미 네 나이에 예수님을 위해 살지, 아니

면 반대의 삶을 살지 결정해야 한단다. 그분을 위한 결정을 내리지 않는다는 건 그분에게 맞서는 결정이지. 아주 단순하 단다. 어물쩍 넘어갈 수 없는 거야.

___ (한 대학생에게) 예수님은 선한 목자이시며 양들이 예수님을 알고 예수님의 목소리를 알아듣는다고 말씀하셨지(요 10:14-15). 자네는 그분의 양 떼 안에 있어. 그러니 고요함에 젖어 내면을 새롭게 하는 그분의 목소리에 귀 기울여봐. 도시에 는 주의를 흩뜨리고 지치게 만드는 것들이 많지. 매일 해야 할 일도 많고. 그래도 여전히 내면의 삶이 자네가 얻으려는 학위보다 더 중요해. 그 목표에 거의 닿았다고 해도 마찬가 지야. 멈추지 말고 그 길을 계속 가게. 무언가를 끝까지 하 는 건 그 사람의 성품에 도움이 되니까.

가족 유대

예수님은 당신의 목숨을 내려놓으실 만큼 교회를 깊이 사랑합 니다. 하지만 예수님은 교회의 구원자이고, 교회는 그분에게 복종합니다. 신부는 교회에, 신랑은 그리스도에 비유됩니다. 그리스도는 당신의 교회를 부드러운 말로 사랑할 뿐만 아니라 혹독하게 단련시키십니다(계 2:16, 23). 말랑한 감상주의가 부부 사이 또는 부모와 자녀 사이에 들어오지 않도록 조심해야 합니다. 감상주의는 그리스도가 중심이 되는 분명한 관계를 흐려 놓습니다.

___ 부모를 공경하라는 계명을 지키려 안간힘을 쓰신다는 것을 잘 압니다. 편지에 아버지를 몹시 사랑한다고 적으셨는데, 그것이 제일 중요합니다. 사랑은 존경한다는 말과 같습니다. 하지만 형제님이 아버지의 방식에 반대해야 하는 것도 하나님 앞에서는 옳고 진정성이 있습니다. 예수님은 "누구든지 내게로 오는 사람은, 자기 아버지나 어머니나, 아내나 자식이나, 형제나 자매뿐만 아니라, 심지어 자기 목숨까지도 미워하지 않으면, 내 제자가 될 수 없다"(눅 14:26)라고 말씀하십니다. '미워하라'는 말에 놀라지 마십시오. 예수님은 증오를 가르치지 않습니다. 여기서 '미워하라'는 말은 잘못된 일에 맞서라는 뜻입니다. 이 말과 함께 "너희 부모를 공경하여라"(출 20:12)라는 명령을 길잡이로 받아들인다면 부모님을 향한 옳은 태도를 지니게 될 겁니다.

예수님은 가족의 깊은 관계에까지 미치는 거룩함을 우리에게 요구하십니다. "나보다 아버지나 어머니를 더 사랑하는 사람은 내게 적합하지 않고, 나보다 아들이나 딸을 더 사랑하는 사람도 내게 적합하지 않다. 또 자기 십자가를 지고 나를 따르지 않는 사람도 내게 적합하지 않다"(마 10:37-38). 예수님의 제자가 되길 원한다면 이 말씀을 심각하게 받아들여야 합니다. 예수님은 또 이렇게 말씀하십니다. "자기 목숨을 얻으려는 사람은 목숨을 잃을 것이요, 나를 위하여 자기 목숨을 잃는 사람은 목숨을 얻을 것이다"(마 10:39). 따라서 예수를 위해 자신을 완전히 잃으면 영원한 생명을 얻을 것입니다. 그러나 자신만의 생각과 이상, 자기 재산, 가족, 또는 아이들에게만 매달리면 모든 것을 잃습니다.

＿＿ 장성한 자녀를 자매님에게 너무 단단히 매어 놓은 게 아닙니까? 그래서 남편과의 사이가 벌어진 것 같습니다. 자매님의 따님들은 하나님 앞에서 자유를 누리지 못하고 있습니다. 부모는 자녀들에게 어릴 때부터 자유를 주어야 합니다. 성장한 자녀라면 더 그래야 합니다. 악을 행할 자유를 말하는 게 아닙니다. 부모에게 잘못 묶인 정서적인 구속으로부터의 자유를 말하는 것입니다.

예수님이 아버지나 어머니나, 아내나 자식을 미워하지 않는 사람은 당신의 제자가 될 수 없다고 하신 말씀의 뜻을 이해해야 합니다(눅 14:26). 증오를 말씀하는 게 아닙니다. 신약에서 예수님은 "자기 형제자매를 미워하는 사람은 누구나 살인하는 사람이다"(요일 3:15)라고 말씀하십니다. 예수님은 가정생활의 정서적 유대보다 당신을 우선순위에 두라고 말씀하시는 겁니다. 늘 그런 건 아니지만 종종 이런 정서적 유대는 맘몬주의와 섞여 있습니다. 우리는 스스로를 신랄하게 평가하고 그리스도처럼 단호한 태도를 지녀야 합니다. 사랑 없는 가족은 하나님의 뜻에 맞지 않지만, 흐릿한 혈연 감정에 지배되는 가족도 하나님과 그리스도를 향한 사랑을 놓칩니다. 오직 그리스도와 성령에 대한 사랑으로 서로를 사랑합시다. 그러면 하나님께서 아버지와 어머니, 자녀들 사이에 주신 유대에 그분의 은총이 내릴 것입니다.

질병과 죽음

___ 모든 질병은 악의 한 형태지만, 또한 하나님의 손에서 온 것임을 받아들여야 합니다. 이것은 분명 십자가에서 볼 수 있는 역설입니다. 십자가는 인간을 속죄하는 하나님의 길이었지만, 또한 사탄의 일이기도 했습니다.

___ 수술을 앞두고 느끼는 두려움을 잘 이해합니다. 저 역시 두려웠을 것입니다. 그러나 당신은 하나님의 손에 있으며 하나님께서는 당신의 두려움마저 이해하신다고 저는 믿습니다(요 14:1-4). 성경을 보면 두려워하지 말고 하나님 안에 굳게 머무르라며 용기를 주는 구절이 수없이 많습니다. 저 역시 똑같은 말씀을 드리고 싶습니다. 신뢰하십시오. 삶 전체를 그분의 손에 맡기셔야 합니다.

___ 건강을 너무 걱정하지 않으시길 바랍니다. 끊임없이 자기 맥박을 재고 박동 소리를 듣는다면 건강한 사람이라도 미쳐버릴 테니까요. 진짜 문제는 죽음과 예측 못할 미래에 대한 두려움입니다. 분명 앞으로 십수 년을 더 사실 거지만,

그래도 영원의 문제를 똑바로 바라보셔야 합니다. 언제라도 영원의 순간을 맞을 준비를 하며 살아야 합니다. 제 이모는 돌아가시기 직전에 문득 영원의 세계를 보셨던 것 같습니다. "아, 아름다워. 아주 아름다워! 지금 이 세상보다 더 진짜야!" 그렇게 제 이모는 헌신의 삶을 완성했습니다. 이 같은 일이 이뤄지기를 기원하며 사랑을 담아 문안합니다.

___ 건강이 내리막길을 걷고 있는 것 같으시다고요. 하지만 저는 예수님께서 당신의 사랑과 힘으로 도우실 거라고 믿습니다. 육체의 치유를 주시지 않는다면 병을 견딜 수 있는 평화와 기쁨을 주실 겁니다. 늘 예수님께 나아가시면서 내면의 평화를 발견하신다니 하나님께 감사드립니다. 자신의 어려움을 세상 전체의 어려움에 견주어서 작은 것으로 여길 수 있다는 건 은혜입니다. 하나님이 주시는 마음입니다. 힘을 얻으시고 계속 그리스도의 인도를 받으시길 기도합니다.

___ 어둡고 무서운 생각에 지지 마십시오. 자기 자신, 연약함, 죄, 다른 사람, 실수 등 이 모든 것을 두려워하면 영혼은 병들고 맙니다. "유일한 치유는 예수님을 믿는 것입니다"라고 적으셨는데, 옳은 말씀입니다. 얼마나 놀라운 진실입니까! 예수님 안에서는 모든 두려움이 사라집니다. 그걸 놓치지 말고 꼭 붙잡으십시오.

야고보는 심하게 아프면 교회의 장로들을 부르고, 장로들은 주님의 이름으로 그 사람에게 기름을 바르고 기도해야 한다고 적었습니다(약 5:14). 또한 이와 관련해 "여러분은 서로 죄를 고백하고, 서로를 위하여 기도하십시오. 그러면 여러분은 낫게 될 것입니다. 의인이 간절히 비는 기도는 큰 효력을 냅니다"(약 5:16)라고 적었습니다.

이런 의미에서 우리는 몹시 아픈 사람을 위해 머리에 기름을 바르고 손을 얹어 기도합니다. 그 이유는 그 사람에게 우리의 완전한 지지를 표현하고, 만약 용서받을 것이 있다면 완전한 용서를 주기 위함입니다. 병이 얼마나 심각한지와 상관없이 그 사람의 생명은 하나님과 교회의 돌봄 가운데 있습니다.

___ 병 고침의 은사를 받으려면 어떻게 해야 하냐고 물으셨지요? 고린도전서 12장을 보면 병 고침의 은사가 교회에 주어졌다는 걸 분명히 알 수 있습니다. 모든 사람에게 주어진 건 아니지만요. 그런 위대한 선물을 받으려면 영적으로 가난해지고 하나님 앞에 순결한 마음을 가져야 합니다. 그런 은사가 우리에게 주어지지 않으면, 그건 우리 잘못일 가능성이 아주 큽니다. 물론 때로는 병이 낫는 것이 하나님의 뜻이 아니기 때문일 수도 있습니다.

하나님이 블룸하르트 부자*에게 주셨던 강력한 치유의 은사는 놀라웠습니다. 그러나 아들 블룸하르트는 노년에 이르러 이 은사를 사용하는 것을 주저했습니다. 기적적인 치유가 일어났는데도 사람들이 하나님을 더는 숭상하지 않는다고 느꼈기 때문입니다. 사람들은 그저 몸의 치유만 경험했을 뿐입니다. 그리고 치유받았다며 자랑했습니다. 그 일로 오히려 사람이 존경과 영광을 받기까지 했습니다. 블룸하르트는 치유에 회개가 따르지 않는다면, 하나님께서 더는 자신을 통해 일하실 수 없다고 생각했습니다.

블룸하르트의 이런 태도에 우리는 도전받아야 합니다. 하나님이 은사를 주실 때는 우리가 조용히 받기를 원하십니다. 치유의 선물이 주어진다 해도 우리 자신이 높임을 받아서는 안 됩니다. 하나님이 높임을 받아야 합니다.

블룸하르트는 "은혜가 주어지면 그것을 당신과 하나님 사이의 비밀로 간직하고, 종교적인 구경거리로 만들지 마십시오. 그저 자연스럽게 받아들이고 하나님께 영광을 돌리십시오"라고 자주 경고했습니다. 또한 치유가 가장 중요한 것은 아니라고 강조했습니다. 질병은 죄가 아니라고 했습니다. 비록 몸이 아프더라도 자신의 삶을 하나님께 드리는 것이 치유를 받고 하나님을 잊어버리는 것보다 더 중요합니다. "하나님께서 당신의 병을 고치시면, 기뻐하십시오. 그러나 계속 아프더라도 병

---

* 요한 크리스토프 블룸하르트(1805-1880)는 독일 남부 지방에서 활동했던 목사이자 작가, 신학자이다. 크리스토프 프리드리히 블룸하르트(1842-1919)는 그의 아들로, 그의 일을 이어받았다.

이 나은 것같이 기뻐하십시오."

___ 지난 며칠 동안 하나님은 당신 가족의 갑작스러운 죽음을 통해 우리 모두에게 말씀하셨습니다. 그 고통을 함께 지고 싶습니다. 쉽게 잊히지 않을 것을 압니다. 하나님이 그걸 원하지 않을 수도 있습니다. 고통은 우리 마음과 삶을 깊게 해주기 때문입니다.

___ (한 아기의 죽음 앞에서) 왜 하나님께서 이 땅에 한 생명을 보내시고는 그저 한 시간만 살게 하셨는지는 이해하기 힘듭니다. 우리는 지금 여기 하나님만이 이해하시는 신비 앞에 서 있습니다. "왜 이런 일이 일어났을까? 도대체 왜?"라고 물을 수도 있습니다. 오직 하나님만 아십니다. 우리는 하나님을 믿습니다. 그리고 그분의 아들이신 선한 목자를 믿습니다. 당신의 어린아이 같은 어린 양들의 목자이기도 하신 그분을 믿습니다.

___ (저자의 자녀의 죽음을 앞두고) 우리는 하나님의 뜻이 어디에 있는지 도무지 모릅니다. 이 아이가 살게 될지 아닌지는 그분만이 아십니다. 만약 이 아이가 사는 게 하나님의 뜻이라면 분명 건강해질 줄 압니다. 의사들이 더는 아무 손도 쓸 수 없다고 하더라도 우리가 믿으면 예수 그리스도는 어떤 일이라도 하실 수 있다고 약속하셨습니다. 어떤 식으로든 이 작은

아이를 통해 하나님의 뜻과 자비가 드러날 것입니다. 사람이 아무것도 할 수 없을 때, 그리스도가 일을 시작하십니다. 우리가 신뢰와 믿음을 온전히 주저하지 않고 드릴 때만 그분이 일하실 수 있습니다. 물질적이거나 외형적인 것, 돈이나 의사를 의지해서는 안 됩니다. 오직 예수 그리스도만 의지해야 합니다.

___ (저자의 자녀가 죽은 후) 죽음은 파괴와 분열, 분리입니다. 그러나 예수님은 하나 됨을 이루십니다. 완벽한 생명이란 완벽한 하나 됨을 의미합니다. 예수님이 일하시는 곳에 하나 됨이 이뤄집니다. 따라서 우리는 모든 사람에게 이 하나 됨에 동참하라고 도전합니다. 모으지 않는 사람은 흩뜨리고 분리합니다. 분리하고 파괴하는 사람은 죽음을 섬깁니다. 그러나 일치시키는 사람은 예수님을 섬깁니다. 언젠가 예수님이 그들을 영원한 삶으로 불러 모으실 것입니다.

___ 친애하는 자매님, 아버지를 잃고서 지금까지 고통스러워하시는 걸 잘 이해합니다. 죽음과 그에 따른 어려움에 대처하는 일은 절대 쉽지 않습니다. 죽음은 하나님의 적이며 마지막 부활의 때나 극복될 것입니다. 그러나 그리스도를 따랐던 사람에게 죽음이란 또한 그분에게 가까워지는 길임을 알아야 합니다. 영원에 관한 생각이 자매님을 흔든다는 것은 충분히 이해합니다. 그러나 미래를 두려운 눈으로 바라

보지 마십시오. 모든 것을 예수님에게 드리십시오.

___ 크나큰 상실의 고통을 겪고 계신다니 제 마음도 너무 아픕니다. 당신 아이의 죽음이 주는 고통은 이 땅이 우리의 온전한 집이 아니며, 예수 그리스도가 이 땅의 유일한 통치자가 될 때까지, 죄와 죽음, 슬픔과 두려움, 고통이 완전히 극복되고 사라질 때까지 이 땅은 우리의 집이 될 수 없다는 것을 가르칩니다. 그러나 세상의 가장 위대한 날이 올 때까지 당신의 아이를 포함한 모든 아이가 예수님의 손안에 있음을 확신합니다.

죽은 사람을 위해 기도하는 것에 대해 정말 뭐가 옳은지 솔직히 모르겠습니다. 이 요한복음 말씀을 읽어보셨는지요. 그리고 이 말씀을 진심으로 받아들이셨는지 궁금합니다. 예수님은 이렇게 말씀하십니다.

내가 진정으로 진정으로 너희에게 말한다. 내 말을 듣고 또 나를 보내신 분을 믿는 사람은, 영원한 생명을 가지고 있고 심판을 받지 않는다. 그는 죽음에서 생명으로 옮겨갔다. 내가 진정으로 진정으로 너희에게 말한다. 죽은 사람들이 하나님의 아들의 음성을 들을 때가 오는데, 지금이 바로 그 때이다. 그리고 그 음성을 듣는 사람들은 살 것이다. 그것은, 아버지께서 자기 속에 생명을 가지고 계신 것같이 아들에게도 생명을 주셔서, 그 속에 생명을 가지게 하여주셨기 때문이다. 또, 아버지께서는 아들에게 심판하는 권한을 주셨다. 그것은 아들이 인자이기 때문이다. 이 말에 놀라지 말아라. 무덤 속에 있는 사람들이 다 그의 음성을 들을 때가 온다(요 5:24-28).

이 말씀을 읽고, 하나님 앞에서 깊이 생각해보십시오. 그분의 사랑이 얼마나 깊은지 알게 될 것입니다.

모든 사람은 죽음을 두려워합니다. 그러나 그리스도는 죽음을 이겨내고 영원히 서 있는 것을 약속하십니다. 그것은 바로 그분의 영원한 사랑입니다. 그 사랑은 존재에 깊이 다가와 앞에 놓인 용서의 길로 인도한 뒤에, 비록 몸은 죽더라도 우리를 하나님 나라로 이끕니다.

우리 안에 사시는 예수님을 매일 경험하길 기도합니다. 우리는 그분이 아버지의 오른편에 앉아 교회뿐만 아니라 천사의 세계와 권세와 정사를 통치하신다는 것을 압니다. 우리는 이 신비로운 실재의 초우주적인 위대함을 그저 어렴풋이 알 수 있습니다.

예수님은 제자들에게 작별 인사를 하면서 그들이 있을 곳을 마련하겠다고 말씀하셨습니다(요 14:2). 이 말씀을 들을 때마다 그곳이 어떤 곳인지 생각하고, 영원의 세계와 별과 천사들의 세계에서 그리고 그리스도 안에서 죽은 영혼들 가운데에서 어떤 일이 일어나는지를 생각하며 경외감과 신비함을 느낍니다. 스데반은 돌에 맞으면서 하늘이 열리고 예수님이 하나님의 오른편에 서 계신 것을 보았습니다(행 7:55). 그리고 요한은 불꽃 같은 눈을 가진 예수님을 보았습니다(계 1:14). 예수님이 다시 오실 때 우리 역시 그분을 몸소 만날 것이라고 믿습니다.

　인간과 하나님의 관계는 어떤 인간적 관계보다 강하며 다른 관계들은 그저 이 관계의 초상일 뿐입니다. 궁극적으로 우리는 하나님 앞에 서 있습니다. 죽음을 앞둔 순간 이 사실은 더 명확해집니다. 죽어가는 사람을 곁에서 지켜본 사람이라면 누구나 인간과 하나님의 내적인 관계와 하나님과 하나 됨이 전적으로 중요함을 압니다. 사람은 인생의 끝에서 마지막 숨을 거둘 때 **오직** 이 관계만이 중요했음을 실감합니다.

　우리는 복음서를 통해 하나님 사랑을 이웃 사랑에서 떼어놓을 수 없음을 알고 있습니다. 모든 사람은 형제를 통해 하나님께 갈 수 있습니다. 사람이 온전히 지체를 위해 살면 삶의 마지막 순간에 하나님이 아주 가까이 오신다는 것을, 저는 죽어가는 사람 곁에서 경험했습니다.

　__ 아드님이 그런 어린 나이에 큰 고통과 아픔을 겪어야 했다는 사실은 분명 그 아이뿐만 아니라 당신의 삶에도 아주 큰 영향을 미칠 것입니다. 아이들이 고통을 받아야 한다는 건 도무지 이해할 수 없는 일입니다. 마치 그 아이들이 다른 사람의 죄를 짊어지고, 창조물의 타락 탓에 고통을 받는 것

같습니다. 또 어떻게 보면 마치 아이들이 자신이 저지르지도 않은 죄의 대가를 치르는 것 같습니다. 이걸 곰곰이 생각해봤는데 아이들이 겪는 고통은 이제껏 존재했던 가장 큰 고통과 깊은 관련이 있는 듯합니다. 그것은 타락한 창조물을 위해 겪으신 하나님의 고통, 그리스도의 고통입니다. 아이들은 다른 누구보다 예수님의 마음 가까이에 있고, 예수님은 아이들을 우리의 모범으로 보여주기 때문입니다. 그래서 저는 순결한 아이들이 받는 고통은 언제나 교회에 중요한 의미가 있다고 믿습니다.

고통의 시간을 지날 때는 내면의 기쁨을 지키고 보호하는 일이 가장 중요합니다. 그 기쁨은 다시 사신 예수님입니다. 그분의 능력은 빛의 힘이며, 그 힘은 치유의 능력이 됩니다.

한 사람이 치르는 질병 또는 죽음에 맞선 싸움은 우리 모두에게 맡겨진, 어둠에 맞서는 싸움이 어떤 모습인지 보여줍니다. 어둠의 힘이 공격해올 때 우리는 온전히 예수님의 빛의 편에 서야 합니다. 인간적인 힘이 시들어진다고 절망해서는 안 됩니다. 왜냐하면 그때가 바로 그리스도가 일을 시작하시는 순간이기 때문입니다. "아직 얼마 동안은 빛이 너희 가운데 있을 것이다. 빛이 있는 동안에 걸어다녀라. 어둠이 너희를 이기지 못하게 하여라"(요 12:35).

악과 어둠

우리는 악을 하찮게 여기거나 그 존재 자체를 믿지 않는 시대에 살고 있습니다. 골고다의 위대함도, 마지막 심판의 심각함도 이해하지 못합니다. 악의 힘을 이해하지 않고는 요한계시록에 묘사된 심판을 이해할 수 없습니다. 악을 대수롭지 않게 보면 그에 맞서 심각하게 싸울 필요가 없기 때문입니다.

악의 힘이 그렇게 끔찍하지 않다면 십자가는 필요 없었을 겁니다. 사람들은 "하나님은 예수님의 희생 없이 인간의 죄를 용서할 수는 없었을까?"라고 묻습니다. 솔깃한 질문입니다. 그러나 하나님과 맞섰던 악의 거대한 힘을 인식하면 십자가 없는 용서란 없음을 알게 됩니다.

사탄의 비밀을 이해하거나 악의 근원을 캐내려는 사람들이 있습니다. 이해할 수는 있지만 이는 하나님을 섬기는 길이 아닙니다. 너무나 많은 사람이 살인이나 간음, 또는 다른 사악한 일들에 관해 듣고 마음에 짐을 지며 괴로워하고 있습니다. 진정한 그리스도인은 악에 대해서는 어린아이처럼 되어야 하고 악의 비밀을 경험해서는 안 됩니다.

현대인들은 지나치게 물질 중심적으로 생각합니다. 자신들 앞에 선한 힘과 악한 힘이 존재하며 인생은 자신이 어떤 힘에 마음을 두는가에 달려 있음을 모릅니다.

젊었을 무렵, 나치 독일 치하에 있을 때 일입니다. 알고 지내던 순진한 사람들이 사악한 힘에 사로잡혀 끌려다니는 것을 보았습니다. 알려진 것보다 많은 사람이 악에 맞서 싸우다가 죽었지만 대부분의 사람들은 악에 굴복했습니다. 독일은 몇몇 통치자뿐만 아니라 악한 영의 힘, 사탄의 지배를 받고 있었던 것입니다.

지금도 우리는 예수님이 계셨던 때처럼 사탄들을 쫓아낼 수 있다고 믿습니다. 예수님이 이 땅에 다시 올 때 모든 사람이 완전한 자유를 누릴 거라고 믿습니다. 물론 심판이 먼저 있어야 하지만 말입니다.

우리는 점성술 같은 신비주의에 자꾸 맞닥뜨립니다. 특히 고등학교나 대학교에서 그런 일들이 많습니다. 그러나 우리는 어떤 형태로든 악마적인 힘들과 접촉하는 것을 단호히 거부하고, 아이들에게도 그런 것들과 접촉하지 말라고 경고해야 합니다. 사탄에 대해 전혀 알 필요가 없는 것들이 있습니다. 솔직히 말해서, 그런 것들에 대해 무지해도 됩니다. 요즘은 신비주의가 연구해야 할 과학의 한 분야로 여겨지기도 하지만, 그런 것과 관련 맺고 싶지 않습니다.

예수님 안에서 어린아이같이 사는 사람은 악한 영에 사로잡힐까 염려할 이유가 없습니다. 반대로 마술이나 주술을 해본 사람은 그런 두려움을 가질 만합니다. 우리는 가장 '무해한' 형태의 심령술이나 건강 반지, 점, 죽은 사람과 대화하는 미신적인 행위들도 거부합니다. 어떤 사람들은 순수한 동기로 시작할 수 있겠지만 자신도 모르는 사이에 사탄에 묶이게 됩니다. 이 행위들은 예수 안에서 어린아이 같은 믿음을 갖는 일과는 아무런 상관이 없기 때문입니다.

하나님의 심판이 있기를, 그래서 빛이 우리를 뚫고 들어와 비추기를 바랍니다. 그분의 빛이 더 강하게 비출수록 그분 독생자의 강렬한 사랑이 우리 가슴에서 타오르고 진리가 더 분명하게 드러납니다. 예수님이 다가와서 그분의 빛으로 사람들을 만진다는 것은 심판과 자유, 그리고 속죄를 의미합니다. 그러면 모든 의심과 사람들을 묶고 억누르는 죄들이 드러나고 우리는 자유로워집니다. 그리스도의 빛이 비치면서 찾아온 이 자유와 속죄는, 그분이 주신 믿음과 마찬가지로 온 세상을 위한 것입니다. 그리스도는 세상을 구하려고 왔지, 심판하러 온 것이 아니라고 말씀하셨습니다(요 12:47).

그리스도는 비참하게 억눌리고 버림받은 사람들이 빛으로 나와 구원받기를 원합니다. 심하게 짓눌리고, 자신이 아무런 가치가 없다고 느끼며, 무거운 짐을 진 사람들이야말로 하나님의 위대한 사랑에 감동받아 움직이도록 마음을 열어야 합니다. 일단 그 사랑을 느끼면 자신이 그 안에 있고 그로 인해 자유로워진다는 걸 알게 됩니다. 죄인, 세리, 창녀, 멸시받는 사람들을 예수님께서는 직접 찾아가 만나셨습니다. 그분은 귀신 들린 사람들을 비난하지 않으셨습니다. 오히려 그들을 자유롭게 해 주셨습니다(마 8:16-17). 그러나 그 자유로워짐 전에는 먼저 심판이 있었습니다. 어둠이 드러나서 쫓겨나야 했기 때문입니다. 사람들은 악을 절대 가볍게 여기지 않았고, 악으로부터 자유롭게 되었습니다.

___ 예수님이 이 땅에 다시 오셔서 우리에게 완전한 자유를 주시기 전까지 계속 죄와 싸워야 합니다. 이 싸움은 첫째로 육적 본성과의 싸움이고, 둘째는 영들의 전투, 다시 말해 사탄과 그의 무리에 대항한 전투입니다. 당신의 타락은 육적 본성 때문만은 아닙니다. 사탄 때문이기도 합니다. 성경은 유다가 예수님을 배반했을 때, "유다에게 사탄이 들어갔다"(눅 22:3)라고 말합니다. 당신께도 같은 일이 일어났다고 감히 말하지는 않겠지만, 상황은 그런 방향으로 가고 있는 듯합니다. 유다가 먼저 사탄에게 자신을 팔아넘기지 않았다면 사탄이 들어갈 수 있었을까요? 유다는 대제사장을 찾아갔고 예수님과 유월절 음식을 먹으러 갔을 때 이미 은화를 받았습니다. 그때 사탄이 그에게 들어갔습니다.

이 비유를 당신께 적용하면 너무 심하겠지만, 당신이 악한 힘에 마음을 연 것은 사실입니다. 언제 어디서 시작된 걸까요? 진정으로 뉘우치는 것은 놀라운 경험이고, 두려워할 이유가 없는 일이라는 걸 잊지 마세요. 진정한 회개를 경험한다면 오히려 평생 감사할 것입니다.

하나님의 형상으로 지어진 사람이 한순간에 수백만 명을 쓸어버릴 수 있는 무기와 폭탄을 만든다는 건 소름 끼치는 일입니다. 우리는 회개해야 합니다! 이 나라에 그런 무기가 있다는 사실은 우리가 그것과는 완전히 다른 것에 삶을 헌신해야 할 필요가 있음을 보여줍니다. 어떤 사람에게 이 일은 무기를 만들지 않을, 책임 있는 시민을 선출하고자 일하고 싸우는 정치를 의미할 수도 있습니다. 아주 존중합니다. 그러나 우리의 반대는 훨씬 더 나아가야 합니다. 무기를 만들라고 부추기는 악한 영은 오직 선한 영을 위해 살 때만 맞서 싸울 수 있습니다.

내가 변하지 않으면 예수님의 길을 갈 수 없습니다. 예수님을 따른다면서 순결하지 않은 삶을 산다면 불의에 이러쿵저러쿵 말할 권리가 없습니다. 이건 혈과 육에 맞선 싸움도 아니고, 선한 사람들이 악한 사람들에 맞서서 싸우는 것도 아닙니다. 어둠의 힘과 세력에 맞서 싸우는 겁니다.

일단 죄를 지으면 그때부터 우리 삶은 사탄에게 자리를 내어주게 됩니다. 현실적으로 봐야 합니다. 사탄은 추상적인 개념이 아닙니다. 성경에 보면 어떤 사탄들은 이름도 있습니다 (눅 8:30). 특히 헌신적 그리스도인이라고 주장하는 사람들은 절대 사탄에게 삶의 자리를 내어준다거나 사탄을 섬길 핑계를 댈 수 없습니다. 그런 사람이 있다면 그는 자신만이 아니라 자신이 속한 공동체에 해를 주게 됩니다.

___ 교회의 생명은 예수님에게 진정으로 소중하고 중요한 것

입니다. 그러므로 사탄이 교회의 영혼을 공격할 위험은 끝이 없고 또 치명적입니다. 하늘의 아버지께서 예수님에게 빛의 자녀를 키우라는 임무를 주었을 때, 사탄이 예수님을 따라가 악의 자녀를 만들고, 빛의 자녀만이 자라야 할 땅인 그리스도의 교회 안에도 악의 자녀가 번성할 거라는 걸 하나님은 미리 알았다고 블룸하르트는 썼습니다. 이건 아주 무서운 일이지만 우리가 꼭 겪어야 할 일이기도 합니다. 인간적인 힘이 그리스도의 능력을 대신할 때 꼭 이런 일이 생깁니다.

예수님은 모든 사람이 "인자가 전능하신 분의 오른쪽에 앉아 있는 것을 보게 될 것이오"(막 14:62)라고 말씀하셨습니다. 그분은 아버지를 '전능하신 분'이라고 부릅니다. 이것은 영원하지 않은 우리의 삶보다 훨씬 위대한 실재입니다. 악이 두려워질 때도(그런 공포는 아주 생생한 현실이 될 수 있습니다) 언제나 예수님을 신뢰할 수 있습니다. 그분 역시 진짜입니다. 예수님은 하나님 보좌 한가운데 계십니다. 그분은 지금도 교회의 심장이고, 교회의 머리이며, 우리도 이해하지 못하는 우리의 마음을 이해하는 분입니다.

내 마음을 내가 이해할 수 있다고 생각하면 큰 오산입니다. 자신을 피상적으로는 이해할지 몰라도, 진정 우리의 마음을 아시는 분은 오직 하나님이십니다. 따라서 우리는 혹독한 유혹과 시험, 사탄의 공격으로 고통을 겪는다 하더라도 신뢰와 승리를 향한 큰 희망을 품고 늘 하나님에게 돌아갈 수 있습니다.

평화는 오직 십자가에 못 박히신 그분을 통해 찾을 수 있습니다. 하나 된 교회로도 충분하지 않습니다. 평화와 쉼은 오직 골고다에서 찾을 수 있습니다. 우리 힘으로는 살인이나 불륜 같은 행위를 씻어낼 수 없습니다. 어둠에서 자유로워지는 길은 빛을 향해 돌아서고, 죄를 고백하고, 십자가로 향해 가는 것뿐입니다. 요한계시록에 적힌 대로 그리스도의 피만이 우리를 씻을 수 있습니다(계 7:14).

___ 도와달라는 절망적인 외침이 들린다고 하셨지요. 그런 생각들이 당신에게 많은 겁을 주고, 당신을 쥐어흔들고 있습니다. 그 공포에서 돌아서야 합니다. 그런 공포를 마음에 두어서 더 절망적이고 끔찍한 공포와 걱정, 어려움이 마음에 들어오는 것입니다.

공포가 당신을 쥐고 흔들도록 내버려두지 마세요. 그 공포까지 내려놓고 하나님을 신뢰하면 많은 것이 확 달라질 것입니다. 하나님의 도움과 개입을 절대 의심하지 마십시오. 그분은 당신을 사랑하고, 생각보다 훨씬 가까이 계시다는 걸 저는 분명히 말씀드릴 수 있습니다.

예수님은 세상 끝날까지 항상 우리와 함께 있으시겠다고 약속하셨습니다(마 28:20). 그러나 우리를 둘러싼 형제자매들을 공격하는 음란, 물질 숭배, 살인, 증오의 어두운 힘들을 얕잡아봐서는 안 됩니다. 예수님이 베드로에게 죽음의 권세가 교회를 이기지 못할 거라고 말씀하신 걸 보면(마 16:18), 교회가 그런 권세의 공격을 받을 거라고 내다보신 게 분명합니다. 언제나 깨어서 기도해야 합니다.

지금도 이 땅을 덮은 사탄의 올가미가 찢기기를, 고통으로 신음하는 인류 전체와 함께 갈망합니다. 그것이 큰 혼란을 의미하더라도 말입니다. 하나님의 때에 하나님 나라가 올 때 그 올가미가 찢길 것이라고 굳게 믿습니다.

싸움

인간을 둘러싼 보이지 않는 권세들은 사람들에게 큰 고통을 가져다줄 수도 있고, 반대로 큰 기쁨을 가져다줄 수도 있습니다. 하나님의 힘은 평화, 정의, 기쁨, 용서, 그리고 공동체를 이룹니다. 이 힘은 예수 그리스도 안에서 구현됩니다. 그러나 세상에는 살인, 시기, 야망, 불의를 몰고 오는 어두운 힘도 있습니다. 그 힘도 눈에는 보이지 않지만 한번 영혼을 사로잡으면 눈에 보이는 악한 짓을 저지르도록 부추깁니다.

지금 이야기하는 힘이 눈에 보이지 않는다고 해서 추상적인 것이 아님을 알아야 합니다. 틀림없이 실제로 존재하는 것에 관해 이야기하고 있습니다. 철학이나 가르침이 아니라 어둠의 권세와 빛의 권세, 선과 악, 파괴와 일치, 죽음의 힘과 생명의 힘에 관해 말하는 겁니다.

예수님은 악한 영에 사로잡힌 사람들에게서 귀신들을 쫓아내실 때 그들의 영혼과 마음을 고치십니다. 그걸 보고 예수님의 적들은 "그가 귀신들의 두목인 바알세불의 힘을 빌어서 귀신을 내쫓는다"(눅 11:15)라고 말했습니다. 그러나 예수님은 "내가 바알세불을 힘입어 귀신을 내쫓는다면, 너희 추종자들은 누구를 힘입어 귀신을 내쫓는단 말이냐?"(눅 11:18)라고 대답하셨습니다. 마귀의 군대는 훈련이 잘되어 있으므로 어떻게 하면 한 영혼이 사람들의 모임, 또는 심지어 나라를 공격할 수 있는지 잘 알고 있습니다.

복음서를 보면 이 땅 전체가 하나님과 사탄의 싸움터이고, 사람의 마음속도 예외가 아니라는 것을 알 수 있습니다. 두세 사람 또는 더 많은 사람이 예수님 안에서 완전히 하나 될 때 사탄이 더 사납게 날뛴다는 사실을 잊지 마십시오.

예수님이 골고다에서 겪은 싸움만큼 하나님과 사탄의 싸움이 격렬했던 적은 없었습니다. 예수님조차 하나님께 버림받았다고 생각하셨습니다. 그런데도 예수님은 당신의 영혼을 아버지의 손에 맡겼습니다. 그러자 승리가 주어졌습니다. 그것은 이 세상뿐만 아니라 모든 권세와 국가, 천사들을 위한 승리였습니다.

___ 우리가 싸울 대상은 육체와 사람이 아닙니다. 교회의 진정한 힘을 위한 싸움입니다. 공동체 삶과 형제자매들의 마음에 하나님의 임재하심을 이루기 위한 싸움입니다. 우리는 모두 고통과 심판의 시간을 겪겠지만, 거기서 끝나서는 안 됩니다. 심판은 새로운 기쁨과 희망, 속죄라는 승리의 시작일 뿐입니다. 이 승리는 사랑과 섬김, 그리고 하나님을 위해 우리를 자유롭게 할 것입니다.

모든 교회에는 새로움, 사랑, 순결 등 예수님을 나타내는 기운들이 넘쳐나야 합니다. 그런 다음에야 사랑의 물결이 다른 모든 사람에게 흐를 수 있습니다. 이를 위해 끊임없이 기도하고 싸워야 합니다.

예수님을 새로운 철학이나 종교를 시작한 분으로 생각하는 건 완전한 잘못입니다. 예수님의 인격과 그분의 성령, 그분의 뜻, 그분의 치유는 그리스나 이집트 철학 같은 것이 아닙니다. 예수님은 사람이셨고 지금도 우리를 만나시는 분입니다. 저는 "너희가 인자의 살을 먹지 아니하고, 또 인자의 피를 마시지 아니하면, 너희 속에는 생명이 없다"(요 6:53)라는 예수님의 말씀을 좋아합니다. 그것은 어떤 위대한 사람의 철학이 아닌, 예수님 자신입니다.

누구도 예수님에게 무관심할 수 없습니다. 그분의 편에 설지, 아니면 그분에게 맞설지 정해야만 합니다. 내가 죄인이라는 사실이 예수님에게 가는 것을 막지는 못합니다. 유혹에 빠져도 그것을 막을 수 없습니다. 악한 힘이 고문해도 마찬가지입니다. 그러나 우리는 예수님을 하찮게 여기거나 그분의 일을 방해하려고 하는 인간적 시도는 용납할 수 없습니다. 만약 우리가 "보시오, 세상 죄를 지고 가는 하나님의 어린 양입니다"(요 1:29)라는 말씀이나 "범죄에서 사람들을 구속하시기 위하여 죽으심으로써"(히 9:15)라는 말씀을 머리가 아니라 마음으로 경험한다면 그제야 그것이 철학이 아니라 생명이라는 것을 알 것입니다.

예수님의 높이와 깊이, 넓이를 경험해야 합니다. 그리고 십자가의 의미를 이해해야 합니다. 그때 군건하게 섰고, 지금도 굳게 서 있는 십자가의 영적인 의미를 이해해야 합니다. 십자가는 하늘로 뻗어 하나님의 보좌에 닿아 있고, 지금도 여전히 길을 잃은 사람들에게 두 팔을 벌리고 있습니다.

___ 형제자매 여러분, 온전히 깨어납시다. 하나님께서 선한 일을 하시려 할 때마다 사탄은 그 일을 파괴하려고 할 것입니다. 예수님이 세례를 받으신 후 유혹을 겪은 것을 생각해 보십시오. 예수님이 너무나 순결하고, 온전히 하나님에게 속했기 때문에 악마의 유혹을 받은 것입니다.

첫사랑을 지키는 교회처럼 이 세상 왕의 비위를 거스르는 것은 없습니다. 요한계시록 2-3장을 보면, 이미 요한이 살았던 때 사탄이 교회에 상처 입히는 데 성공했다는 걸 알 수 있습니다. 예수님이 "살아 있다는 이름은 있으나, 실상은 죽은 것이다"(계 3:1)라고 하실 정도였습니다. 그래도 예수님은 그 교회가 깨어나 변해서 참되고 진정한 사랑으로 돌아올 기회를 주셨습니다.

제 마음속 깊은 곳에 있는 말씀을 드리자면, 예수님은 우리를 완전히 깨끗하게 하시기 위해 그분의 피와 우리의 피가 하나가 될 만큼 우리에게 가까이 오시길 원하십니다.

___ 하나님이 공격당하고 형제자매들이 부당한 취급을 받거

나 교회가 상처를 받았을 때, 격한 감정으로 반응하거나 흥분하는 것은 잘못이라는 생각에 저는 반대입니다. 예수님이 하나님을 모독하는 환전꾼들을 성전에서 내치셨을 때 조용하거나 침착하지 않으셨습니다(요 2:14-16). 저는 잔인함 앞에서 냉정하게 침묵을 지키는 일과 하나님의 일을 파괴하는 모든 것에 맞서 평생 싸우겠습니다.

하나님의 일을 하면서 사람들을 이론으로 판단하려는 심각한 유혹에 빠질 수 있습니다. 우리에게는 용솟음치는 하나님의 영이 부어져야 합니다. 각자와 우리들 사이에 있는 모든 것이 드러나도록 말입니다. 그런 다음에야 명쾌함과 결단력이 자연스럽게 따라옵니다. 그리스도를 향한 이 사랑을 달라고 하나님께 진심으로 간청합시다. 그래서 우리 공동체 안의 모든 어둠과 악이 드러나게 말입니다.

하나님과 예수님을 향한 믿음으로 우리 자신을 드릴 때 우리는 깨끗해질 수 있습니다. 예수님은 제자들에게 작별 인사를 하면서 "나는 포도나무요, 너희는 가지이다"(요 15:5)라고 말씀하셨습니다. 예수님은 우리가 열매를 맺으려면 깨끗해져야 하고, 농부의 칼이 우리의 가슴을 도려내야 한다고 말씀하십니다 (요 15:1-2). 예수님의 제자인 우리의 마음과 삶에는 이러한 손질과 예리함이 필요합니다. 우리가 만약 농부의 손질을 거부하면 하나님 앞에 우리는 믿음이 없는 것이며, 열매 또한 맺을 수 없게 됩니다.

그리스도의 말씀이 검이 되어 우리의 마음 깊은 곳을 도려내시도록 준비가 되었습니까? 아니면 그분의 손길을 반복해서 가로막으며 마음을 굳게 하고 있습니까? 자신도 모르게 우리가 얼마나 자주 하나님의 길을 막아서고 있는지요. 그래도 우리는 주님께 자비와 사랑을 달라고, 아프더라도 당신의 말씀으로 찔러 달라고 간청할 수 있습니다.

하나님만을 전적으로 신뢰해야 합니다. 또한 우리는 서로를 신뢰해야 합니다. 서로 신뢰하지 않으면 함께 살 수 없습니다. 사람은 실패하기 마련인 걸 잘 알지만 말입니다. 베드로는 예수님을 세 번이나 부인했지만 여전히 가장 신뢰받는 사도 중의 하나였습니다(요 18:15-27). 베드로는 실패한 사람이었지만, 그 자리를 떠나 아주 쓰라리게 울부짖었습니다. 베드로가 그랬던 것처럼 깊이 회개하고 슬피 울부짖는 것 말고는 다른 길이 없습니다.

우리가 실패했다는 것을 인정해야 하지만, 모든 것을 비판적으로 보거나 삶의 기초가 완전히 무너져버렸다고 생각할 필요는 없습니다. 하나님은 선하시므로 심판하시는 것입니다. 그 속에서 그분의 자비와 긍휼히 여기는 마음을 분리해낼 수는 없습니다. 하나님 앞에서 깊이 회개하고 겸손해질 때 우리는 아무것도 아닌 존재가 되고, 그때 그리스도께서 우리 안에 사시게 됩니다.

우리 안에서 일어나는 하나님의 일을, 자부심을 쌓는 데 쓴다면 그건 명백한 죄입니다. 하나님을 실망시켰을 때 그분의 일하심을 부인하는 것도 죄입니다. 실패는 우리를 겸손으로, 하나님께로 이끕니다.

교회가 들을 수 있는 말 중에 가장 험한 것은 아마도 사데 교회가 받은 편지에 적힌 말일 것입니다. "너는 살아 있다는 이름은 있으나, 실상은 죽은 것이다"(계 3:1). 교회가 죽었다는 것은 산상수훈에서 언급된, 소금이 그 맛을 잃고 땅에 뿌려져 짓밟힌 처지에 놓인 것과 같습니다. 모든 교회가 잠에 빠져 생명을 잃을 위험을 안고 있습니다. 그래도 예수님은 단 몇 사람에게서 생명을 찾아볼 수 있다면 참으시고 사람들에게 회개할 시간을 주겠다고 말씀하십니다.

짧은 역사이지만 우리 공동체는 교회의 순결을 지키는 싸움이 어떤 것인지를 경험했습니다. 생명이 없는 상태, 그리고 살아 있다는 이름은 가졌지만 실은 죽은 교회의 상황에 맞서 투쟁했던 것입니다. 그러나 예수님은 우리를 징계하실 때마다 교회와 개인에게 회개할 시간을 주십니다.

복음서의 구절들 중에 우리에게 아주 분명해진 것이 하나 있습니다. 우리는 소금이 되어야 합니다(마 5:13). 교회가 짠맛과 힘을 잃으면 얼마나 위험해지는지 우리는 몸소 경험했습니다. 소금은 맛을 돋우고, 썩는 것을 막습니다. 이 시대는 소금이 필요합니다.

너무나 오랫동안 잘못된 영을 용납한 건 우리의 잘못입니다. 예수님은 거짓 예언자들과 평화가 없는 곳에서 평화를 말하거나 사랑이 없는 곳에서 사랑을 말하는 사람들을 조심하라고 아주 엄하게 경고하십니다.

___ 예수님이 우리를 용서하신 것처럼 다른 사람을 용서하라는 예수님의 명령을 따라야 합니다. 동시에 어둠이 교회로 들어오지 못하도록 분명한 태도를 보여야 합니다. 이 때문에 저는 아주 긴장될 때가 있습니다. 골로새서 3장 12-17절을 보면, 바울은 다른 형제에 대한 이해와 용서, 친절을 가슴에 지녀야 한다고 말합니다. 꼭 필요한 일입니다. 그러나 여전히 우리가 지금 겪는 영적인 투쟁은 어떤 어둠도 교회에 들어오게 놔두어서는 안 된다는 것을 분명하게 잘 보여줍니다. 우리가 이런 긴장에서 벗어나 오직 그분의 길을 찾을 수 있도록 하나님의 도움이 있길 바랍니다.

하나님 홀로 모든 사람의 마음을 다스리실 때 기쁨과 헌신, 사랑이 가득한 건강한 공동체를 누리게 됩니다. 모든 이는 이런 분위기에서 공동체를 느낄 것입니다. 구성원 한 사람 한 사람이 다른 사람을 찾아가 과거에 아픔을 주고 사랑을 해친 일에 용서를 구할 것입니다. 누가 이렇게 해야 한다고 말해서가 아니라 내적인 절박함 때문에 이렇게 될 것입니다.

교회마다 그리스도를 위해 목소리를 내야 합니다. 말하는 사람이나 다른 신자들에게 고통스러운 일이 될지라도 그렇게 해야 합니다. 그러나 이렇게 드러내놓고 말하는 일은 그리스도의 사랑 안에서 이뤄져야 합니다. 그러지 않으면 죄가 됩니다.

예수님은 사탄의 일을 무너뜨리려고 이 땅에 오셨고, 이 영적인 투쟁을 도울 수백만이나 되는 천사를 거느리고 있습니다 (요일 3:8). 그러나 사탄도 많은 악한 영과 마귀, 그리고 악마들을 거느리고 있습니다.

영적인 투쟁은 이렇습니다. 예수님의 영인 성령은 우리가 하나님을 발견할 수 있도록 도우며 그분의 생각과 사랑을 우리에게 줍니다. 또한 악과 불순한 감정을 떨쳐낼 수 있게 돕습니다. 동시에 사탄도 우리의 마음을 부추겨서 악한 생각들, 음란, 살인, 시기, 불신 그리고 권력을 향한 욕망을 줍니다. 그러나 우리 모두에게는 수호 천사가 있으며 그 천사들은 선을 따르는 우리를 지켜줍니다.

그리스도는 우리 내면의 아주 깊은 곳까지 오셔야 합니다. 우리의 의식이나 일반적으로 느끼는 것보다 더 깊이, 아주 깊숙이 말입니다. 그리스도를 통해 우리는 믿음을 전혀 찾을 수 없는 곳에서도 믿는 용기를 발견할 수 있습니다. 또한 사랑을 찾을 수 없다고 생각하는 곳에서도 여전히 희망을 품을 수 있습니다.

___ 다른 사람이 당신을 어떻게 생각할지 걱정하시는 것을 이해합니다. 이해는 가지만 그것은 죄입니다. 하나님을 완전히 의지하게 될 때 우리 또는 다른 사람의 양심을 어지럽히거나 다른 이를 학대하는 사람에게 맞설 용기를 얻습니

다. 두려움 때문에 침묵하는 것은 죄입니다. 저 역시 살면서 이런 죄를 여러 번 저질렀습니다. 그로 인해 나 자신과 교회 전체에 쓴 열매가 맺히는 것을 보아야 했습니다.

우리는 모두 마음속의 투쟁이 무엇인지 알고 있지만, 그 너머를 봐야 합니다. 어둠에 맞서는 교회 전체의 투쟁을 봐야 합니다. 정말 엄청난 투쟁입니다. 전 우주적인 광대한 투쟁이라는 관점에서, 하나님이 수많은 천군과 빛의 별들, 화음과 조화를 통해 이끄시는 투쟁이라고 봐야 합니다.

"너희는 세상의 소금이다. 소금이 짠 맛을 잃으면, 무엇으로 그 짠 맛을 되찾게 하겠느냐? 짠 맛을 잃은 소금은 아무데도 쓸 데가 없으므로, 바깥에 내버려서 사람들이 짓밟을 뿐이다"(마 5:13). 우리가 소금이라면 악이 벌이는 논쟁에 동의하는 외교관이 될 수는 없습니다. '공정하게' 타협할 수 없습니다. 온전히 그리고 전적으로 한편에 서서 하나님과 예수님께 충성해야 합니다.

___ 그리스도를 위해 결단을 내려야 합니다. 그러지 않으면 그분에게 등을 돌리는 꼴입니다(마 12:30). 그리스도의 편에 서서 폭력, 불의, 증오, 음란과 맞서야 합니다. 우리는 이를 말뿐만 아니라 행동으로 증거해야 합니다. 더 나은 길이 있다는 것을 삶으로 보여야 합니다.

주의 만찬 헌약*

하나님의 심판과 자비 아래 일치가 있음을 선언합니다.

성부와 성자, 성령을 경외하며 살겠습니다.

죄를 용서받는 곳, 십자가가 우리 삶의 중심입니다.

하나님과 그리스도, 그분의 교회에 대한 모든 불경에 맞서겠습니다.

성부, 성자, 성령의 이름을 잘못 사용하는 일에 맞서겠습니다.

예수님의 어린아이 같은 영을 짓밟는 불경에 맞서며, 그런 어린아이의 영을 일부 잃어버린 자녀들을 위해 싸우겠습니다.

정서적·육체적으로 어린이를 학대하는 것에 맞서겠습니다.

어린이를 포함한 다른 사람의 영혼을 지배하려는 시도에 맞서겠습니다. 교회와 하나님의 천사의 보호하심을 구합니다.

예수님의 빛이 오셔서 악한 생각에 사로잡혀 있거나 괴롭힘을 당하는 사람들이 자유로워지고, 어둠을 섬기는 사람들이 누구인지 드러나 회개에 이르기를 기도합니다.

맘몬의 영에 맞서 싸우고, 맘몬과 연결된 모든 거짓 사랑에 맞서겠습니다.

인간적으로 높아지는 것, 그리고 모든 형태의 허영에 맞서겠

---

* 주의 만찬 헌약은 저자가 작성했고, 교회의 모든 구성원들이 1975년 12월 30일에 서명했다. 1년에 걸친 큰 싸움을 겪은 뒤에 몇 가지 중요한 사안에 대한 공동체의 입장을 분명히 하기 위해 작성되었다.

습니다.

집단적인 자만을 포함한 모든 자만에 맞서겠습니다.

용서하지 못하는 마음, 시기와 증오의 영과 맞서겠습니다.

우리만의 힘과 '위대함'을 십자가 앞에 내려놓겠습니다.

죄 지은 사람을 포함해 다른 사람을 업신여기는 태도에 맞서겠습니다.

어떤 사람이 죄를 지었다는 이유로 잔혹하게 대하는 것에 맞서겠습니다.

사탄의 어둠과 관련된 모든 마술이나 호기심에 맞서겠습니다.

의를 위해 받는 고통과 핍박 중에도 기뻐할 수 있는 용기를 간절히 구합니다.

우리의 죄가 용서되기를 간절히 구합니다. 예수님 없이는 우리의 마음과 행동은 순결할 수 없기 때문입니다.

예수님이 요한복음에서 말씀하신 것처럼 세상을 위해 살기를 기도합니다. "아버지, 아버지께서 내 안에 계시고, 내가 아버지 안에 있는 것과 같이, 그들도 하나가 되어서 우리 안에 있게 하여주십시오. 그래서 아버지께서 나를 보내셨다는 것을, 세상이 믿게 하여주십시오"(요 17:21).

우리 공동체가 그리스도의 진리로 성화되기를 간절히 구합니다. 그리스도의 말씀은 진리입니다. 주님이 우리를 세상의 빛으로 보내시기를 빕니다.

세상의 고통

고통의 뿌리를 캐보면, 그것이 소유욕과 물질의 영에 뿌리를 두었음을 알게 됩니다(딤전 6:10). 예수님이 말씀하셨듯이 이 영은 처음부터 살인자였던 사탄의 영입니다(요 8:44). 어둠과 죽음을 가져오는 영입니다. 이 영을 섬기는 많은 사람이 기묘한 이상 뒤에 숨으려고 합니다. 그러나 그 열매는 불의와 죽음이며 이 시대뿐만 아니라 모든 시대가 겪는 고통의 원인입니다. 세상의 고통을 정직히 바라보면, 그것이 오늘날 우리를 포함한 인류의 죄와 얼마나 가까이 연결되어 있는지 보일 것입니다. 고통들이 사실 모두 하나이고, 우리 역시 그 일부이므로 다른 이들과 함께 고통받아야 함을 깨닫게 됩니다.

세상에 고통이 가득합니다! 만약 우리가 하나님의 사랑으로 충만해 있다면 그 고통을 온몸으로 느낄 것입니다. 어린이, 노인, 정신적으로 장애가 있는 사람, 거부당한 사람 그리고 굶주린 사람의 필요를 느낄 겁니다. 그러나 단순히 세상의 고통만 본다면 한쪽으로 치우치고 맙니다. 하나님을 위해 우리는 고통이란 세상의 커다란 죄와 죄의식의 열매임을, 인간이 하나님께 반항한 결과임을 인식하고 선포해야 합니다.

세상의 어려움 중에 얼마만큼이 죄이고, 얼마만큼이 고통인지는 하나님만 아십니다. 양팔 저울의 한쪽에 세상의 악을 올려놓고, 다른 한쪽에는 세상의 고통을 놓으면 저울의 균형이 바르다는 이야기가 있습니다. 그 말이 진실인지는 모르지만, 죄와 고통이 함께 간다는 것은 아주 분명합니다. 전쟁은 죄이지만 거대한 고통과 관계가 있듯 말입니다. 하나님은 죄와 고통 모두를 보십니다.

하나님은 표현할 수 없을 만큼 간절하게 이 세상을 고통뿐만 아니라 죄에서 구하고 싶어 하십니다. 세상과 우리의 죄 때문에 하나님이 입은 큰 상처를 무시한 채 세상의 고통만 이야기하는 것은 불경스러운 일입니다.

예수님을 통해 인간을 구원하시려는 하나님의 열망이 없었다면, 이 세상에는 죽음만 존재했을 것입니다. 예수님은 세상 죄를 짊어지신 하나님의 어린양입니다. 모든 죄와 고통에 대한 유일한 답이십니다.

돈이 커다란 힘을 발휘하고 가난한 사람을 긍휼히 여기는 마음이 부족한, 세계 곳곳의 교회들을 보면서 우리는 사람들에게 더 다가가야겠다는 도전을 느껴야 합니다. 로마의 초대 그리스도인들은 교회의 가난한 사람뿐만 아니라 도시 전체의 굶주린 사람을 먹였습니다.* 이들은 예수님의 첫사랑 안에 살았는데, 이것이 우리에게 부족합니다. 이 시대에 우리는 첫사랑으로 돌아가야 합니다.

__ 마태복음 25장은 굶주리고 목마르고 헐벗고 갇힌 사람들에 대해 말합니다. 우리 역시 이들과 세상의 빈곤과 고통을 우려합니다. 그러면 무엇을 해야 할까요? 우리는 너무 잘 삽니다. 가난한 사람들과 나누려면 덜 먹고, 덜 누려야 합니다. 초대 그리스도인들은 배고픈 사람들과 먹을거리를 나누려고 일주일에 하루 또는 이틀을 굶었습니다. 우리만의 형제자매들과 나누는 것으로는 충분치 않습니다. 공동체마다 최소한 형제 한 명을 세워서 도움이 필요한 사람들을 찾아다니면서 먹을거리와 옷을 공급하고, 집에 난방이 제대로 되는지를 살펴야 합니다.

__ 형제님은 편지에 가난한 사람들은 도무지 하나님을 향한 간절함이 없고 무디며 무관심하다고 쓰셨군요. 형제님께서 부랑인을 위한 쉼터에 머무른 적이 있는데, 그곳 사람들은 다른 사람들보다 높아지고 남을 누르는 것 말고는 바라는 게 없다고요. 이들을 돕는 것은 아무 의미가 없다고까지 적으셨네요. 어쨌든 그 사람들은 아무것도 바라지 않는다고요.

형제님, 그건 예수님이 주시는 사랑의 영이 아닙니다. 많은 사람이 내적으로 무딘 건 맞지만 그건 사실 그들이 겪는 어려움의 표현입니다. 예수님의 적이며 처음부터 살인자였

* 에버하르트 아놀드, 황의무 옮김, 《초기 그리스도인의 육성》(대장간, 2020), 27-28쪽.

던 사탄이 얼마나 강력하게 사람들을 지배하고 있는지 보여주는 불길한 징후입니다. 지체의 상황을 그렇게 냉정하게 내려다보듯이 이야기하면 예수님이 얼마나 슬퍼하는지 알고 계신가요?

예수님도 그리하셨을 거라고 생각하시나요? 예수님이 그렇게 생각했다면 우리를 위해 죽으셨을까요? 가난하고 억눌린 사람들에 관해 그렇게 말하면 안 됩니다. 우리는 이웃들을, 특히 너무나 어려워 도무지 앞길을 볼 수 없는 이들을 사랑하라는 부름을 받았습니다.

___ 노숙자들에게 잠자리를 제공하는 건 늘 우리 공동체의 기본 원칙이었습니다. 한밤중에 경찰이 집이 없는 사람들을 공동체로 데려오는 일이 있었고, 그때마다 우리는 어떻게 해서든지 잠자리를 제공해주었습니다. 히틀러가 통치하던 당시, 독일의 비밀경찰은 우리 공동체에 손님을 받지 말라는 금지령을 내렸습니다. 그러나 우리는 경찰이 금지하더라도 밤에 잘 곳을 구하는 사람을 돌려보내지 않겠다고 알렸습니다. 집 없는 사람을 밖에 두고 문을 걸어 닫는 일은 절대 없을 거라고 했습니다.

우리가 만약 어려움에 처해 있는 사람에게 잠자리를 주지 않는다면 행함으로 증거하는 우리 삶의 의미를 아예 잃어버리고 말 것입니다. 그러나 중요한 것은 사랑입니다. 바울은 우리가 가진 것을 모두 가난한 사람에게 나누어준다 해도 사랑이 없으면 아무런 이로움이 없다고 말합니다(고전 13:3).

공동체가 시작되고 몇 년 되지 않았을 무렵, 미혼모가 찾아올 때마다 제 아버지는 적어도 이틀은 머물 수 있게 했습니다. 그 여인들 중 몇은 집에서 쫓겨나는 바람에 우리와 계속 머물기도 했고, 어떤 여인은 우리 공동체에서 지내는 동안 아이를 낳기도 했습니다. 술꾼이나 도둑이 오기도 했고, 경찰에 쫓기는 사람도 있었습니다. 한번은 살인죄로 20년 이상 복역했던 사람이 함께 지내기도 했습니다. 부모님은 저와 같은 아이들이 그런 사람들에게 나쁜 영향을 받을까 걱정하지 않으셨습니다. 그러나 우리는 절대 성적으로 불순결한 환경에는 노출되지 않았습니다. 받아들인 사람 중에 점잖지 못한 행동을 하는 사람은 아버지가 용납하지 않으셨습니다.

그 사람들 중에 우리 공동체 일원이 된 사람은 아무도 없었습니다. 우리 공동체를 교회로 관심 가진 사람은 없었던 것 같습니다. 그냥 머물 곳이 필요했던 거죠. 그러나 아버지는 그들에게 쉴 곳을 제공하길 꺼리지 않으셨습니다. 성경은 낯선 사람에게 쉴 곳을 제공하는 자가 자신도 모르는 사이에 천사를 대접한다고 말합니다(히 13:2).

격렬하게 요동치는 이 사회에는 극우파가 기승을 부리고 있습니다.* 동시에 높은 이상을 가지고 사람과 국가 사이에 이뤄져야 할 공의와 정의에 대해 적극적으로 발언하는 사람도 많아

졌습니다. 이런 때 우리가 방관만 하고 있어서는 안 됩니다. 자신의 믿음 때문에 감옥에 가고, 정의를 위해 삶을 바치는 사람들에게 깊은 존경과 경의를 보여야 합니다. 동시에 우리는 인간의 권리에 기초한 정의보다 더 깊은 정의를 찾고 이루기 위해 애써야 합니다.

최근 우리 지역에서 일어난 사건을 곰곰이 생각해왔지만, 어떻게 반응해야 할지 도무지 모르겠습니다.** 공공장소에 전시된 반유대주의 포스터를 떼었다고 어떤 사람이 머리를 두 번이나 얻어맞는 폭행을 당했습니다. 어떻게 이런 폭력에 항의할 수 있을까요? 어떻게 사랑과 정의를 증거할 수 있을까요? 다른 한편으로는 정치에 너무 깊이 관여하지 않도록 조심해야 합니다. 그건 우리의 임무가 아니니까요. 그러나 옆에서 벌어지는 불의를 보고도 침묵할 수는 없습니다. 그저 자족하며 그건 우리 일이 아니라고 말할 수 없습니다. 저는 1930년대에 독일에서 살았기 때문에 그런 일에 침묵한다는 게 무엇을 뜻하는지 압니다. 많은 사람이 항의하지 않고, 불편한 일에 엮이길 꺼렸기 때문에 히틀러가 독일을 손에 넣을 수 있었습니다.

세계는 심각한 방향으로 흘러가고 있습니다. 군비 경쟁은 본 적 없는 대량 학살로 치닫고 있습니다. 베트남 사람들이 날마

---

* 이 대목은 1964년 6월에 쓰임.
** 이 대목은 1964년 4월에 쓰임.

다 고문과 부상, 살상을 당하고 있습니다.* 우리의 책임은 무엇인가요? 이 질문을 솔직하게 던져야 합니다. 우리가 한 일은 아주 작습니다. 미국 남부의 인종차별을 반대하는 행진에 참여했고, 베트남 전쟁을 반대했습니다. 우리의 생각을 전하기 위해 상·하원의원들을 찾아갔지만, 이 모든 건 아주 작은 일입니다.

과거와 현재, 미래가 하나님의 손에 있다는 것을, 그리고 자신을 하나님께 드린다면 고통을 겪거나 죽을 수도 있다는 것을 우리는 압니다. 사람들 사이의 사랑이 굳세어져야 한다는 믿음 때문에 죽임을 당한 마이클 슈워너Michael Schwerner**처럼 말입니다. 만약 하나님이 원하시면 우리 역시 고통을 겪고 죽을 준비를 해야 합니다.

우리의 마음은 작습니다. 하나님께서 감동을 주셔야 "우리의 책임이 무엇인가?"라는 질문의 답을 찾게 될 겁니다. 다른 방법은 실패하기 마련입니다. 하나님의 사랑이 우리의 마음을 움직이면 우리의 삶은 새로운 깊이와 높이를 감당하게 되고, 그분은 우리가 옳은 행동을 하도록 인도할 것입니다. 우리 마음을 오늘도, 내일도 매일 움직여달라고 하나님께 요청해야 합니다.

---

* 이 대목은 1965년 8월에 쓰임.
** 1964년 미국 미시시피에서 살해당한 젊은 시민운동가.

불의 앞에서 눈감는 것은 끔찍한 죄입니다. 그래서 미국 흑인 민권 운동Civil Rights Movement*에 깊은 경의를 표합니다. 이 운동에 참여하는 많은 사람이 정의를 위해 희생했고, 어떤 사람은 생명까지 바치기도 했습니다. 그러나 시민권을 위한 싸움 자체가 하나님 나라를 이루지는 못할 것입니다. 이 운동을 위해 희생한 이들을 존경하지만 이런 관점을 잃어서는 안 됩니다. 무언가 훨씬 더 위대한 것이 나타나야 합니다. 우리가 만들어낼 수 없으며 세상 전체를 관통할 예수님의 영이 뿜어내는 강력한 분위기가 임재해야 합니다.

불의가 횡행할수록 하나님 나라에 대한 희망을 붙들고 그에 따라 살도록 노력합시다. 원수까지 끌어안을 수 있는 사랑, 그 새로운 정의를 세상에 보여주는 삶을 살도록 애씁시다. 이것은 크게 보면 우리 시대의 큰 고통에 대한 해답이며, 특히 이곳 미국의 정치와 인종 문제의 해답이기도 합니다.

다니엘과 여러 예언자들, 그리고 계시록을 쓴 요한은 하나님 나라가 오기 전 '마지막 날', 즉 인류가 무거운 심판을 직면해야 할 그때에 대해 말했습니다. 각 세기마다 벌어진 굶주림과 역병, 재세례파 선조와 셀 수 없이 많은 작은 그룹에 대한 박

* 1960년대 말, 차별받는 미국 흑인 인권을 회복하기 위해 전개된 비폭력 운동. 앨라배마 주 몽고메리에 사는 한 흑인 여성 로자 파크스가 버스 내 흑인 전용 칸으로 옮기기를 거부하고 체포된 것이 발단이 되었다. 마틴 루터 킹 목사가 중심이 된 이 운동은 흑인들에게 평등한 고용, 교육, 선거에 참여할 수 있는 길을 열어주었다. 당시 브루더호프 공동체도 이 운동을 지지했고, 행진과 캠페인에 참여했다. ─옮긴이

해, 30년 전쟁 그리고 미국의 인디언 말살은 모두 심판의 예언이 언급한 거대한 고통입니다. 인류가 목격한 가장 끔찍한 공포라고 할 수 있는 1·2차 세계대전 역시 마찬가지입니다. 마지막 날은 이미 시작됐습니다.

세상에는 끝없는 고통과 어려움이 있습니다. 우리가 모르는 문제도 훨씬 많습니다. 어떤 것은 경제적이고 또 어떤 것은 사회적 문제로 보이지만, 깊이 들여다보면 불의와 살인, 부정이라는 어두운 세력이 인간의 삶에 들여온 내면의 문제들입니다. 우리 중 일부는 정치 또는 사회적 수단으로 이런 문제를 해결할 급진적 사회 변화를 이끌 수 있다고 믿기도 했습니다. 그러나 오늘날 세계의 지도자들은 자신의 거짓말과 부정직함의 덫에 거듭 걸려 넘어지고 있습니다. 냉혹한 돈이 세상을 지배하고, 음란과 불경함이 곳곳에 퍼져 있습니다.

우리만으로 세상을 바꾸지 못한다는 건 잘 압니다. 하지만 그리스도는 하실 수 있습니다. 그분께 삶을 자발적으로 드리길 원합니다. 그분은 세상을 구원하러 오셨습니다. 그리스도께서 세상을 통치할 날이 올 거라고 믿습니다. 그분을 위해 우리는 살고, 최고의 것을 드리며, 기꺼이 목숨을 드릴 것입니다.

선교

새로운 삶을 찾는 다른 사람들에게 먼저 손을 내밉시다. 그렇다고 모두가 나가서 믿음에 관해 이야기하자는 것이 아닙니다. 선교의 마음은 하나님이 주셔야 하고, 열정적이고 참되어야 하며, 말씀을 듣고자 하는 사람들에게로 인도받아야 합니다. 사람들에게 무조건 설교만 할 수는 없습니다. 내적이며 인격적인 관계, 사람이 만들 수 없는 그런 관계를 추구해야 합니다. 오직 하나님만이 알맞은 사람이 알맞은 시간에 알맞은 말을 할 수 있게 하십니다.

때로 사람들이 이렇게 오해하는데, 우리는 공동체 구성원의 수를 늘리는 일에 관심 있는 게 아닙니다. 만약 그런 동기가 있었다면 우리 공동체는 무너질 것입니다. 예수님이 말씀하신 대로 우리는 함께 모이기를 원합니다(마 12:30, 마 23:37). 저의 형 하디가 1930년대에 독일 튀빙겐대학교에서 공부할 때, 아버지는 형에게 대중 강연을 준비하라고 하셨습니다. 형은 에버하르트 아놀드 박사가 브루더호프에 관한 강연을 한다는 커다란 포스터를 붙였습니다. 그러나 아버지는 이렇게 말씀하셨습니다. "나는 절대 그렇게 안 한다. 하나님의 뜻에 관해서만 말할 거다. 브루더호프 이야기는 안 해." 하나님의 대의가 우리의 주요 관심거리가 되어야 합니다.

더 많은 사람과 연결되길 바라지만, 우리의 모든 소망과 바람은 한결같이 하나이어야 합니다. 그것은 바로 어떤 때, 어떤 곳에서라도 우리의 뜻이 아니라 하나님의 뜻이 이뤄지기를 바라는 것입니다. 그리고 그 뜻에 기꺼이 복종해야 합니다. 지난 몇 년간 우리는 자신의 무능과 죄, 무기력함을 목격해야만 했습니다. 선교는 우리의 믿음이 살아 있는 믿음인지 아닌지에 달렸습니다.

인간적인 힘으로 선교에 임하지 않도록 조심합시다. 세상에는 설교가 넘쳐납니다. 너무나 많은 사람이 자기 뜻을 가지고 나가서 설교합니다. 나는 선교를 전적으로 지지하지만, 교만이 아니라 우리를 감동시키는 하나님의 뜻일 때만 그렇습니다.

특별히 선교가 살아 있었던 초대교회에는 두 가지 중요한 조건이 있었습니다. 믿는 사람들이 한마음, 한 생각, 한 영혼으로 일치했습니다. 그리고 그들은 회개했습니다. 우리는 이런 마음과 생각, 영혼의 하나 됨을 발견하고, 바울이 가졌던 겸손과 회개를 찾아야만 합니다.

선교의 명령에서 벗어날 수 없습니다. 교회가 살아 숨 쉬려면 초대교회와 16세기 재세례파가 그랬던 것처럼 선교사들을 두 사람씩 파송해야 합니다. 동네는 산 위에 세워져야 하고, 빛은 퍼져나가야 합니다. 아버지가 예수 그리스도를 세상에 보내셨다는 것을 오늘날의 교회를 통해 알 수 있습니까? 우리의 책임이 크지 않습니까? 예수님이 제자들에게 하신 마지막 말씀은 "너희는 온 세상에 나가서 만민에게 복음을 전파하여라. 믿고 세례를 받는 사람은 구원을 얻을 것이요, 믿지 않는 사람은 정죄를 받을 것이다"(막 16:15-18)이었습니다.

오순절 때처럼 수천 명의 사람이 하루에 세례를 받는 일이 다시 올지는 모르겠지만, 그래도 예수님의 씨앗이 이 타락한 사회에 뿌려지기를 바랍니다. 물론 씨앗이 뿌리내리고 열매 맺는 건 하나님의 손에 맡겨 드려야 합니다. 열두 사도가 많은 일을 이루었지만, 그게 가능했던 건 그들이 그리스도의 권위를 받고 보냄을 받았기 때문입니다. 그 이후로 이 같은 일이 없었습니다.

선교를 강요할 수 없다는 것은 알지만, 씨가 뿌려지고, 사람들이 깨어나 예수님을 사랑하고 그분의 말씀을 지키기를 간절히 바랍니다. 그러면 그분이 오셔서 사람들 안에 사실 것입니다.

주님의 이름을 말할 때나 복음을 선포할 때 성령의 불이 함께하게 기도합시다. 이는 이 시대의 사람들에게, 하나님의 아들이 찾아오셨고 아직도 그분이 잊지 않고 계시는 이 가련한 땅에 절실히 필요한 것입니다.

십자가는 이 땅에 깊이 박혀 있습니다. 십자가의 끝은 천국을 향해 있지만, 쭉 뻗은 두 팔은 사람을 향한 예수님의 갈망을 표현하고 있습니다. 그리스도는 "내가 땅에서 들려서 올라갈 때에, 나는 모든 사람을 내게로 이끌어 올 것이다"(요 12:32)라고 하셨습니다.

우리 삶에는 어떤 모순이 있는 것 같습니다. 한편으로는 인류 전체를 포용하고, 가능하다면 수천 수백만의 사람들이 그리스도 안의 형제자매로 함께 실 수 있다고 설득하고 싶습니다. 가능한 한 많은 사람이 와서 함께 나누며 살기를 바랍니다. 그리고 우리 안에 선교를 향한 열망이 훨씬 강해지기를 바랍니다. 그런데 다른 한편으로는 헌신되지 않은 수백 명과 함께하기보다는, 온전히 헌신된 두세 사람만을 원하기도 합니다. 우리가 증거해야 할 짠맛을 잃으면 안 되기 때문입니다. 미움과 질투가 있는 거대한 운동이 되기보다는, 그리스도를 향한 참사랑과 참믿음을 지닌 소수의 사람이 되고 싶습니다.

신약의 첫 세 복음서를 보면 열두 사도는 "너희는 가서, 모든 민족을 제자로 삼아서, 아버지와 아들과 성령의 이름으로 세례를 주라"(마 28:19)라는 말씀으로 파송을 받았습니다. 그런데 요한복음을 보면 예수님은 또 다른 형태의 선교를 말씀하십니다. "아버지, 아버지께서 내 안에 계시고, 내가 아버지 안에 있는 것과 같이, 그들도 하나가 되어서 우리 안에 있게 하여주십시오. 그래서 아버지께서 나를 보내셨다는 것을, 세상이 믿게 하여주십시오"(요 17:21).

오늘 우리에게 아주 중요한 말씀입니다. 여기서 예수님은 세상 사람들을 얻으려는 설교가 아니라 하나 됨을 강조하십니다. 이 기도에서 선교는 제자들 사이의 하나 됨에 있습니다.

하나 됨은 싸움을 대가로 치러야 합니다. 하나 됨은 교회의 징계와 고통이라는 대가가 필요합니다. 하나 됨은 용서와 신뢰, 그리고 나에게 상처를 준 사람을 거듭 사랑하는 대가가 필요합니다. 만약 우리 안에 하나 됨이 강하게 살아 있으면, 세상을 향해 빛을 낼 것입니다. 어떻게 그리되는지는 모르지만, 그렇게 될 것입니다.

우리의 사랑이 세상으로 더욱 흘러나가기를, 우리가 하나 된 교회가 되어 사람들을 선교로 내보내기를 소망합니다. 그렇게 하기 전까지 우리는 사랑 하나만을 위해 사는 것이 아닙니다. 선교할 힘이 없다면 교회가 사랑에 완전히 헌신되지 않았다는 표시이므로 우리는 겸허해져야 합니다.

형제자매가 되고 싶어서 우리는 공동체로 삽니다. 이것이 우리의 첫째 소명입니다. 형제가 되고, 가장 낮은 사람이 되는 것, 그래서 아무도 낮게 여김을 받지 않고 누구의 어려움도 무시되지 않는 것입니다. 우리는 여기에 어린이, 형제자매, 노인, 과부, 그리고 고아를 돌보기 위해 있습니다. 빈민가처럼 어려운 곳에 사는 사람들을 찾아내는 것만이 중요한 소명이 아닙니다. 자칫 잘못하면 그것이 우리를 파괴할 수도 있고, 여느 사회 단체처럼 돼버릴 수도 있습니다.

죽은 사람을 살리고 귀신을 내쫓으라는 예수님의 말씀에 비추어 제자도를 생각하면 우리가 얼마나 영적으로 가난한 교회인지 알 수 있습니다(마 10:8). 겸손해져야 하지만, 그렇다고 뒤로 물러나서는 안 됩니다(막 16:15-18).

제 아버지는 마지막 편지에 이렇게 적으셨습니다. "우리는 아직 진정한 선교에 이르지를 못했어. 이를 위해 기도하는 일이 점점 더 절박해지고 있단다." 죽은 사람을 살리고 귀신을 내쫓는 선교가 우리 시대에도 다시 주어지기를 아버지는 바라셨습니다. 하지만 아버지에게는 그 일이 당신이나 우리 교회에 주어지는 게 중요하다고 생각하지는 않으셨습니다. **어느 곳에든** 주어지면 되었기 때문입니다.

___ 저는 사도적 선교를 간절히 바랍니다. 길가에 나가서 사람들을 하나님 나라의 큰 잔치에 초대하는 그런 선교 말입니다. 그러나 매일 진정한 하나 됨 속에서 일상을 사는 것도 선교입니다. 요한복음 17장 21절을 읽어보십시오. 예수님은 제자들의 하나 됨과 사랑으로 세상이 아버지께서 당신을 보내셨다는 걸 알게 될 거라고 말씀하십니다. 그보다 더 위대한 비전은 없습니다. 우리가 오직 이 일을 위해 싸운다면 하나님은 두 가지 선교를 모두 수행할 힘을 주시고 그 선교에 모든 공동체 지체가 참여하게 될 것입니다.

___ 예수님의 책망은 복음의 일부인데도 오늘날 기독교에서 더 이상 들어 볼 수 없습니다. 세례 요한은 자신의 사역을 이런 말로 시작했습니다. "독사의 자식들아, 누가 너희에게 닥쳐올 징벌을 피하라고 일러주더냐? 회개에 알맞은 열매를 맺어라. 그리고 너희는 속으로 주제넘게 '아브라함이 우리 조상이다' 하고 말할 생각을 하지 말아라"(마 3:7-9).

이런 엄함으로 복음을 선포하는 것이 저의 내적 소명이며 의무라고 생각합니다. 신약에서 보이는 따뜻함과 긍휼히 여기는 마음을 품는 것 역시 의무이지만 말입니다.

예수님은 마치 어린 양을 이리에게 보내는 것처럼 사도들을 보내셨습니다(눅 10:3). 눌려 있는 사람, 특히 종교적인 압력을 받은 사람이라면 예수님께서 왜 이렇게 하셨는지 알게 될 것입니다. 성령의 상징인 비둘기를 생각하면 더 분명합니다. 이는 어떠한 강요나 압력, 악의도 없고, 공격적이지도 않으며, 자유의지를 짓밟지도 않습니다. 성령은 비둘기처럼 예수님에게 임했습니다. 이것이 사도적 선교의 특징입니다. 강요도 압력도 설득도 없습니다. 강한 성격으로 약한 성격을 짓밟아서는 안 되며, 비둘기처럼 아무런 해도 주지 않아야 합니다. 그러나 예수님이 말씀하신 대로 "뱀과 같이 슬기롭고, 비둘기와 같이 순진하게"(마 10:16) 되어야 합니다.

이 타락한 시대에 사람들을 하나님과 예수님 안에서의 삶으로 초대하는 것이 교회의 책임입니다. 지금 세상을 보면 인류는 완전히 타락했습니다. 하나님과 화해를 손끝만치도 이루지 못했습니다. 하나님과의 화해는 오직 십자가를 통해 이뤄집니다. 예수님 없이는 그리고 그분의 고통과 죽음 없이는 누구도 하나님을 찾지 못합니다.

우리 중 많은 이가 사도적 선교를 수행하길 원합니다. 저는 이런 열망이 살아 있는 것에 감사합니다. 그러나 바울이 그랬던 것처럼 하나님이 보내지 않으시면 선교할 수 없습니다. 그게 아주 겸손한 형태라도 말입니다. 바울이 회심했을 때 예수님은 이렇게 말씀하셨습니다. "이것은 그들의 눈을 열어주어서, 그들이 어둠에서 빛으로 돌아서고, 사탄의 세력에서 하나님께로 돌아오게 하며, 또 그들이 죄사함을 받아서 나에 대한 믿음으로 거룩하게 된 사람들 가운데 들게 하려는 것이다"(행 26:18). 이것이 선교의 목적입니다. 선교가 인간적 사업이 될 수 없다는 게 분명합니다. 하나님과 예수님, 교회와의 깊은 관계 없이는 선교할 수 없습니다.

오늘날의 다양한 사회운동과 시위 참여를 민감하게 분별하길 바랍니다. 하나님께 온 것은 북돋아주고, 그렇지 않은 것은 거부하는 능력을 갖추기를 바랍니다. 새로운 것을 받아들일 수 있도록 열려 있어야 하지만, 동시에 진정한 형제애의 삶도 증거해야 합니다.

3부

하나님 나라

예수님

예수님은 고난받는 종이었습니다. 비천한 구유에서 태어나 오직 사랑 하나만을 위해 두 범죄자 사이, 십자가 위에서 죽임을 당하셨습니다. 그분은 인간이었지만, 또한 하나님이었고 말씀이 육신이 되신 이였으며 하나님의 아들이었지만 자신을 사람의 아들이라고 했습니다.

예수 그리스도는 우리같이 약하고 죄 가운데 빠진 사람들에게 다가오시는 속죄자입니다. 우리를 죄와 악한 힘에서 자유롭게 하십니다. 우리를 진정한 사람으로 만드십니다. 그분은 아무런 대가 없이 치유하시는 분입니다. 살아 있는, 진정한 포도나무이십니다. 어제도, 오늘도, 그리고 영원토록 한결같은 분입니다. 예수님은 긍휼의 영이시고, 친구이고, 새로운 삶으로 부르시는 분입니다. 그분은 참되고 선한 목자이며, 하나님 나라의 왕입니다. 그분은 놀라우신 조언자, 전능하신 하나님, 영원히 존재하는 아버지, 그리고 평화의 왕으로 불리는 분입니다.

그리스도는 사람들을 한데 모으는 힘을 가지셨습니다. "암탉이 제 새끼를 날개 아래에 품듯이, 내가 몇 번이나 네 자녀를 모아 품으려 하였더냐! 그러나 너희는 그것을 원하지 않았다"(눅 13:34). 그분의 마지막 기도는 제자들의 하나 됨과 사랑을 위한 것이었습니다(요 17:21). 그분 안에 있는 새 생명은 우리의 분열을 극복하고, 공동체로 이끌며, 한마음, 한 영혼이 되게 합니다. 그분은 하나님의 사랑과 하나님 나라의 계시입니다.

우리는 예수님을 마음과 영혼으로 경험해야 합니다. 그러나 그것이 전부가 아닙니다. 그분을 만물의 구주로, 모든 권세와 왕 위의 왕으로 경험해야 합니다. 우리의 마음과 생각, 영혼을 하나님 나라에 대한 비전과 다시 오실 그분 예수님께 집중해야 합니다.

___ 그리스도를 지칭하는 성경 개념들 탓에 어려워하신다고요. 하지만 이 때문에 그리스도를 온전히 받아들이려 하지 않는다면 이미 받아들인 것마저도 미끄러져 나갈 수 있다는 걸 명심하십시오. 사랑과 염려로 이런 말을 적습니다.

결국은 성령을 통해 동정녀 마리아에게서 난 예수 그리스도를 받아들이는가 아닌가의 문제입니다(눅 1:26-28). 하늘과 땅의 모든 권세가 그분에게 주어졌습니다. 그리고 그리스도는 우주 전체를 당신과 화해시키고 십자가 위에서 흘린 피로 세상에 평화를 이루려고 온 것입니다(골 1:20). 그리스도를 믿는다는 것은 우리가 볼 수도 느낄 수도 없으며 얕은 지식으로는 이해할 수도 없는 신비로움을 믿을 준비를 한다는 뜻입니다.

나는 우리가 온전한 그리스도를 받아들이는지 자주 궁금해하곤 합니다. 그리스도인들은 그리스도의 한 부분만을 경험하고, 그분의 메시지 중 일부만 받아들여 오직 그것만 믿을 위험이 있습니다. 온전한 그리스도를 찾아서 섬겨야 합니다. "온전한 그리스도가 여기에 있다"라고 딱 잘라서 보여줄 수는 없습니다. 복음서를 줄줄 외운다고 해도 불가능한 일입니다. 오직 성령만이 그리스도를 온전하게 전할 수 있습니다.

예수님은 사람 안에 있는 악을 단호하고 분명하게 보기 때문에 어떤 때는 무정한 듯 보입니다. 그러나 예수님은 그 사람 안에 악이 없기라도 한 것처럼 굳센 희망을 품으십니다. 신약성경을 보면 영원한 저주 같은 예리한 말도 있지만, 동시에 더없이 부드러운 사랑도 찾을 수 있습니다. 예수님의 모든 것, 그분의 엄함과 긍휼 모두를 사랑합시다. 그분의 엄함까지 사랑하면 우리의 마음은 깨끗해지고, 가지를 손질받을 것입니다. 반대로 우리 안에 그분의 사랑과 긍휼, 자비가 드러나지 않는다면 우리는 살아갈 수 없습니다.

예수님이 그저 용감하고 강한 사람이었다고 생각한다면 실수입니다. 그분은 힘없이 십자가에 못 박혔습니다(고후 13:4). 하지만 여기에 깊은 신비가 있습니다. 예수님은 우리를 위해, 세상의 죄를 위해, 그리고 이 땅과 하늘나라에 화해와 하나님의 승리를 이루기 위해 약해지셨습니다. 우리가 예수님을 사랑할 수밖에 없는 이유입니다.

예수님은 연약한 모습으로 십자가에 못 박혔지만, 이제 하나님의 힘으로 다시 살아 계십니다. 우리 역시 그분처럼 약하지만 하나님의 능력으로 예수님과 하나가 되고 생명으로 충만할 수 있습니다. 반대로 자만하면 더는 하나님의 힘으로 살 수 없게 됩니다. 자신이 강하며 영적으로 우월하다고 여길 때 그분의 길을 가로막는 것입니다. 하지만 약해지면 방해가 되지 못합니다.

요한복음 15장에서 예수님은 당신을 따르는 사람들의 하나 됨을 놓고 뜨거운 마음으로 말씀합니다. 당신은 포도나무이고 아버지는 농부여서 열매를 맺지 않는 가지는 모두 잘라버리고 열매 맺을 가지는 가지치기를 한다고 말씀하십니다.

구주께서는 우리가 시들게 놔두거나 아예 잘라버리지 않고, 잘 다듬어서 당신의 포도나무에 새로 접붙이십니다. 그 심판은 아무도 피할 수 없습니다. 누구나 열매를 맺는 사람은 예수님이 다듬는다고 말씀하십니다. 농부는 가지를 다듬을 때 칼을 씁니다. 그러니 비록 고통스럽더라도 그 칼이 우리의 마음이 깊이 찔리고 끝내 다듬어져, 한 가지에 접붙여지게 되도록 기도합시다.

구주께서는 "내 안에 머물러 있어라. 그리하면 나도 너희 안에 머물러 있겠다"(요 15:4)라고 말씀하십니다. 우리 모두 그분 안에, 그분이 우리 안에 머물기를 간절히 바랄 뿐입니다. 예수 그리스도와 하나가 되는 것보다 더 대단하고 더 훌륭하며 더 기쁜 일은 없습니다.

천사들은 목자들에게 나타나 "너희에게 구주가 나셨으니, 그는 곧 그리스도 주님이시다"(눅 2:11)라고 말했습니다. 이 말을 마음 깊이 받아들여야 합니다. **너희**에게 아기가 나셨으니, 베들레헴에 아기가 태어난 것만을 믿는 게 문제가 아니라 아기가 **당신**에게 난 사실이 중요합니다. 또 아주 개인적으로 믿어야 합니다. 예수님은 우리 한 사람 한 사람을 위해 오셨습니다.

예수님의 삶은 구유에서 시작해서 두 범죄자 사이, 십자가에서 끝이 납니다. 사도 바울은 십자가에 못 박힌 그리스도 말고 다른 어떤 것에 대해서도 선포하지 않겠다고 말합니다(고전 2:2). 우리 역시 그리스도 외에는 붙들 것이 없습니다. 그러니 이렇게 묻고 되물어야 합니다. "우리는 그분의 길을, 구유에서 십자가로 향하는 길을 갈 준비가 되어 있는가?" 제자들에게는 편안하고 좋은 날이 약속되지 않았습니다(딤후 3:12). 예수님은 우리에게 자신을 부인하고 당신과 함께, 당신을 위해 고통을 당해야 한다고 말씀합니다. 그것만이 오직 그분을 따르는 길입니다. 하지만 그 길에는 생명의 영광과 하나님의 빛나는 사랑이, 우리의 마음과 생명보다 더 위대한 것이 놓여 있습니다.

___ 예수님은 새로운 의미에서 강한 사람이었습니다. 아주 약하면서도 아주 강한 분이었습니다. 예수님은 예루살렘을 위해 눈물 흘리는 것을 부끄러워하지 않았고, 암탉이 병아리들을 모으듯이 사람들을 한데 모으길 바라셨습니다(마 23:37). 나사로의 죽음을 접하고 울부짖기를 두려워하지 않

았고(요 11:35), 겟세마네에서 당신의 극한 괴로움을 보여주는 것도 두려워하지 않았습니다. 세상의 눈으로 보면 전혀 '강하지' 않은 사람이었습니다. 그러나 예수님의 사랑은 너무나 강해서 가장 끔찍한 아픔과 하나님께 버림받는 고통까지 경험하고서 그 힘으로 아버지께서 주신 사명을 완성했습니다 (눅 22:44). 진정으로 연약해지면 무력해지고, 진정으로 무력해지면 능력을 얻습니다. 이것은 비밀입니다.

우리 모두는 예수님과 인격적 관계를 맺어야 합니다. 청년 시절, 저는 회심을 경험하고 처음 몇 주 동안 느꼈던 기쁨과 사랑이 왜 지속되지 않는지 도무지 이해하지 못했습니다. 너무 괴로워서 아버지에게 물었습니다. 아버지는 "너의 신앙을 느낌에 의존하면 안 된다. 깊은 느낌이 없어도 그저 따라야 할 때가 있는 거야"라고 하셨습니다.

　바울은 그리스도와 그분의 교회 사이의 관계를 때로는 기쁨을 주고 때로는 슬픔을 주는 결혼에 비유합니다(엡 5:22-33). 관계에 신실한 태도를 지니는 일이 무엇보다 중요합니다. 느낌은 늘 변하기 마련입니다. 첫사랑으로 돌아가라는 부름을 받을 때는 엄청난 기쁨이 올 수 있고, 그건 하나님의 선물입니다. 그렇다고 그 느낌이 평생 가는 건 아닙니다. 그래도 끝까지 신실하면 고통과 눈물, 슬픔과 공허를 느낄 때도 그리스도와의 관계는 허물어지지 않습니다.

　예수님은 "누구든지 나를 사랑하는 사람은 내 말을 지킬 것이다. 그리하면 내 아버지께서 그 사람을 사랑하실 것이요, 내 아버지와 나는 그 사람에게로 가서 그 사람과 함께 살 것이다"(요 14:23)라고 말씀하십니다. 서로의 마음 안에 머무르는 일보다 더 친밀한 것이 어디 있겠습니까.

예수님은 또한 "너희가 인자의 살을 먹지 아니하고, 또 인자의 피를 마시지 아니하면, 너희 속에는 생명이 없다"(요 6:53)라고 말씀합니다. 이는 완벽한 하나 됨의 복음이며 미온적 태도에 조금의 틈도 주지 않습니다. 예수님은 마음이 미지근한 사람보다는 차라리 차가운 사람을 원하십니다(계 3:15).

누군가를 사랑하면 그 사람의 깊은 곳을 알고 싶게 됩니다. 겉만 아는 걸로는 만족하지 못합니다. 하나님을 향한 우리의 사랑도 마찬가지입니다. 나 자신을 그분에게 드릴 때 그분의 인격과 사랑을 아주 깊이 느끼게 됩니다. 하나님에 관해 말을 하는 것만으로는 충분하지 않습니다. 우리는 그분이 주신 계시의 의미를 찾습니다. 성경은 하나님이 사랑하는 사람을 채찍질한다고 합니다(히 12:6). 그러니 징계받고 채찍질을 당할 때 오히려 하나님에게 감사해야 합니다. 사랑의 표시이기 때문입니다. 예수님의 엄함을 받아들이지 못한다면 죄의 용서가 주는 완전한 해방을 경험할 수 없습니다. 그래야만 그분의 선함과 긍휼, 그리고 그분의 절대적인 사랑을 경험하게 됩니다.

사람들은 예수님과의 관계를 지나치게 주관적으로 볼 때가 있는데, 우리는 이를 거부합니다. 그렇게 되면 하나님과 교회의 위대함을 잊어버릴 수 있습니다. 마치 **내** 영혼과 **내** 구원만이 중요한 것처럼 말입니다. 예수님과 맺는 내적인 관계를 모두 거부하는 것도 옳지는 않습니다. 우리는 여전히 그분의 사랑, 십자가 위의 죽음, 그리고 그분의 용서를 직접 개인적으로 경험해야만 합니다.

하나님을 찾을 때 필요한 모든 것은 그리스도를 통해 우리에게 주어졌습니다. 그러나 머리로 이해하려면 되지 않습니다. 성경을 공부하거나 기도문을 줄줄 외우는 것도 도움이 되지 않습니다. 예수님이 우리의 마음을 깊이 건드리고, 우리가 그분의 인격에 감동되어야 합니다. 예수님은 그런 경험을 당신의 살을 먹고 피를 마시는 것에 비유하십니다(요 6:53-59). 이것은 단순한 지적 경험과는 정반대입니다. 마음 깊은 곳에서 일어나는 경험입니다.

진정한 제자도는 예수님을 사랑하여 다른 사랑이(아내와 아이들에 대한 사랑마저도) 상대적으로 작아지는 걸 요구합니다. 그분을 너무나 사랑해서 복음의 제일 작은 부분까지도 아주 중요해져야 합니다. 그분의 모든 것, 죽음, 부활, 심판 그리고 다가올 영원한 나라까지도 사랑해야 합니다. 또한 우리는 당신의 삶과 죽음을 통해 우리에게 드러내신 예수님 내면의 생명을 사랑해야 합니다. 내면의 생명은 하나님의 성령입니다. 그리스도인들의 가장 큰 임무는 예수님을 사랑하고 그분을 인식하며 그분 내면의 존재를 이해하는 것입니다.

예수님은 우리가 그분 안의 모든 걸 사랑하길 바라십니다.

그분의 행동과 그가 말씀하신 비유, 물질주의와 세속주의에 대한 거부, 순결한 마음, 관계를 향한 신실함, 불의에 대한 슬픔과 고통, 죄인과 함께한 십자가에서의 죽음, 그리고 그 무엇보다도 **그분의** 온 존재를, 예수님의 마음과 피를 사랑하기를 원하십니다.

유대인들은 예수님의 피를 마시고 살을 먹는다는 생각을 받아들이기 참 어려워했습니다. 모세의 율법은 피를 마시지 말라고 했기 때문입니다. 그러나 예수님은 살과 피로 비유할 수밖에 없는 하나 됨과 공동체를 제자들에게 보여주고 싶으셨습니다. 사실 예수님은 하나님 나라에서 당신과 함께하는 영원한 공동체를 말씀하고 계십니다.

예수님은 아픈 사람들에게는 의사로, 길을 잃은 사람들에게는 목자로 오셨습니다(마 9:12). 바르고 정의로운 사람들만 찾아오신 게 아닙니다(요 10:14-15). 그분은 이 땅에서 일하는 하나님의 사랑입니다. 정말 이를 이해한다면 예수를 따른다는 것은 고통임을 알게 됩니다. 편한 길이 될 수 없습니다.

___ 예수님께 매일 자신을 드리십시오. 그러면 그분을 향한 열정이 타오르고, 온갖 이기적인 생각도 버리게 될 것입니다.

예수님은 이 땅에 계실 때 하나님 나라, 즉 평화와 사랑의 나라를 세우러 다시 오겠다고 약속하셨습니다. 열 처녀 비유를 보면 다섯 명은 준비가 되어 있었지만 나머지 다섯 명은 기름이 없었습니다(마 25:1-13). 하나님과 뭇사람을 향한 불타는 사랑이 없었습니다. 어리석은 다섯 처녀는 등불이라는 형식은 갖췄지만, 정작 불은 꺼져 있었습니다. 예수님은 그 처녀들을 모른다고 하셨고, 결국 그 처녀들은 천국에 들어가지 못했습니다.

이 시대에도 딱 들어맞는 비유입니다. 예수님이 이 땅에 오신 지 거의 이천 년이 지났는데도 우리는 여전히 기다림에 익숙합니다. 세상은 계속 돌아가고 있습니다. 그러나 기름이 있었더라면, 하고 바라게 될 때가 곧 옵니다.

그리스도의 제자가 되길 원한다면 모든 것을 믿음으로 견디고, 그분처럼 모두 포기할 수 있어야 합니다. 십자가에 못 박힌 그리스도의 철저한 항복을 교회의 새로운 세대에게 끊임없이 선포해야 합니다.

___ 예수님의 실존을 어렴풋이 느끼게 되셨다니 하나님께 감사한 일입니다. 그 작은 불꽃이 더 커지게 하십시오. 다른 걸 버려서 마음이 비워져야 예수님이 들어오실 수 있습니다. 가득 찬 물통에는 물을 더 부을 수 없지만, 빈 통은 다시 채울 수 있듯 말입니다. 비우셔야 합니다. 마음속에 그분을 위한 자리가 조금이라도 있을 때 예수님은 당신의 마음을 움직이십니다.

___ 잊지 마십시오. 마음을 비우고 가난해져서 예수님이 마음을 통치하시게 해야 합니다. 자신의 마음속 은밀한 곳에

숨길 수 없습니다. 모든 것을 내가 아니라 예수님의 관점에서 봐야 합니다. 자신이 어떻게 생각하고 느끼는가는 중요하지 않습니다. 중요한 것은 예수님의 뜻입니다. 그분에게 순복할 때 모든 생각과 느낌이 변할 것입니다.

___ 정말 예수님만을 섬기고 싶다면 실제적인 일에서도 섬김을 보여주십시오. 아이를 기를 때, 남편을 대할 때, 그리고 교회를 대할 때 말입니다. 편지에 자매님은 가난하다고 적으셨지만 사실이 아닙니다. "마음이 가난한 사람이 복이 있다"(마 5:3)라는 말씀처럼 되길 바랍니다. 자매님은 아주 부유하고 자기 의견이 강하며 자기 인정과 자만심으로 가득합니다. **진정으로** 가난한 사람이 되십시오.

___ 하나님이 당신에게 사랑의 마음을 주신 건 분명하지만, 낡은 본성이 죽어야만 그분의 사랑을 받을 수 있습니다. 그래야 창조된 대로 사용받게 됩니다. 그리스도와 함께 죽는다는 것이 소멸을 뜻하는 건 아닙니다. 우리의 존재 깊은 곳에 있는 것들을 그분 앞에 쏟아 놓고 죄를 십자가 앞에 내려 놓으며 우리를 위해 죽으신 그분과 하나가 되는 걸 의미합니다.

한 알의 밀알이 땅에 떨어지면 죽습니다(요 12:24). 그리고 밀알은 더는 낟알로 남지 않고 죽음을 통해 열매를 맺습니다. 이것이 진정한 기독교의 길입니다. 그 길은 바로 예수께서 우리 모두를 위해 십자가에서 죽으셨을 때 가셨던 길입니다. 만약 우리의 삶이 그리스도가 십자가에서 겪은 죽음의 열매가 되기를 원한다면, 더는 낟알로 남아 있을 수 없습니다. 마찬가지로 죽을 준비가 되어 있어야만 합니다.

모든 일에 그리스도를 가장 우선순위에 두어서 그리스도를 위해 죽을 수 있도록 하십시오! 그리고 그분에게 가까이 가기를 갈망하십시오. 한 성령 안에서 그분을 섬기셔서 하나님의 은혜가 늘 여러분과 함께 있도록 하십시오. 그러면 그분을 위해 피를 흘려야 할 날이 오더라도 기뻐할 수 있습니다. 그날은 다름아닌 승리의 날이 될 겁니다!

예수님은 우리가 당신을 사랑하고 그의 명령을 지키면, 그분도 우리를 사랑하고 자신을 드러내겠다고 말씀하십니다(요 14:21). 이것은 신학이나 가르침의 문제가 아니라 생명의 문제입니다. 우리를 사랑하고 자신을 드러내고 싶으신 예수님을 실존하는 인물이자 인자로 받아들이는지 묻고 있습니다. 우리가 예수님 안에 살면, 그분도 우리 안에 살고, 사도 바울이 말한 것처럼 "이제 살고 있는 것은 내가 아닙니다. 그리스도께서 내 안에서 살고 계십니다"(갈 2:20)라고 말할 수 있게 됩니다.

하나님이 당신의 아들을 세상에 보낸 방법을 말로 설명하거나 머리로 이해할 수는 없습니다. 요한은 말씀이 육신이 되었다고 간단히 말합니다(요 1:14). 말씀은 그분의 사랑이고, 하나님은 그 사랑을 마리아 안에 성령을 통해 쏟아부었습니다. 이런 의미에서만 처녀가 아이를 낳은 신비에 들어설 수 있습니다.

참 그리스도를 만나기를 기도합니다. 처음 우리에게 나타난 모습인 베들레헴의 구유에 태어난 아기로, 골고다에서 두 죄수와 함께 십자가에 달리는 저주를 받은 사람으로 나타나시기를 기도합니다. 그리고 지금의 모습인 당신의 교회와 모든 것의 머리로 오시기를 기도합니다(엡 5:23). 그리고 마지막 때의 모습인 산 자와 죽은 자를 심판하며 하나님 나라 큰 잔치의 신랑으로 나타나시기를 기도합니다.

예수님이 이 땅에서 걸으셨던 고통의 길을 갈 준비가 되어 있습니까? 자신을 완전히 버려서 박해를 당하고 매를 맞고 그분을 위해 죽을 준비가 되어 있습니까? 그리스도의 마음을 경험하면 하나님의 보좌를 경험하기 마련입니다. 과학자들이 오직 광년으로 가늠할 수 있고 우리가 상상할 수 없는 광대한 거리를 지닌 우주 전체를 통치하는 보좌를 경험하게 됩니다.

그리스도는 하나님의 계시입니다(히 1:1-3). 하나님의 계시는 언제나 그리고 영원히 그리스도의 삶입니다. 하나님은 그리스도 안에서 당신의 충만한 삶을 사셨습니다. 그리스도는 우리를 위해 돌아가셨고, 우리를 위해 다시 사셨으며, 우리에게 다시 오시길 원하십니다. 그분은 당신의 가르침이십니다. 당신 참모습의 원천을 드러내십니다. 그리고 그곳에서 목마른 영혼을 위한 샘물이 솟아오릅니다.

예수 그리스도! 그분을 언제나 우리 삶의 한가운데에 모셔야 합니다. 머리 없는 몸은 죽은 것이듯 교회가 우리의 중심이 될 수 없습니다. 우리는 안에서부터 끊임없이 새로워져야 합니다. 끊임없이 하나님, 그리스도와 새롭게 만나야 한다는 뜻입니다. 이 일은 각자의 마음속뿐만 아니라 공동의 예배 모임에서도 일어나야만 합니다. 다시 태어난다는 것은 아버지 안에서 산다는 말로, 성령을 통해서 가능한 일입니다.

살아 있는 말씀*

"태초에 '말씀'이 계셨다. 모든 것이 그로 말미암아 창조되었으니, 그가 없이 창조된 것은 하나도 없다"(요 1:1, 3). 여기서 '말씀'이란 무엇입니까? 한 사람이 다른 이에게 한 말이나 신실한 사랑의 말은 먼저 그 말을 한 사람에게 속합니다. 그리고 그 말은 상대방의 마음속에 살고, 그 사람 안에서 타오르다가 다시 다른 사람의 마음에 전달됩니다. 그런데 지금 말하고자 하는 것은 하나님의 말씀, 즉 살아 있는 말씀입니다. 하나님의 인격적 표현인 이 말씀은 태초부터 하나님과 함께했고, 말씀이 없이 지어진 것은 하나도 없습니다. 이 말씀은 너무나 강력해서 활자로 인쇄하거나 글씨로 쓸 수도 없습니다. 이 말씀이 사람들의 가슴에 선포될 때, 즉 말씀의 심판을 받은 사람들이 불의와 사악함, 거짓말, 살인, 다툼, 세상의 부정에 고뇌할 때 하나님 나라가 도래할 것입니다(계 19:11-16).

---

* 이 장은 저자의 아버지 에버하르트 아놀드의 책 *Innerland*의 'The Living Word' 장을 참조했다.

이 말씀이 육체가 되어서 우리 가운데 사셨습니다. 그것은 베들레헴 마을에서 일어난 일입니다. 말씀은 진정 인간이라는 존재가 되었지만, 말씀은 과거나 현재나 기름 부은 하나님, 즉 그리스도입니다.

그리스도는 믿는 사람의 마음에 태양처럼 아침을 여십니다. "그는 믿는 사람들의 새벽별이며 아침 햇볕이다." 이 내면의 빛만이 우리 안의 어둠을 몰아냅니다. 어떤 사람은 내면이 혼란스러워 고뇌합니다. 그리스도는 그런 어둠 속으로 오셨습니다. 지구 전체를 변화시키십니다. 그분의 말씀은 죽어가는 사람들 마음에 들어가서 그 사람을 송두리째 바꾸십니다. "내가 오늘 당신들에게 명하는 이 말씀을 마음에 새기십시오"(신 6:6). 이 말은 예수님이 지금, 당신에게 말씀하신다는 뜻입니다. 그것은 살아 있는 말씀입니다. 당신 내면의 삶이 뜨겁게 타오르는 순간 그분의 말씀이 깨우고 성장시킵니다.

말씀 외에 어떤 것도 우리를 도울 수 없습니다. 여기서 말하는 말씀이란 그저 성경에 적힌 글자를 말하는 것이 아닙니다. 성경이 예수님과 선지자들이 말한 것을 문자로 기록했기 때문에 현존하는 가장 신성한 책인 것은 맞습니다. 그러나 성경 자체는 말씀이 아니라 말씀에 대한 증거일 뿐입니다. 성경을 읽으면서 하나님이 우리의 마음에 직접 말씀하시는 것을 느끼고, 마음에서 무언가가 타오르기 시작할 때 그것이 살아 있는 말씀임을 압니다. "문자는 사람을 죽이고, 영은 사람을 살립니다"(고후 3:6). 말씀이 마음을 뚫고 들어올 때 예수님이 어떻게 사셨고 죽으셨으며, 왜 죽으셨고 어떻게 다시 일어나시어 하늘로 올라가셨는지를 경험할 수 있습니다. 그리스도 자신이 성경의 핵심입니다.

성경을 소리 내어 읽는다고 해서 하나님의 말씀을 선포하는 건 아닙니다. 예수님이 광야에서 시험을 받으셨을 때 꾀는 자에게 이렇게 말씀하셨습니다. "사람이 빵으로만 살 것이 아니라, 하나님의 입에서 나오는 모든 말씀으로 살 것이다"(마 4:4). 예수님은 바로 이 하나님의 입에서 나오는 말씀으로 마귀를 물리치셨습니다. 살아 있는 말씀은 하나님이 지금 이 순간 당신의 마음에 하시는 말씀입니다. 모세나 엘리야 심지어 예수님이 아니라 바로 당신에게 하시는 말씀입니다. 놀라운 것은 하나님이 당신에게 말씀하실 때는 예수님이나 그분의 선지자들을 부정하는 일이 결코 없다는 겁니다.

마귀는 성경을 이용해서 영혼을 죽이는 법을 잘 압니다(마 4:6). 적그리스도는 성경을 무기로 사용할 줄 압니다. 문자뿐인 구약과 신약은 적그리스도의 무기가 될 수 있기 때문입니다. 그는 언제나 손에 성경을 들고 옵니다. 종교개혁 시절, 교회 당국자들이 재세례파를 박해할 때도 손에 성경을 들고 와서 그들을 물에 빠뜨리거나 태우고, 목을 베거나 교수형에 처했습니다.

중요한 것은 신약성경에 나오는 예수님의 말씀을 줄줄이 외는 게 아니라 그분의 말씀이 그분을 통해 우리 마음에서 타오르는 겁니다. 그래야만 살아 있는 말씀입니다. 나 자신이 느끼고 생각하는 것만을 기도하고 선포해서는 안 됩니다(눅 24:32). 이런 이유로 저는 공동기도를 이끄는 일을 꺼립니다. 기도는 하나님의 입에서 나오는 말씀이어야 하기 때문입니다. 그것이 바로 복음입니다. 예수님이 하나님의 입과 성령을 통해 우리 마음에 찾아오시기를 간절히 원하고 기다려야 합니다(마 4:4).

양날칼보다 더 예리한 하나님의 말씀에 귀를 기울일 준비가 되어 있나요? 바울은 히브리 교회에 보낸 편지에 이렇게 적습니다.

하나님의 말씀은 살아 있고 힘이 있어서, 어떤 양날칼보다도 더 날카롭습니다. 그래서, 사람 속을 꿰뚫어 혼과 영을 갈라 내고, 관절과 골수를 갈라놓기까지 하며, 마음에 품은 생각과 의도를 밝혀냅니다. 하나님 앞에는 아무 피조물도 숨겨진 것이 없고, 모든 것이 그의 눈앞에 벌거숭이로 드러나 있습니다. 우리는 그의 앞에 모든 것을 드러내놓아야 합니다(히 4:12-13).

그러나 바울은 또한 예수님이 우리의 연약함과 두려움, 내적 어려움에 연민을 품으시고 이해하신다고 말합니다. 우리의 마음을 이 예리한 칼에 내어줄 준비가 될 때 우리의 필요를 아시는 예수님, 바로 그분을 발견하게 됩니다. 그러나 그분을 거부하면 우리 또한 거부당하고 맙니다.

예수님은 사람이 빵으로만 사는 것이 아니라 하나님의 입에서 나오는 모든 말씀으로 산다고 말씀하십니다(마 4:4). 하나님은 침묵하는 분이 아닙니다. 말씀은 철을 녹여 틀에 넣고 주조하거나 책에(그것이 성경책일지라도) 가둬놓기라도 하듯 경직된 것이 아닙니다. 말씀은 구약의 예언이나 신약의 말씀과 모순되지 않습니다. 그저 우리 마음에 거듭 새롭게 전해질 뿐입니다(마 5:17-20). 그러다 보면 갑자기 새로운 연결점이 보이고, 어떤 다른 말씀이 떠오릅니다. 말씀은 끊임없이 새로운 계시를 보여주고 모든 것을 새롭게 합니다. 우리는 살아 있는 하나님의 말씀 없이는 존재할 수 없으며 이를 증거해야 합니다.

　__ 성경이 당신에게 살아 있는 말씀이 되었다니 얼마나 기쁜지요! 그건 참 중요합니다. 말씀은 문자가 아니라 살아 있는 예수님이지요. 그분이 우리 마음과 삶 속에서 불타오르시기를 기도합니다. 그렇게 되면 내면을 고통받게 하는 일들에 지나치게 매이지 않을 겁니다. 예수님이 삶의 중심이 될 때 우리의 생명은 마치 불꽃처럼 그분을 위해 타오르게 됩니다.

말씀이 사람의 마음 밖에만 머무르는 한 우리를 돕지 못합니다. 우리 안에 들어와야만 합니다. 그것만이 어둠의 힘에서 자유롭게 되는 길입니다. 십자가에 달리신 그리스도가 우리 마음을 뚫고 들어오는 것이 성서의 정수이며 그리스도의 제자들이 증거해야 할 것입니다. 그리스도만이 영의 무게를 잴 수 있는 저울이며 척도입니다.

그리스도는 모든 것이 시작되기 전부터, 성경이 쓰이기 훨씬 전부터 말씀이셨습니다. 하나님을 서점에 전시하고 20달러에 팔 수는 없는 일입니다. 그러나 분명 하나님이 우리 마음에 말씀하실 때는 예수님의 말씀을 부정하는 일이 절대 없습니다. "성령께서 너희에게 모든 것을 가르쳐주실 것이며, 또 내가 너희에게 말한 모든 것을 생각나게 하실 것이다"(요 14:26). 이런 일은 실제로 일어납니다. 모든 그리스도인이 자주 경험하는 일입니다. 그러니 하나님께 죽은 규칙이나 죽은 법이 아니라 살아 있는 교회를 주시라고 기도합시다. 저는 선선한 바람이 불어 차갑고 오래된 온갖 것들이 살아 있는 하나님의 바람에 휩쓸려 사라지기를 간절히 소망합니다.

깊은 내면의 어려움이나 영적 어두움에 빠져 있을 때는 오직 예수님의 살아 있는 말씀을 받아들여야만 치유를 경험할 수 있습니다. 치유되려면 그분의 말씀이 예수님의 마음에서 바로 나와 우리의 마음과 영혼에 들어와야 합니다. 그러면 열린 성경책은 어느덧 불타는 책이 됩니다. 활자 하나하나가 마치 불꽃처럼 됩니다(히 4:12). 그리스도가 마치 타오르는 불이나 뜨거운 숯처럼 마음에 들어옵니다. 이 경험은 소금을 맛보는 일에 견줄 수 있습니다. 현실처럼 생생합니다.

말씀을 선포하기 위해서 대학이나 신학교에 가는 것만으로는 충분하지 않습니다. 그것이 꼭 필요한 일도 아닙니다. 정작 필요한 것은 지극히 낮은 이가 되어 머리가 아닌 가슴으로 사는 겁니다. 그러면 우리 인간의 이론과 신학, 우리만의 생각이 무너져버립니다. 그리고 예수님 당신이 우리에게 오셔서 치유의 약을 주십니다. 우리는 그분을 인격으로 받아들이게 됩니다.

성경을 보면 서로 모순되는 문장을 숱하게 보게 됩니다. 그러나 그런 문장들도 어김없이 진리를 담고 있습니다. 하나님은 누구도 기만하지 않으시기 때문입니다. 성령에 깊이 귀 기울이면 이해할 수 있습니다. 반대로 지식으로만 들으면 하나님의 진리에서 멀찌감치 떨어지고 맙니다. 성경은 학문적 접근에는 문을 걸어 닫습니다. 오직 주인만이 이 책의 열쇠를 쥐고 있습니다. 그분은 진리이며, 처음부터 하나님과 함께하셨고 육체가 되신 분입니다. 그분은 이해의 원천이며 생명입니다. 그리스도 없이는 누구도 진리를 이해하지 못합니다.

중요한 건 예수님을 그분의 성령을 통해 마음으로 경험하는 겁니다. 신약이나 예언서를 읽는 것만으로는 충분하지 않습니다. 사람의 가장 깊숙한 곳 중심인 마음의 깊은 경험이어야 합니다. 심판을 받는다는 처절한 느낌 없이는 이런 경험을 할 수 없지만, 그래도 예수님이 당신을 용서하고 받아들이신다는 확신에 이끌림을 받아야 합니다.

그리스도가 우리 마음에 직접 말씀하신다는 건 어김없이 우리를 사랑하신다는 신호입니다. 그리스도의 사랑은 우리를 심판하십니다. 그러므로 성경을, 특히 신약성경을 읽고 또 읽어야 합니다. 하나님이 몸소 우리에게 말씀하실 때 자기 고집과 차가운 마음, 자만심에서 자유롭게 됩니다. 오만함이 죽습니다. 우리 자신에게서 돌이켜 영원한 빛인 그리스도께로 돌아가라는 도전에 직면합니다. 말씀은 그리스도와의 일치, 하나님 마음과의 일치로 이끕니다. 이 위대한 하나님의 마음보다 더 우리의 마음을 움직이는 것은 없습니다. 자기 자신만을 맴돌고 자신의 생각에 빠지길 즐기는 사람은 하나님의 마음을 까맣게 잊어버립니다.

하나님의 마음, 즉 살아 있는 말씀에 감동하면 자신을 향한 집착이 사라집니다. 그래서 그리스도와 하나 되고 십자가의 길까지 그리스도를 완전히 따르길 원합니다. 말로만 그렇다는 게 아닙니다. 세대에 걸쳐 믿는 사람들은 그리스도를 위해 고문당하고, 참수당하고, 산채로 불 속에 던져지고, 교수형에 처하거나, 수장형을 당했습니다. 오래된 역사 기록만 살필 필요가 없습니다. 이런 일은 오늘날에도 일어나고 있습니다.

십자가의 고통에서 눈을 떼지 않는 사람에게는 어김없이 그리스도의 빛이 비칩니다. 십자가 위에서는 말씀이 살아납니다. 불현듯 하나님이 우리에게 말씀하십니다. 하나님은 어찌나 영원토록 선하시고, 우리를 긍휼히 여기시는지요! 세상의 육정이 가득한 사람은 이 사랑을 느끼지도, 이 진리를 이해하지도 못합니다. 성령은 우리에게 그리스도를, 십자가에 못 박히신 그분을 전해줍니다. 저는 이 성령에 목마릅니다.

십자가에 못 박힌 그리스도가 우리 마음을 깊숙이 관통할 때 그분의 크나큰 선함과 자비를 이해하게 됩니다. 그리고 그리스도 한 분에게 자신의 삶을 드린 사람 모두와 깊은 하나 됨을 느끼게 됩니다(요 17:20-23). 죽은 도그마가 아니라 오직 살아 있는 말씀입니다! 우리 마음에 사시는 그리스도입니다. 예수님을 향한 절대적인 신뢰 속에서 온갖 곤란한 질문의 해답을 찾게 됩니다. 조각 난 이 세상을 위해서도요.

문제와 씨름할 때 살아 있는 말씀에서 해답을 찾는 사람에게는 하나님께서 몸소 그 사람의 머리가 아닌 마음에 말씀하십니다. 저는 구원의 문제와 씨름하면서 이런 경험을 했습니다.

그리스도를 만났을 때 그분은 압도적인 방법으로 내게 찾아오셨고, 모든 사람을 향한 그분의 사랑이 넘쳐나는 걸 경험했습니다. 이런 경험을 살면서 세 번 했는데 그때마다 땅바닥에 내동댕이쳐지는 기분이었습니다. 저는 모든 사람을 향한 사랑에 압도되었습니다.

지금 여러분이 어떤 성경 구절을 읽으면 그저 몇몇 사람만이 구원받고, 대부분은 저주받게 된다는 결론에 이르게 될 수도 있습니다. 이 말은 모든 사람을 사랑하는 사람이 듣기에는 너무나도 끔찍합니다. 이 말을 진심으로 믿는 그리스도인들이 있다는 것도 압니다. 하지만 저는 도무지 이 말을 받아들이지 못했습니다. '내가 하나님보다 더 사랑한다. 그러니 하나님도 나만큼 사랑하면 좋겠다'는 식의 위험한 생각을 하기도 했습니다.

저는 이 질문으로 오랫동안 씨름을 해왔습니다. 하지만 육십 평생 하나님과의 만남에 증오를 경험한 적은 단 한 번도 없었습니다. 그래서 제가 대부분의 사람은 저주를 받은 채로 태어난다는 주장을 견디지 못하는 겁니다. 성경을 지나치게 문자 그대로 읽다 보면 이런 주장도 '성경적'이라는 결론에 이를지도 모르겠습니다. 그렇다면 무엇이 답입니까? 저에게 답은 성경이란 살아 있는 말씀을 증거할 뿐이지, 그것 자체가 살아 있는 말씀이 아니라는 것을 아는 데서 나옵니다. 하나님의 말씀은 오직 하나님이 직접 여러분의 마음에 대고 말씀하실 때 전해질 수 있습니다.

예수님을 닮기를 바란다면(우리 모두 그분을 닮으려 해야 합니다) 그분의 십자가를 짊어질 각오를 해야 합니다(요일 2:6). 그러면 말씀이 우리 마음속에서 진리가 될 겁니다. 하나님을 만나게 되면, 마리아가 천사를 만났을 때처럼 몸을 떨 것이 분명합니다. 사실 우리는 고통받을 마음의 준비를 해야 합니다. 그 고통은 다름 아닌 내면의 가난이며 새로운 생명을 얻기 위한 산고입니다. 말씀이 태어나서 육체가 되면 사랑을 발산하고 하나님 안에 살기를 원하게 됩니다. 오직 하나님 안 말입니다. 우리 안에 말씀이 태어나면 더 이상 어둠을 바라지 않습니다. 지옥에서 해방이 됩니다. 예수님의 형제가 되고, 예수님의 자매, 예수님의 어머니가 됩니다. "하늘에 계신 내 아버지의 뜻을 따라 사는 사람이 곧 내 형제요 자매요 어머니이다"(마 12:50). 우리는 예수 그리스도의 교회가 됩니다. 그러면 우리는 육신을 입으신 그리스도를 진정으로 선포할 수 있습니다. 이건 그저 지적인 개념이 아닙니다. 삶을 바꾸는 현실입니다.

예수님은 위대한 의사이십니다. 의사는 지시를 따르는 사람만을 도울 수 있습니다. 그러니 아픈 사람은 의사가 그 순간에 하는 말을 그대로 따라야 합니다. 무엇보다도 환자는 자신의 생각이나 다른 사람의 충고에 따라 치료하려는 시도를 멈춰야 합니다.

하나님은 "나는 주 곧 너희를 치료하는 하나님이다"(출 15:26)라고 말씀하셨습니다. 하나님의 약은 마음속에 복용해야지 밖에다 바르면 아무 소용이 없습니다. 감기에 걸린 여러분에게 의사가 약을 처방해주면서 "세 시간마다 작은 숟갈로 세 번 드세요"라고 일러줬는데 그 지시를 따르지 않는다면 약은 아무 효과가 없습니다. 예수님이 처방을 해주셨는데 정작 본인은 자기가 더 잘 안다고 생각하는 건 더더욱 심각한 일입니다.

예수님의 약은 완전히 치유합니다. 예수님의 치유는 그분의 임재입니다. 그분이 바로 약입니다. 우리는 예수님이 우리에게 하시는 말씀을 들이켜야 합니다. 예수님은 거기에서 더 나아가셔서 제자들에게 이렇게 말씀하십니다. "너희가 인자의 살을 먹지 아니하고, 또 인자의 피를 마시지 아니하면, 너희 속에는 생명이 없다"(요 6:53).

저는 예수님에게서 흘러나오는 힘이 제자들이 이 말씀을 감당할 수 있게 도왔다고 믿습니다. 유대인들에게 피를 마시는 행위는 엄격히 금지되어 있습니다. 그런 힘든 말을 할 수 있는 유대인은 예수님 한 분이셨습니다. 그렇게 강한 말은 오직 어떤 대가라도 치를 준비가 되어 있는 사람만이 받아들일 수 있습니다. 살아 있는 말씀의 힘을 경험한 제자들은 예수님을 떠나려 하지 않았습니다. 예수님이 열두 제자에게 "너희까지도 떠나가려 하느냐?"라고 물으시자 베드로는 "주님, 우리가 누구에게로 가겠습니까? 선생님께는 영생의 말씀이 있습니다"(요 6:68)라고 대답했습니다.

살아 있는 말씀의 힘은 우리를 법의 죽은 문자에서 자유롭게 합니다. 말씀은 기뻐하고 생생하게 살아 있는 믿음을 세웁니다. 이 믿음은 하나님을 향한 순종을 불러일으키고, 문자의 노예 생활을 끝내게 합니다. 오직 사랑만이 통치하게 됩니다. 사랑은 자유입니다. "하나님의 말씀은 네게 가까이 있다. 네 입에 있고, 네 마음에 있다"(롬 10:8, 신 30:14). 성경을 그저 읽기만 할 것인지, 아니면 각자의 마음에 살아 있는 씨앗으로 받아들일지 결정해야 합니다.

그리스도의 눈은 우리의 혼란과 마음의 파멸을 들여다보십니다. 우리의 분투 가운데 그분이 승리하실 겁니다. 그분의 눈을 들여다보면 모든 것을 새롭게 하시는 하나님의 창조적 사랑을 감지합니다. 예수님은 말씀하시는 하나님이시며, 그리스도는 하나님의 마음에서 나오는 살아 있는 말씀입니다. 하나님 말씀의 불은 그분의 사랑입니다. 그리스도를 우리 마음에 받아들이면 성령의 기쁨과 형제자매들과 나누는 하나 됨을 경험할 수 있습니다. 교회는 창조적이며 살아 있는 말씀, 모든 영광을 그리스도께 돌리는 말씀과 함께 큰 기쁨으로 삽니다.

샘물을 들여다보면서 마시지 않는다면 무슨 소용이 있습니까? 말씀이나 성경을 암송한다고 하지만 그것이 우리 마음 깊숙이 뚫고 들어오지 못한다면 무슨 소용입니까? 말씀은 살아 있는 물과 같고, 살아 있는 물은 뿌리마다 흘러 내려가 적십니다. 사람의 몸과 교회도 마찬가지입니다. 그래서 예수님은 이렇게 말씀하셨습니다. "이 물을 마시는 사람은 다시 목마를 것이다. 그러나 내가 주는 물을 마시는 사람은, 영원히 목마르지 아니할 것이다. 내가 주는 물은, 그 사람 속에서, 영생에 이르게 하는 샘물이 될 것이다"(요 4:13-14).

십자가

죄를 용서하시려 예수님께서 피를 흘리셨다는 사실은 신비입니다. 많은 사람이 "하나님은 위대하고 힘이 있으시므로 십자가 없이도 인류를 구할 수 있었다"라고 말하지만 그건 사실이 아닙니다. 하나님은 사랑만이 아니라는 것을 기억해야 합니다. 만약 그랬다면 십자가 없이도 죄를 용서하셨을 것입니다. 그분은 또한 완전한 정의입니다. 선한 천사들도 있지만, 악한 천사들도 있기 때문에 하나님의 사랑과 정의가 함께 천사들의 세계에 드러나야 했습니다.

하나님의 아들을 죽인 것은 세상에서 가장 악한 일이었습니다. 그러나 그 일로 하나님은 당신의 가장 위대한 사랑을 보여주셨고, 당신과 함께 평화를 찾고 죄를 용서받을 가능성을 모든 사람에게 주셨습니다.

___ 우리는 십자가에 못 박힌 그리스도가 끊임없이 필요합니다. 그리고 그분을 받아들이려면 하나님 앞에서 거듭 고요해져야 합니다. 그리스도는 우리 마음 안에 살기를 원하십니다. 우리가 모든 것을 극복하도록 말입니다. 그분을 통해

모든 것이 진정한 의미를 찾습니다. 그분과의 하나 됨이 진정한 평화의 기초를 놓습니다. 오직 그리스도만이 하나님을 온전히 신뢰하게 도우십니다. 그분 안에서 우리는 사랑과 은혜의 계시뿐만 아니라 악을 향한 아주 매서운 진노의 심판도 봅니다.

악의 위력을 믿지 않으면 예수님을 완전히 이해할 수 없습니다. 그분이 사람들을 구원하러 오셨다는 것은 부정할 수 없습니다. 하지만 예수님이 오신 주된 이유가 하나님과 사탄의 싸움에 가담하고 사탄의 일들을 파괴하기 위한 것임을 이해하지 못하면 십자가 위에서 일어난 속죄의 죽음이 왜 필요한지 제대로 이해하지 못합니다.

하나님이 '오직 사랑'이라는 생각은 오히려 그분의 힘이 우리에게 닿는 걸 막을 수도 있습니다. 사람들은 하나님이 죄를 용서하신다는 것을 알지만, 심판도 하신다는 것은 잊어버립니다. 현대 사회에는 속죄라는 말에 반감을 품습니다. 아마도 하나님은 '오직 사랑'이라는 생각이 심판을 보지 못하게 막는 것 같습니다. 우리는 사랑과 용서가 전부라고 생각하지만 그건 온전한 복음이 아닙니다. 그것은 하나님을 너무나 인간적으로 만드는 것입니다.

십자가의 예수 그리스도가 우리 마음의 중심, 우리 소명의 중심, 우리 선교의 중심이라는 것은 너무도 중요합니다. 십자가에 달린 하나님의 어린양이 하나님 보좌 앞에 서 계십니다(계 5:6). 십자가는 우주의 중심입니다. 십자가가 지니는 의미의 너비와 길이와 높이와 깊이를 체험해야 합니다. 성령을 통한 신비의 계시인 십자가를 경험해야 합니다. 믿는 것만으로는 충분하지 않습니다. 생생하게 체험하게 해달라고 하나님께 간절히 구해야 합니다.

성적인 부정뿐만 아니라 사기, 살인, 위선, 비정, 그리고 시기심같이 영혼을 더럽히는 것들을 정화할 수 있는 것은 십자가뿐입니다(히 9:14). 우리는 오직 십자가에 못 박힌 그분을 발견할 때 정결해집니다.

___ 십자가를 삶의 중심에 둔다는 것은 아침에 일어날 때나 하루를 지낼 때, 매 순간마다 십자가 외에 다른 것을 사랑하지 않는다는 것입니다. 결혼식에 선 두 사람은 죽음이 갈라놓을 때까지 사랑하겠다고 약속합니다. 그러나 십자가에 대한 우리의 사랑은 죽음을 뚫고 영원한 삶으로 나아가야만 합니다.

어떤 사람의 범죄를 보면 책망하거나 아니면 자비를 베풀 것입니다. 오직 하나님만이 동시에 두 가지를 하실 수 있습니다. 심판하시는 동시에 동정과 자비를 넘치도록 부어주십니다.

우리는 절망을 겪습니다. 절망 속에서 도움을 구할 때 자신의 고통에만 집중해 하나님께 울부짖어서는 안 됩니다. 생각과 마음의 방향을 세상의 고통이 시작되는 곳으로 돌려야 합니다. 우리의 짐만 짊어지고 하나님 앞에 선다면 온당치 않습니다. 그러나 하나님이 아담의 타락 이후 어떤 고통을 받으셨는지, 특히 그리스도의 십자가 죽음을 통해 어떤 고통을 받으셨는지 마주한다면 우리를 괴로움에서 자유롭게 해달라고 간절히 구할 수 있습니다.

예수님은 질병이나 죽음 같은 사탄의 일을 무너뜨리려고 오셨습니다. 하나님은 질병과 죽음을 허용하시지만, 또한 그리스도를 통해 직접 감당하십니다. 그리스도가 마지막에 했던 말씀은 이렇게 시작됩니다. "나의 아버지, 하실 수만 있으시면, 이 잔을 내게서 지나가게 해주십시오. 그러나 내 뜻대로 하지 마시고, 아버지의 뜻대로 해주십시오"(마 26:39). 그 잔에 무엇이 담겨 있었는지 우리는 상상할 수 없습니다. 그러나 예수님은 그 잔을 받을 준비가 되어 있었고, 하나님이 멀게 느껴졌지만, 여전히 당신의 영을 아버지의 손에 맡겼습니다. 이것만이 사탄의 일을 극복하는 길입니다.

예수님을 생각하면 땅에 박힌 채로 하늘을 향해 높이 솟은 십자가와 모든 이를 안으시려고 펴신 예수님의 두 팔을 그리게 됩니다. 유혹과 죄, 사탄에 대한 완전한 승리가 이뤄지는 곳은 십자가뿐입니다. 어느 곳에도 그런 승리는 없습니다.

하나님께서는 십자가의 위대함을 우리에게 드러내길 원하십니다. 우리 모두는 십자가를 잘 알고 그 의미도 잘 압니다. 또한 그걸 믿습니다. 모두 마음에 감동도 받았을 것입니다. 하지만 하나님께서는 십자가가 우리의 마음을 칼처럼 찌르길 원하신다고 저는 믿습니다. 그런데 정작 우리가 하나님 안에서 용서와 영생을 발견하도록 그리스도께서 하나님께 버림받았음을 아는 사람이 얼마나 될까요?

마음속의 온갖 장애물을 극복해서 예수님의 죽음을 고스란히 체험하게끔 기도합시다. 그분의 무고한 고통과 십자가의 죽음을 보고도 우리의 마음은 움직이지 않습니다. 예수님은 회개하는 사람마다 용서를 경험할 수 있게 그분의 피를 내주셨는데도 말입니다. 예수님의 두 팔은, 십자가 위에서 그랬던 것처럼, 회개하고 믿는 사람들을 향해 활짝 열려 있습니다.

의지만으로 할 수 있는 일이 많지만, 오순절 성령의 회복은 우리 힘으로 만들어낼 수 없다는 것을 압니다. 영혼과 생각, 마음을 주께 드리고 "변화시켜주세요!"라고 외쳐야 합니다. 그리스도의 고통스러운 죽음과 부활의 의미에 압도당하려면 우리 안에 과거와 현재, 미래와 관련된 모든 것이 변해야 합니다.

자신에게만 집중하고, 자기애와 질투가 마음에 가득하므로 오순절 때처럼 반응할 수 없는 것입니다. 그때는 성령의 검이 뼈와 골수를 쪼개듯 사람들의 마음을 뚫고 지나갔습니다(히 4:12). 오늘 우리도 이렇게 간절히 구해야 합니다. "우리에게 성령을 주시고 우리의 마음을 꿰뚫어주십시오. 자비를 베푸셔서 온 존재를 변화시켜주십시오!"

예수님의 발자취를 따르고 싶다면 결혼이든 선교든 박해든 죽음이든 모든 것에는 하나님의 때가 있다는 것을 깨달아야 합니다. 더 이상 우리가 때를 결정할 수 없습니다. 기쁨이든 슬픔이든 아니면 예수님과 함께 쓴 잔을 끝까지 마시든, 하나님의 때가 바로 나의 때라고 순종하고 다 내어드렸기 때문입니다.

제가 가장 아끼는 분들에게 바라는 것은 쓴 잔을 끝까지 마실 준비를 하는 것뿐입니다. 예수님께서 이미 고난의 길을 끝까지 가셨기에 우리가 갈 길은 훨씬 쉽습니다. 우리에게 주어진 잔을 마지막 한 방울까지 기쁘게 마실 만큼 그분에 대한 사랑으로 불타올라야 합니다.

예수님은 우리를 위해 십자가의 길을 가셨습니다. 그런데 정작 우리가 그분을 위해 죽을 준비가 안 되어 있다면 그분은 헛되이 고통을 당한 것입니다. 예수님이 십자가 위에서 죽으시고, 지옥으로 내려가신 뒤 부활해서 승천하신 일에 우리의 생각과 느낌이 감응하도록 하나님께 간절히 구합시다.

십자가의 겸손의 길을 찾으십시오. 온 세상 구석구석을 뒤져도 십자가 외에는 죄의 용서를 찾을 수 없습니다.

십자가를 만나지 않으면 예수님을 만나지 못합니다(눅 9:23-25). 그분의 인격에서 고난의 길이 흘러나옵니다. 그분의 희생으로 우리의 마음에 모든 사람을 향한 위대한 사랑이 넘치고, 어둠에 사로잡힌 사람들을 구해야겠다는 절박한 심정에 이릅니다. 예수님을 사랑하면 그분을 위해 고난당하겠다는 소망이 아주 자연스럽게 넘쳐날 겁니다. 예수님이 가신 고난의 길을 깊이 이해하지 않고서 그분을 따른다는 것은 상상할 수 없는 일입니다.

하나님의 위대한 생각들을 경험하려면 개인적 분투를 뛰어넘어야 합니다. 십자가를 통해 개인적 구원을 경험하는 일은 중요하지만, 거기에서 머물고 말면 아무 소용이 없습니다. 십자가는 한 개인보다 훨씬 위대합니다. 이 땅과 그 너머 모든 것을 감싸 안기 때문입니다.

세상에는 하나님만 아시는 비밀들이 있습니다. 예수님의 십자가 죽음도 그중 하나입니다. 성경은 십자가를 통해 이 땅은 물론이고 천사의 세계에 속한 정사와 권세, 하늘까지 하나님과 화해할 수 있다고 말합니다(골 1:15-20). 사람들은 물론 천사들조차 이 모든 것 뒤에 놓인 신비들을 알지 못합니다. 하지만 우리가 아는 것이 하나 있습니다. 그리스도는 최후의 적, 죽음을 이기셨습니다. 이 땅의 한계를 훨씬 뛰어넘고, 우리의 영혼이 이해할 수 있는 것보다 훨씬 위대한 일이 십자가를 통해 일어났습니다.

구원

___ 열 처녀 비유에서 예수님은 죄에 대한 형벌의 현실과 영원한 구원의 상실을 강조합니다(마 25:1-13). 영원한 형벌은 확실히 두렵습니다. 그러나 요한은 완전한 사랑은 두려움을 몰아낸다고 합니다(요일 4:18). 두려움은 여전히 형벌을 생각하고, 형벌을 생각하는 사람은 온전히 사랑하지 않기 때문입니다. 벌에 대한 두려움과 모든 두려움을 몰아내는 사랑인, 이 극과 극 사이의 긴장은 사랑을 경험해야만 극복될 수 있습니다.

당신이 어떤 사람을 깊이 사랑한다면, 그 사람을 두려워하지 않을 것입니다. 마찬가지로 당신이 진정으로 예수님을 사랑한다면, 그분을 두려워하지 않을 것입니다. 두려움으로 예수님을 섬길 수 없습니다.

모든 사람이 속죄받아야 하고, 누구도 잃어버린 양이 되면 안된다는 것은 하나님의 뜻입니다(벤후 3:9). 그러나 복음은, 성령으로 다시 나지 않는다면, 회개와 회심을 경험하고 믿음을 발견하지 않는다면, 누구도 구원받지 못한다고 분명히 말합니다.

그리고 누구보다도 위대한 사랑이신 예수님은 저주에 대해 분명하게 말씀하십니다. 하나님은 전능하시고 모두가 구원받기를 원하신다는 것은 그분의 분명한 뜻이지만 강요하지는 않으십니다. 그분은 그리스도인 양, 성령인 비둘기의 본성을 지니십니다(마 3:16). 따라서 부활의 은혜에 자신을 여는 것은 각자에게 달려 있습니다. 우리가 먼저 낮아지고 깨져야 합니다. 거듭남은 분명한 심판 없이는 불가능하기 때문입니다. 하나님의 심판은 사랑입니다.

로마서 8장에서 바울은 선택받은 사람의 구원을 말합니다. 어떤 사람은 "그러면 선택받지 않은 다른 사람들은?"이라고 물을 수도 있습니다. 베드로후서는 이 질문에 도움을 줍니다. "어떤 이들이 생각하는 것과 같이, 주님께서는 약속을 더디 지키시는 것이 아닙니다. 도리어 여러분을 위하여 오래 참으시는 것입니다. 하나님께서는 아무도 멸망하지 않고, 모두 회개하는 데에 이르기를 바라십니다"(벧후 3:9). 그러면 하나님은 당신의 적을 포함해 모든 사람이 회개하고 구원받길 원하신다는 것이 분명합니다. 그러나 하나님의 오래 참으심을 농락하는 죄를 저질러서는 안 됩니다.

그리스도가 우리 안에서 승리한다는 것은 더딘 진화도 아니고, 우리가 점점 나아진다는 뜻도 아닙니다. 그것은 심판과 변화입니다. 미지근하면 안 됩니다. 완전히 예수님께 돌아서든지 아니면 끝내는 심판을 받아야 합니다.

죄 많은 인간을 저주한다는 생각은 받아들이기 힘듭니다. 예수님이 골고다 십자가에서 강력하게 보이신 사랑과 화합하기 힘든 것입니다. 그러나 죄에 묶인 사람은 하나님 나라에 들어갈 수 없습니다(고전 6:9-10). 그러지 않다면 세상은 계속 악한 상태로 나뉘어 있을 것입니다. 우리는 하나님의 사랑이 얼마나 풍성한지 이해하지 못합니다. 그러나 예수님이 온 세상의 죄를 짊어지고, 하나님 보좌 앞에 서 있다는 것만큼은 압니다. 세상의 죄를 사하시는 그분의 희생이 핵심입니다. 이 점을 절대 잊어서는 안 됩니다.

저는 어렸을 때, 언젠가는 대중, 즉 노동자 계급이 감동해 하나님께 가까이 갈 것이라 생각했습니다. 아마 우리 집에 머물렀던 무정부주의자와 사회주의자, 종교 사회주의자의 영향을 받았던 것 같습니다. 그러나 자란 후 요한계시록 16장에서, 분노의 대접이 잇따라 부어지는데도 사람은 여전히 회개하지 않는다는 것을 읽었습니다. 아주 힘들었습니다. 인류의 아주 일부만이 구원받는다는 생각을 받아들일 수 없었습니다. 그것은 저의 사고방식 자체와 대립되는 것이었습니다. 이 질문을 염두에 두고 성경 중에서도 예언서와 신약성경을 탐독했습니다.

요한복음에서 예수님께서 세상에 심판이 임할 것이라고 말씀하시는 부분을 읽은 적이 있습니다. "이 세상의 통치자가 쫓겨날 것이다. 나는 모든 사람을 내게로 이끌어올 것이다"(요 12:31-32). 저는 예수님이 이것을 어떻게 하실지는 모르지만, 그분이 모든 사람을 당신께로 모으실 것이고, 몇 사람만을 위해 십자가에서 돌아가신 것이 아니라고 믿습니다. 예수님은 진리로 향하는 길은 좁고 가는 사람이 얼마 없으며, 대부분의 사람은 넓은 길로 가는데 그 길은 멸망으로 향한다고 하십니다(마 7:13-14). 부정할 수 없는 진실입니다. 그러나 자신은 좁은 길을 발견했다고 생각하여 넓은 길로 가는 사람을 사랑하지 않는 건 끔찍한 일입니다.

요한복음 8장은 간음하여 잡혀 온 여인에게 돌을 던지려는 바리새인 이야기로 시작하는데, 그 이야기는 그들이 예수님께 돌을 던지려 하는 것으로 끝납니다(요 8:59). 예수님은 당신이 누구이며 어떤 임무를 지니셨는지 그리고 어떻게 사람을 구하기 위해 오셨는지 솔직하게 말씀하셨고, 유대인들은 이에 화를 냈습니다. 이 장은 우리뿐만 아니라 모든 사람에게 결정적인 질문을 던집니다. "우리는 예수님의 말씀을 믿을 준비가 되어 있는가, 아니면 의심하는가?" 예수님은 믿지 않으면 종이 되며 자유를 생각할지라도 자유롭지 않다고 말씀하셨습니다(요 8:34-36). 당신을 믿지 않고서는 자유, 속죄, 해방을 찾을 길이 없다고 말씀합니다.

예수님은 또한 "너희가 믿지 않으면, 너희는 너희의 죄 가운데서 죽을 것이다"(요 8:24), 그리고 "나의 말을 지키는 사람은 영원히 죽음을 겪지 않을 것이다"(요 8:51)라고 말씀하십니다. 이 말씀은 선포되어야 했습니다. 언제나 변함없는 진리이기 때문입니다. 만약 우리가 믿음을 발견하면 죄와 죽음의 두려움, 그리고 우리 시대의 비정함에서 자유를 얻을 것입니다. 그러나 믿음을 발견하지 않으면 이런 것들의 노예로 살 것입니다. 예수님을 사랑하고 그분이 주시는 자유를 받아들이는 것은 우리 모두에게 주어진 과제입니다.

열 처녀 비유에서 예수님은 세상이 아니라 그리스도인에 대해 말씀하십니다(마 25:1-13). 신랑을 만나러 간 사람들은 모두 처녀들, 즉 모두 그리스도인이었습니다. 그러나 그중에 다섯은 지혜로웠고, 나머지 다섯은 어리석었습니다. 그들은 모두 외적 형식이라는 등불이 있었습니다. 그러나 기름이 없었습니다. 예수님이 말씀하는 기름은 성령으로 하나님께 오는 생명인데 다섯 명만 그걸 갖고 있었던 겁니다.

팔복에서 우리는 성령의 사람들에게 어떤 표시가 있는지를 봅니다(마 5-7). 그들은 마음이 가난하고 슬퍼하며 온유하고 의에 굶주리며 자비롭고 마음이 깨끗하며 평화를 이루는 사람들입니다. 그리고 정의를 위해 핍박받습니다. 산상수훈은 우리가 어떻게 살아야 하는지에 관해 말합니다. 형제를 용서하지 않으면 기도를 드려서는 안 됩니다. 적을 사랑하고 우리에게 욕하는 사람을 축복해야 합니다. 이 땅에서 돈이나 재산을 모으지 말아야 합니다. 반대로 하늘 아버지를 전적으로 신뢰해야 합니다. 그리고 폭력 사용을 거부해야 합니다.

어리석은 처녀들이 하늘나라에 들어가지 못한 것은 무서운 심판이며, 그것은 두 가지 부르심을 깨닫게 합니다. 하나는 성령이 우리의 영혼과 존재를 변화시키시도록 성령을 간구하고 기다리는 것입니다. 성령으로 우리는 다시 태어나서 매일 예수님께 감화받아야 합니다. 또 하나는 신랑을 만나려고 함께 가는 사람을 위해 사는 것입니다. 우리는 그들에게 기름을 준비하라고 북돋아야 합니다. 형식으로는 충분하지 않습니다. 공동체에 산다거나 기독교적 형식을 마지막까지 따른다고 충분한 게 아닙니다. 제자도는 살아 있는 가슴에서 솟아나야 합니다.

하나님은 누군가를 당신의 사람으로 만드시려 미리 정하시는 것 같습니다. 세례 요한은 태어나기 전부터 선택받은 것이 분명합니다. 사도 바울도 태어나기 전부터 오래전에 앞으로 어떤 사람이 될지 정해진 것 같습니다. 그러나 만약 태어나기 전부터 하나님의 사람으로 정해진 사람이 있다면 나머지 사람은 어떻게 되는 건가요? 구약성경에는 "나 주 하나님의 말이다. 악인이 죽는 것을, 내가 조금이라도 기뻐하겠느냐? 오히려 악인이 자신의 모든 길에서 돌이켜서 사는 것을, 내가 참으로 기뻐하지 않겠느냐?"(겔 18:23)라고 적혀 있습니다. 그리고 신약성경에는 "하나님께서는 아무도 멸망하지 않고, 모두 회개하는 데에 이르기를 바라십니다"(벧후 3:9)라고 적혀 있습니다. 이렇게 성경은 모든 사람이 구원받기를 원한다고 분명히 합니다.

예수님은 시몬 베드로에게 "보아라. 사탄이 밀처럼 너희를 체질하려고 너희를 손아귀에 넣기를 요구하였다. 그러나 나는 네 믿음이 꺾이지 않도록, 너를 위하여 기도하였다. 네가 돌아올 때에는, 네 형제를 군세게 하여라"(눅 22:31-32)라고 말씀하셨습니다. 사탄은 우리도 밀 까부르듯 합니다. 그러니 우리의 믿음이 약해지지 않게 형제들을 지켜달라고 예수님께 간구해야 합니다.

저는 실패할 때마다 이 말씀을 강렬하게 느낍니다. "주님께서 돌아서서 베드로를 똑바로 보셨다"(눅 22:61). 분명 예수님은 여러 번 돌아서서 우리를 쳐다보셨습니다. 아주 슬픈 눈으로 말입니다. 베드로가 당신을 부인할 거라고 말씀하셨을 때 예수님은 이 운명을 아무렇지도 않다는 듯 말씀하신 게 아닙니다. 예수님은 그 일이 일어날지 이미 아셨지만, 여전히 마음이 아프셨습니다. 유다에게도 마찬가지였습니다. 예수님은 진저리를 치며 "너희 가운데 하나가 나를 팔아넘길 것이다"(요 13:21)라고 말씀하시고는 몹시 괴로워하셨습니다. 예수님이 우리를 바라보실 때 우리 모두의 마음이 열리기를 간구합니다. 예수님은 당신의 제자들을 보호하시길 원하십니다. 예수님의 선택을 받은 후에도 여전히 길을 잃을 위험이 있지만 말입니다.

공동체에 속해 있으니 천국에 갈 수 있다고 생각하면 화를 입을 것입니다. 그렇게 믿는다면 그리스도를 충분히 사랑하는 것이 아닙니다.

바울은 로마서에서 예수님은 유대인들이 아니라 모든 사람을 위해 오셨다고 적습니다. 나아가 "겉모양으로 유대 사람이라고 해서 유대 사람이 아니요, 겉모양으로 살갗에 할례를 받았다고 해서 할례가 아니다. 오히려 속 사람으로 유대 사람인 이가 유대 사람이다"(롬 2:28-29)라고 말합니다. 이처럼 진정한 그리스도인은 세례를 받았더라도 겉으로 알아볼 수 있는 것이 아닙니다. 물을 붓거나 물에 넣는 세례 자체가 구원에 도움이 되지 않습니다. "율법의 조문을 따라서 받는 할례가 아니라 성령으로 마음에 받는 할례가 참 할례입니다. 이런 사람은, 사람에게서가 아니라, 하나님에게서 칭찬을 받습니다"(롬 2:29). 아주 중요합니다. 믿음은 종이에 적힌 규칙으로 생기지 않았습니다. 바울은 모세의 율법을 말했는데 오늘날 우리도 종이에 적힌 법의 노예가 될 수 있습니다(갈 5:1). 우리 역시 이런 궁지에 빠집니다. 성령의 자유를 절대 포기해서는 안 됩니다. 그 안에서만 하나님의 평화를 찾을 수 있습니다.

우리가 바울의 구원에 관한 생각을 완전히 이해하지는 못하더라도, 바울이 어떤 마음과 생각으로 말하는지는 아주 쉽게 이해할 수 있습니다. 바리새인은 율법을 지켰지만 여전히 거만한 위선자들이었습니다. 반대로 바울은 이렇게 말했습니다. "사람이 율법의 행위와는 상관없이 믿음으로 의롭다고 인정을 받는다고 우리는 생각합니다"(롬 3:28).

성령

성령은 가장 낮은 곳을 찾아 흐르는 물과 같습니다. 오직 깨지고 겸손한 자에게 찾아오십니다.

예수님이 죽음에서 부활하시고 하늘로 승천하신 뒤에 제자들은 약속된 성령을 하늘로부터 받기 위해 예루살렘에서 기다렸습니다(행 1:4). 그 기대와 기다림은 제자들을 매일 연합하게 했습니다. 그리고 성령은 마치 바람처럼 그리고 타오르는 불처럼 내렸습니다. 모든 이가 하나님의 영광스러운 메시지를 자신의 모국어로 생생히 들을 수 있었습니다(행 2:1-13).

그러자 베드로는 청중에게 도전했습니다. "여러분이 못 박은 예수님이 부활하셨습니다!" 사람들이 이 말을 듣고 마음에 찔려 베드로에게 물었습니다. "형제들이여, 우리가 어떻게 하면 좋겠습니까?" 이들 중에는 두 달 전에 예수를 향해 "십자가에 못 박아라!" 하고 소리친 사람도 있었을 겁니다. 베드로는 이렇게 답했습니다. "다른 삶을 살고, 회개하십시오. 예수 그리스도의 이름으로 세례를 받고, 죄의 용서를 받으십시오."

베드로의 이 제안은 너무나 놀라운 것이었습니다. 그리고 그날 삼천 명이 교회로 모였습니다. 성령이 부어진 이 놀라운 사건은 살아 있는 첫 교회, 선교하는 교회가 세워지는 순간이었습니다.

우리 모두 성령이 필요합니다. 오늘날 숱한 부정, 파괴, 반항, 살인, 그리고 불의한 영들이 활개를 칩니다. 성령의 선물이 없이 우리는 단 하루도 진정한 공동체로 하나 됨을 이루지 못합니다. 일할 때나 예배할 때, 노래할 때나 침묵 속에 있을 때 우리는 성령을 기다립니다. 예수님의 죽음을 통해 약속된 성령을 기다립니다.

기대에 찬 한 무리의 사람들에게 성령이 부어질 때, 세상 전체에 어떤 일이 일어납니다. 그러니 우리가 성령을 위해 기도할 때는 자신 너머를 생각하고, 하나님이 당신을 잃은 이 땅에 오시도록 간구해야 합니다.

예수님이 세례받으셨을 때 성령은 '마치 비둘기같이' 그분 위에 내려왔습니다(마 3:16). 보통 왕들은 상징을 지니는데, 보통 사자나 독수리, 아니면 곰처럼 피를 흘리거나 강력한 힘을 지닌 것들입니다. 반대로 비둘기는 온유합니다. 누구도 해치지 않고 맹수를 보면 달아납니다. 아담의 타락 이후 우리는 모두 맹수가 되어 성령을 쫓아냅니다. 성령은 저항을 만나면 물러납니다. 그러나 우리가 낮아져서 그분을 찾으면 우리에게 찾아오십니다. 성령은 강요나 강제 없이 오시고 그분들을 받아들이는 곳이면 어디에나 머무르십니다.

성령 체험은 결코 개인적 경험으로 그쳐서는 안 됩니다. 성령 체험은 우리를 공동체로 이끕니다. 성령이 예루살렘에서 제자들에게 내렸을 때 그들은 한마음, 한 영혼이 됐고, 사랑으로 가득 차서 더 이상 자기만을 위해 살 수 없게 되었습니다(행 4:31-35). 다른 이와 공동체를 이루어 더불어 예수 그리스도와의 하나 됨을 경험하는 것은 크나큰 선물입니다.

예수님은 정직한 행위와 형제애적 사랑으로 입증되지 않은 영적 활동을 모두 거부하십니다. 타협하지 않으십니다. 사랑과 자비, 긍휼이라는 당신의 중요한 계명을 잊은 인간적이고 종교적인 계명을 강력히 반대하십니다(마 23:23-24).

어떻게 더 온전히 성령을 따라 살 수 있을까요? 예수님의 어머니 마리아의 본을 따릅시다. 마리아가 믿고 순종하자 성령이 마리아에게 내려와 예수님이 태어났습니다. 마리아의 마음 깊숙이에서 하나님의 일이 시작되었습니다. 마리아처럼 교회도 성령을 통해 예수 그리스도를 받아들입니다. 우리가 예수님에게 순종하고, 특히 산상수훈의 말씀과 요한복음에 기록된 제자들을 향한 작별의 간구에 순종하면, 성령이 우리에게 내리고 그리스도가 우리 마음 안에 새롭게 태어날 겁니다.

우리는 예수님의 삶과 피, 그리고 그분의 영과 영혼을 받아들여야 합니다. 예수님은 죄 없이 못 박히셨기에 그분의 삶과 죽음은 우리를 죄에서 자유롭게 합니다. 순결한 예수님의 삶이 그분의 몸에서 흘러나옵니다. 예수님의 순결한 성령은 하나님 나라를 이룹니다. 그분은 인간의 영에 찾아오는 살아 있는 성령의 원천입니다.

십자가에 못 박히신 주님은 당신의 아버지에게 영혼을 맡겨

드렸습니다(눅 23:46). 그리고 아버지로부터 성령을 교회에 보내셨습니다. 그분은 교회를 이끄는 사령관이며 주님이십니다. 성령 안에서 그리스도는 우리에게 오시고, 우리는 나 자신이 아니라 그분만을 위해 살게 됩니다(롬 14:7-8). 예수 그리스도는 당신을 믿는 모든 이 가운데 계십니다(요일 4:16).

예수님은 우리에게 서로 사랑하라고 말씀하셨습니다(요 13:34-35). 어떤 사람은 사랑하고 또 어떤 사람은 차갑게 대하라는 말씀이 아닙니다. 모두를 사랑해야 한다는 뜻입니다. 그런 일이 오순절에 일어났습니다. 성령에 사로잡힌 이들은 한마음, 한 영혼이었습니다. 모두가 이 사랑으로 하나가 되었습니다. 파당도 없었고 누군가를 경멸하거나 치켜세우는 일도 없었습니다. 이것은 사랑의 경험이었고 그 결과는 공동체였습니다. 하나님은 사랑이십니다.

___ 그리스도의 제자들에게 성령이 부어졌던 오순절 사건보다 더 위대한 일은 없었습니다. 제자들은 서로 사랑이 가득해서 한마음, 한 영혼이 됐고, 박해받을 줄 뻔히 알면서도 예수 그리스도의 복음을 선포했습니다. 고통받는 세상에서 그리스도를 위해 일할 수 있도록 성령이 우리 마음도 불꽃으로 채워달라고 간청합시다.

어둠 속에, 심지어 자기 자신 속에 가두는 모든 것에서 해방되기를 바랍니다. 하나님의 영혼은 구속받지 않고 자유롭습니다. 예수님의 마음과 영에 반응하면 우리는 자유와 참된 관계를 얻고 예수님을 진정으로 이해하게 됩니다(고후 3:17-18). 예수님은 모든 외적인 가식에 반대합니다. 우리 마음 깊은 곳에서 나오지 않은 규칙이나 계명은 오히려 죽이는 역할을 합니다. 자유로운 성령을 무시한 채 계명을 문자 그대로만 받아들이면 그 계명은 아무짝에도 쓸모없는 것이 되고 맙니다. 왜냐하면 모든 이가 목말라하는 것은 하나님의 마음과 맺는 친밀한 관계이기 때문입니다.

___ 친애하는 형제자매님, 기쁨은 삶이며 삶은 기쁨이 되어야 한다는 것을 발견하시길 바랍니다. 이를 경험하기 위해서는 그저 하나님의 뜻에 순종하고 우리의 의지를 죽이면 됩니다. 그렇게 되면 예수님이 니고데모에게 말씀하신 다시 나는 것과 성령의 부으심이 무엇인지 이해하게 됩니다. 성령의 선물인 평화와 믿음, 기쁨과 사랑을 위해 기도합시다.

하나님께 성령의 선물을 간구할 때는 사람들의 칭송을 받으려는 욕망을 경계해야 합니다. 우리 자신을 위해서 지혜와 순결한 마음, 더한 믿음과 희망, 사랑 그리고 인내와 자비를 구할 수는 있습니다. 그러나 누구도 자기 자신을 위해 사도적 은사나 기적의 힘을 구해서는 안 됩니다. 그리스도의 몸 전체를 위해 이런 것들을 구해야 합니다. 우리는 인간적 칭송에는 귀가 먹을 정도로 그리스도와 함께 죽어야 합니다. 부디 저를 칭송

하지 마십시오. 예수님은 바리새인들에게 경고했습니다. "나는 사람에게서 영광을 받지 않는다"(요 5:41), "너희는 서로 영광을 주고받으면서 오직 한 분이신 하나님께서 주시는 영광은 구하지 않으니, 어떻게 믿을 수 있겠느냐"(요 5:44).

예수님은 우리에게 행동하지 않으면서 종교적 언어만 사용하지 말라고 경고하십니다. 예수님을 선포해야 하는 건 맞지만 언제나 입으로 "주여, 주여"라고 할 필요는 없습니다(마 7:15-23). 선한 양심은 누가 성령을 통해 말할 때마다 어김없이 기쁨으로 반응합니다. 그러나 자신만의 카리스마나 개성만으로 말한다면 성령은 상처받습니다. 거듭난다고 해서 우리가 성스러워지는 건 아닙니다. 여전히 매일 용서의 은혜가 필요한 죄인입니다. 엄중한 하나님의 심판에 직면할 때 우리는 이를 생생하게 경험합니다.

성령은 자신을 증거하는 일이 절대 없습니다. 언제나 예수님을 증거합니다(요 14:26).

진정으로 그리스도를 선포한다는 말은 그분이 우리 안에 사셔야 한다는 것입니다. 베드로는 예수님을 세 번이나 부인하고 그 때문에 쓰라리게 울부짖었습니다(마 26:75). 그리고 예수님을 사랑하느냐고 세 번이나 질문을 받기 전까지는 하나님 양 떼의 목자가 되지 못했습니다. 베드로는 그전까지는, 신성한 하나님 사랑의 성령을 받기 전까지는 주님의 포도원 일꾼이 되지 못했습니다.

그리스도는 부활하신 뒤에 사도들에게 숨을 불어넣으시면서 "성령을 받아라"(요 20:22)라고 말씀하셨습니다. 오순절에 똑같은 성령이 사람들에게 내려왔습니다. 감히 흉내 낼 수 없는 떨리는 경험들이었습니다. 그런데 사람들은 성령에 충만해지는 일에 관해 너무 가볍게 말합니다. 초대교회에서 성령이 부어졌을 때 사람들은 회개했습니다. 회개가 없는 곳에서는 조심하십시오. 진정으로 회개하고 예수 그리스도를 믿게 되지 않았다면 성령을 받은 것이 아닙니다.

성령의 검은 마음을 꿰뚫고,
관절과 골수를 갈라놓습니다.
당신의 성령을 주소서.
우리의 과거를 꿰뚫고,
오늘과 내일을 깊이 찌르소서.
예수님, 우리 마음 깊이 들어와 우리를 바꾸소서.
당신의 손으로 우리의 과거를 어루만지시고,
우리의 존재가 지어진 그 첫 시작을 건드소서.
성령은 모든 것을 바꾸십니다.
우리는 믿습니다.
이를 위해 예수님은 십자가에서
하나님으로부터 버림을 받으셨습니다.

아담의 타락으로 우리 모두는 바닥으로 끌어내려지는 끔찍한 유혹, 즉 자만심과 시기 같은 온갖 죄스러운 성향과 싸우게 됐습니다(롬 5:12). 악한 생각과 느낌을 주는 마귀가 우리를 더럽힙니다. 자기애와 자만심이 우리의 선한 의도와 섞여버렸습니다. 악한 것에서 자신을 순결하게 지키도록 온 힘을 다해 단호하게 싸워야 합니다.

예수님은 마귀의 일을 파괴하시려고 오셨습니다. 그리고 이런 놀라운 말씀을 하셨습니다. "내가 하나님의 영을 힘입어서 귀신을 쫓아내는 것이면, 하나님의 나라는 너희에게 왔다"(마 12:28). 저는 이 말씀을 수시로 읽었고 그때마다 위안과 힘을 얻었습니다. 이 약속은 유혹에 처한 모든 영혼에게 힘을 줄 수 있습니다.

분투하고 괴로워할 때 우리는 십자가를 바라봐야 합니다. 그때 기도로 간구하는 모든 영혼은 승리를 경험할 것입니다. 그러나 십자가에 다가간다는 말은 또한 죽음을 의미합니다. 죽음 앞에서, 십자가에 못 박히신 예수님의 발치에서 우리는 사탄을 극복할 수 있습니다. 지금 이곳에서 성령을 통해 하나님 나라를 경험할 수 있습니다. 그리스도가 우리에게서 발산되도록 우리가 죽어야 합니다.

하나님 나라

사람들 위로 폭탄이 떨어지고, 인종 차별과 혐오가 존재하고, 누구는 음식이 남아도는데 누구는 굶주리며, 자동화 때문에 사람들이 일자리를 못 구하는 곳이라면, 그들이 죄가 있든 결백하든 간에, 하나님 나라는 존재할 수 없습니다.

세상의 불의가 진정 어떤 모습인지 보아야 하나님 나라를 갈망하게 됩니다. 사람의 마음이 사랑과 평화를 향해 움직일 때만 그분의 정의가 도래할 것입니다. 그러나 마음이 움직이지 않는 사람은 하나님 나라에 참여할 수 없습니다. 그래서 세례 요한은 이렇게 말했습니다. "회개하여라. 하늘나라가 가까이 왔다"(마 3:2). 그리고 예수님은 이렇게 말씀하셨습니다. "너희는 먼저 하나님의 나라와 하나님의 의를 구하여라. 그리하면 이 모든 것을 너희에게 더하여 주실 것이다"(마 6:33).

모두 잘 알다시피 예수님은 아직 오지 않은 하나님 나라를 위해 모든 사람을 준비시키려고 오셨습니다. 예수님은 우리가 온 마음과 영혼으로 하나님을 사랑하고 이웃을 내 몸과 같이 사랑할 때 하나님의 나라가 우리 안에 올 거라고 말씀하셨습니다. 우리가 말뿐만 아니라 행동으로 그렇게 한다면 말입니다!

예수님은 위대한 왕이나 대통령이 아니라 힘없는 아기로 오셨습니다. 사람들은 그걸 이해하지 못했습니다. 예수님은 하나님 나라의 도래를 선포하셨습니다. 지금처럼 긴급하게 하나님 나라가 필요한 때가 없었을 겁니다. 인류는 어느 때보다 큰 힘과 무시무시한 무기를 갖고 있습니다. 인종, 민족 간의 관계는 해결되지 않았고, 돈을 가진 사람이 세상을 지배합니다. 예수님은 우리더러 가난해지라고 말씀하십니다(마 19:21). 그분에게 순종하고 세상 특권과 사람들에게 휘두르는 권력을 포기하면 우리의 마음은 하나님 나라를 위해 자유롭게 될 것입니다. 하나님 나라가 무엇인지 어렴풋이나마 이해할 수 있다면 얼마나 좋을까요! 회개와 불타는 사랑, 그리고 만물을 다스리는 하나님의 통치!

국가들은 자유와 안전을 위해 지구상 가장 위험한 무기를 만듭니다. 그러나 우리는 우리의 안전을 다른 것, 즉 하나님 위에 구축하라는 부르심을 받았습니다. 그리고 우리는 국가에도 무언가 하나님의 것을 받게 되기를 소망합니다. 교회 공동체 안에서 가장 완벽하게 평화로운 삶을 이끈다는 것으론 충분하지 않습니다. 온 세상이 힘의 통치가 아니라 하나님의 통치 아래 놓일 때 우리의 소망은 이뤄질 것입니다.

예수님이 빵 다섯 조각과 물고기 두 마리로 오천 명을 먹이시는 놀라운 일이 일어났습니다(요 6:11-15). 사람들은 예수님을 왕으로 만들려고 했습니다. 그러나 예수님은 "너희가 나를 찾는 것은 표징을 보았기 때문이 아니라, 빵을 먹고 배가 불렀기 때문이다"(요 6:26)라고 말씀하시고 그들을 거부하셨습니다. 그러자 예수님을 왕으로 만들고자 했던 사람들은 떠나갔습니다. 어떤 사람은 적대감을 드러냈습니다. 그러자 예수님은 제자들에게 이렇게 말씀하셨습니다. "사람들이 떠나버렸다. 너희도 떠나가려느냐?" 우리는 이 질문에 답할 준비가 되어있어야 합니다. "우리도 떠나고 싶은가?"

먹을 것을 주었다는 이유로 예수님을 왕으로 만들려 했다는 사실은 아주 의미심장합니다. 예수님이 죽은 사람을 살리셨을 때도 그들은 그러지는 않았습니다. 하나님에게 빵을 달라고 하거나 예수님에게 필요를 채워 달라고 하는 건 잘못이 아닙니다. 예수님은 아버지에게 일용할 양식을 구하라고 가르치셨습니다. 그러나 예수님은 맘몬의 차원에서 하나님 나라를 짓는 것을 단호히 거부하셨습니다. 하나님 나라를 거짓된 기초 위에 짓느니 차라리 제자들을 잃는 게 낫다고 생각하셨습니다.

예수님은 우리가 당신과 한 몸, 한 피가 될 정도까지 자신을 내어주십니다. 이것은 철학이 아니라 참된 양식이고 생명입니다. 이 생명의 양식을 맛보는 사람은 모든 것이 변화됩니다. 그 한 순간이 아니라 영원히 변화됩니다.

그리스도는 일과 양식이 아니라 믿음에 기초한 하나님 나라의 영원한 생명을 약속하십니다. 세상의 왕은 백성들의 피를 요구합니다. 그러나 그리스도는 당신의 백성들을 위해 당신의 피를 주셨습니다. 사람들의 생명을 위해 당신의 생명과 몸을 주셨습니다. 그리스도가 당신의 몸을 제자들에게 주셨을 때 우리가 아는 한, 가장 많은 사람이 예수를 따랐습니다. 그러나 얼마 후 많은 사람이 떠났습니다. 그래서 예수님이 열두 제자에게 "너희도 떠나가려느냐?"라고 물으신 겁니다. 베드로의 대답은 놀라웠습니다. "우리가 누구에게로 가겠습니까? 선생님께는 영생의 말씀이 있습니다"(요 6:68).

예수님을 왕으로 모신 멋진 교회를 원하는지, 아니면 십자가의 길을 원하는지 선택하는 일은 아주 중요합니다. 예수님의 길은 십자가의 길이며, 완전한 변화의 길이고, 일과 양식, 특권이 아닌 완전히 다른 것에 기초한 사회라는 것을 아주 분명히 해야 합니다. 그분의 길을 가려면 적에게 둘러싸이고 업신여김을 당할 각오를 해야 합니다.

이토록 끔찍한 불의와 유혈의 세기에 사회가 발전하는 모습을 보면 구원과 속죄는 인간에게 나올 수 없음을 알 수 있습니다. 하나님에게서 와야 합니다. 그러니 더욱더 우리는 하나님께 다시 한번 의로운 하나님 나라와 정의를 보여달라고 부르짖어야 합니다.

예수님은 하나님 나라입니다. 그분이 죄를 용서하셨을 때, 그것이 하나님 나라였습니다. 당신의 친구들을 하나 됨으로 모으셨을 때, 그것이 하나님 나라였습니다. 귀신과 깨끗하지 못한 영을 몰아냈을 때, 그것이 하나님 나라였습니다(마 12:28). 그분이 사람들에게 하신 모든 선교 행위가 하나님 나라였습니다.

저는 때때로 우리 공동체가 하나님 나라를 완전히 잊어버리지는 않았는지, 개인의 구원과 하나님 나라의 차이를 명확하게 구별하고 있는지 묻곤 합니다. 둘 다 대단히 중요합니다. 영원한 구원은 아주 중요하며 그리스도의 친밀함을 경험하고 그분에 의해 속죄를 받는 것은 경이로운 일입니다. 그러나 여전히 하나님 나라가 더 위대합니다!

하나님 나라가 얼마나 가까이 왔는지 시간의 잣대로는 잴 수 없습니다. 예수님은 "하늘나라가 가까이 왔다"(마 3:2)라고 말씀하셨습니다. 그리고 역설적으로 들릴지 모르지만, 그때는 지금보다 하늘나라가 더 가까웠습니다. 시간이 아니라 공간적 의미에서 말입니다.

하나님 나라를 위해서는 싸우고 온 힘을 다해 씨름해야만 합니다. 한 사람 한 사람의 기도가 이 싸움에 엄청난 영향을 미칩니다(막 9:29).

우리가 그리스도와 그분의 큰 뜻을 사랑하면, 그분의 나라에 마음을 쓰게 됩니다. 그리스도는 이 땅에 하나님 나라를 이루기 위해 오셔서 고통을 받으셨습니다. 그리고 그분의 교회는 하나님 나라를 위해 선교에 임하라는 중대한 임무를 맡았습니다.

하나님 나라를 위해 산다는 게 얼마나 위대한 일입니까! 움츠리지 마십시오. 하나님 나라를 위해 살고 그 나라를 찾으십시오. 그러면 강력한 하나님의 나라가 당신을 완전히 압도해서 세상의 모든 문제를 해결할 것입니다. 모든 것이 새로워지고, 각 사람은 그리스도 안에서 다른 이를 사랑하게 될 것입니다. 죽음이 불러온 온갖 분리는 극복되고, 끝내 사랑이 통치하게 됩니다.

교회로서 우리가 예수님께 받은 임무는 그분의 나라와 다가올 그분의 통치를 위해 일하는 것입니다. 이 땅에서 이를 위해 일하는 것보다 더 위대한 일은 없습니다. 하나님 나라를 위해 뜨겁게 살고 그 일에 우리의 시간을 씁시다! 서로 사랑합시다!

하나님이 세상을 뚫고 들어오실 곳이 필요합니다. 무엇이든 할 준비가 되어 있던 마리아에게 그 자리가 있었고 그 때문에 그리스도가 베들레헴에서 태어날 수 있었습니다. 만약 하나님께서 한 곳만이라도 들어갈 수만 있다면, 그곳이 베들레헴이든, 중국이든, 러시아든, 베트남이든 사람의 마음이 있는 곳이라면 어디든, 문이 열리는 것이나 다름없습니다. 문이 조금이라도 열리면 빛이 들어올 수 있습니다. 하나님의 빛이 들어와 두세 사람의 마음을 움직이면 세상 모두에게 영향을 줍니다. 심지어 대통령과 총리, 군인에게도 영향을 줍니다. 저는 사람들이 고립되어 있어 서로 아무런 영향도 주지 못한다는 말에 동의할 수 없습니다.

아담으로 인류 전체가 타락한 것과 마찬가지로, 참 사람이자 하나님이신 예수님을 통해 인류 전체가 자유와 치유, 속죄를 경험할 수 있습니다(롬 5:12-21).

하나님 나라를 위해 싸울 수 있게 해달라고 하나님께 외칩시다. 싸움에 깊이 들어가면 갈수록 그리스도의 십자가와 부활, 오순절을 더 깊이 경험할 수 있습니다. 그리고 천국이 가까워집니다. 주님을 바라고, 기대에 차서 뜨겁게 사십시오! 삶의 모든 측면에서 주님을 기다리지 않는 사람은 아무것도 기다리지 않는 사람입니다. 저는 저녁마다 스스로에게 이렇게 묻습니다. "나는 진정으로 충분히 사랑하고, 충분히 희망하고, 충분히 싸웠으며, 충분히 일했는가?" 천국을 향한 소망은 행동으로 이어져야 합니다.

스위스 신학자 칼 바르트Karl Barth는 하나님 나라는 우리와 완전히 다른 것, 우리로부터 완전히 독립된 것, 그래서 자신이 전혀 섞일 수 없는 것으로 드러나야 한다고 말했습니다. 그분을 위해 자신을 죽이지 않으면 우리는 그분과 맞서는 자리, 그분과 아무 상관없는 자리에 서게 됩니다.

예수님이 골고다에서 사탄과 죽음을 극복했을 때 하나님은 인간의 역사를 끝낼 수도 있었습니다. 그러나 하나님은 그렇게 하지 않았고, 악은 목숨을 연명하게 되었습니다. 이것은 우리에게 불가사의한 일입니다. 하나님 나라를 위해 세상에 많은 사람이 헌신해왔지만 잘못된 길로 현혹된 사람도 많습니다. 왜 그런 일이 일어나는지 감히 짐작하지 않겠지만, 하나님이 우주의 통치자이고 그분의 결정이 변할 수 없다는 것은 압니다. 잘못된 길로 현혹된 사람, '짐승과 그것의 우상을 숭배하는' 사람은 이마나 손에 표를 받고 진노의 포도주를 마시게 될 거라고 말씀에 적혀 있습니다(계 14:9-10). 이런 일이 언제 일어날지, 하나님 나라가 언제 올지는 모르지만, 그날이 왔을 때 흔들리지 않고 단단히 서도록 아이들을 가르쳐야 합니다. 진실을 위해 담대히 일어설 수 있는 아이로 키워야 합니다.

하나님 나라는 마지막 심판과 어떤 관련이 있을까요? 천국은 어떻게 그리고 어떤 모습으로 올까요? 예수님의 말씀과 초대교회의 기록, 각 사람의 마음에서 일하시는 성령을 통해 많은 것이 우리에게 드러났습니다. 그러나 예수님은 그때는 아버지만 아시고, 하나님의 아들조차 천국이 언제 올지 모른다고 하셨습니다(마 24:36). 경외와 존경, 신중함으로 다가가야 할 문제입니다. 그러나 동시에 초대 그리스도인들이 다가올 하나님 나라에 얼마나 큰 관심이 있었는지 알 수 있습니다. 사도들의 말이 이를 증거하고 있습니다.

시간적 차원에서 우리가 하나님 나라와 얼마나 가깝고 먼지는 알지 못합니다. 그러나 영적으로는 알 뿐만 아니라 그게 아주 결정적 질문이라는 것도 압니다. 예수님은 천국의 징조가 보일 것이라고 말씀하셨는데, 어떤 징조는 오늘날에도 분명합니다(눅 21:9-11). 하지만 예수님은 마지막 날은 도둑처럼 올 것이라고 말씀하시는데, 그때는 아무도 기대하거나 생각하지 못하는 순간입니다(눅 12:39-40).

세상에 우리가 풀지 못하는 많은 불가사의한 일이 있는 이유는 하나님이 그것을 감추길 원하시기 때문입니다. 그래도 우리는 기뻐할 수 있습니다. 평화와 승리, 정의의 나라인 하나님 나라가 분명히 다가오기 때문입니다.

우리는 하나님이 죽음과 악을 창조물 가운데 허락하신 이유를 알지 못합니다. 하지만 인간이 스스로 꾐에 넘어갔다는 것은 압니다. 같은 방법으로 우리는 하나님이 인간을 창조하시기 전에 악과 어떤 고투를 벌이셨는지, 그 싸움에서 인간의 역할이나 특성이 무엇인지 알 수 없지만, 그것이 결정적인 투쟁이었으며 그 때문에 하나님의 아들을 십자가로 이끌었다는 것은 잘 압니다.

요한계시록에 따르면 마지막 때에 하늘에서 전투가 일어납니다(계 19:11-21). 그리스도의 몸인 교회는 이 땅 위에서 똑같은 전투를 치러야 합니다. 당신의 아들이 받을 고통을 면하게 하지 않으시고 엄청난 고통을 겪도록 넘겨주신 것처럼, 교회가 희생하고 손해를 감수할 때 하나님 나라가 임할 것입니다.

영이 물질에서 분리되고, 영혼이 몸에서 떨어지는 것은 죽음이지만 일치는 생명입니다. 예수님은 영혼과 몸, 영과 물질이 더는 분리되지 않는 새로운 천국의 소식을 전하셨습니다. 이 새로운 하나님 나라에서는 창조주가 창조 세계와 하나가 될 것입니다.

세상을 보면 심판을 피할 수 없음을 알 수 있습니다. 사실 사람의 죄가 이미 심판을 받고 있습니다. 그러나 그리스도의 말씀을 깊이 생각하면 은혜와 자비 그리고 긍휼이 심판을 이길 수 있다는 것을 알게 됩니다.

우리는 새 하늘과 새 땅을 기대해야 하지만 천국이 정확히 언제 어떻게 올지 걱정해서는 안 됩니다. 우리는 온다는 것만 압니다. 베드로는 교회가 천국을 기대하며 돕고, 그날을 앞당겨야 한다고 했습니다(벧후 3:12). 우리의 임무는 우리 가운데 하나님 나라를 드러내고 우리 안에 살아 있도록 하는 것입니다.

태초부터, 우주가 창조되기 전부터 이미 쉬지 않고 사랑하시는 아버지 하나님, 말씀이신 예수 그리스도 그리고 성령이 있었습니다. 세상의 끝에도 하나님이 홀로 통치하실 것입니다. 신음하는 창조물들은 죄 사함을 받고 우주는 기뻐할 것입니다. 그곳에는 기쁨과 사랑, 조화와 정의가 있을 것입니다(계 7:17). 하나님이 모든 눈물을 닦아주시고, 더 이상 죽음이나 슬픔, 고통이 없을 것입니다(계 21:4). 그때를 기다리는 열망이 모든 영과 인간 존재에서 타오릅니다.

새천년과 의인들의 부활, 그리고 다가올 하나님 나라에 대해 궁금해할 수 있습니다. 그저 모든 것을 하나님에게 맡기십시오. 우리는 미래를 대할 때 많은 신비를 접합니다. 이런저런 일, 그 밖의 일들의 이유를 우리는 알지 못합니다. 중요한 것은 결국 하나님이 만물의 주인이라는 것입니다. 그분은 모든 악과 당신의 적을 굴복시키고 승리하실 것입니다. 우리의 기대는 여기에 집중되어야 합니다.

예수님의 위대한 비전을 조금이나마 볼 수 있다면, 우리의 좁은 삶 너머를 볼 수만 있다면, 얼마나 위대한 선물이겠습니까! 분명 우리의 시야는 아주 제한되어 있습니다. 그러나 우리는 이 좁은 세상과 자기중심적 생각에서 건져달라고 간구할 수 있습니다. 거두어야 할 열매들과 다가올 세대를 포함해 모든 나라와 사람을 추수하라는 도전을 느끼게 해달라고 예수님께 기도해야 합니다.

성경 구절 찾아보기

제자의 길